# EGS TEXTE

EGS TEXTE
Erziehung · Gesellschaft · Schule
herausgegeben von Wilhelm H. Peterßen

Wilhelm H. Peterßen

# Lehrbuch
# Allgemeine Didaktik

5., überarbeitete und erweiterte Auflage

Ehrenwirth

CIP-Titelaufnahme der Deutschen Bibliothek

**Peterßen, Wilhelm H.:**
Lehrbuch Allgemeine Didaktik / Wilhelm H. Peterßen. - 5.,
überarbeitete und erweiterte Aufl. - München : Ehrenwirth, 1996
(EGS-Texte)
ISBN 3-431-02561-7

ISBN 3-431-02561-7
© 1983 by Ehrenwirth Verlag GmbH München
Einbandgestaltung: Rainald Schwarz, München
Druck: Presse-Druck Augsburg
Printed in Germany 1996

# Inhalt

# Vorwort und Lesehinweise

Didaktik gehört zur pädagogischen Theorie und Praxis im deutschsprachigen Raum wie – beispielsweise – der Deckel zum Topf. Sie ist nicht zu übersehen, und man kann sie kaum noch wegdenken. Niemand, der sich mit Pädagogik befaßt, ob handelnd oder denkend, entgeht der Begegnung mit Didaktik. Vor allem Lehrer kommen um eine Auseinandersetzung mit Didaktik nicht herum.

Ein besonderes Kennzeichen deutschsprachiger Didaktik ist ihre Vielgestaltigkeit. Sie tritt uns nicht in einer einheitlichen, schlechthin gültigen und anerkannten Form entgegen. Sie hat vielmehr in Vergangenheit und Gegenwart zahlreiche unterschiedliche Positionen eingenommen und von dort wiederum mannigfache unterschiedliche Strukturen entwickelt. Wer sich mit Didaktik befaßt, sollte einen Überblick über die bedeutsamsten dieser Positionen und Strukturen haben. Ein solcher Überblick einerseits und die möglichst genaue Kenntnis einer Auffassung von Didaktik sowie der in sie eingegangenen Voraussetzungen und Entscheidungen andererseits ist für einen angemessen souveränen Umgang mit Didaktik unerläßlich.

Dieses Buch will sowohl einen Überblick über die Didaktik geben als auch zur vertiefenden Auseinandersetzung mit einer Position anleiten. Den Überblick bietet es zwar über *vergangene* und *gegenwärtige* Ansätze, in der gebotenen Vollständigkeit aber bloß über jene der Gegenwart. Und auch von diesen werden nur die bedeutsamsten vorgestellt und erörtert – jene Modelle und Entwürfe, die in Theorie und Praxis wirksam Fuß gefaßt haben.

Im Unterschied zu den meisten anderen Darstellungen wird hier besonderer Wert auf die Genese der einzelnen Ansätze gelegt. Die gegenwärtige didaktische Landschaft wird gleichsam hinsichtlich jener Kräfte und Strömungen erhellt, durch die sie maßgeblich gestaltet wurde. Dies ist besonders wichtig auch deshalb, weil zur Zeit die didaktische Landschaft wieder nachhaltig in Bewegung geraten ist und die überkommenen Positionen und Strukturen sich sowohl jeweils endogen als auch in ihren Beziehungen zueinander verändern.

In der praxisorientierten Diskussion – besonders von seiten der Lehrer – gibt es zahlreiche, offensichtlich immer wiederkehrende Fragen an und über die didaktische Theoriebildung. Wo diese nicht im Zusammenhang mit einem Didaktik-Ansatz erörtert werden konnten, sind sie gesondert aufgegriffen und ausgebreitet worden.

## Lesehinweise:

– Es ist nicht nötig, die einzelnen Kapitel des Buches alle und nacheinander zu lesen. Jedes Kapitel kann für sich gelesen werden; wo der Leser/die Leserin beginnt, ist von der je besonderen Frage abhängig, die er/sie einbringt. Um solches Vorgehen abzusichern, nimmt die Darstellung eine gewisse Redundanz in Kauf; wer auf derartige Wiederholungen stößt, kann sie leichthin übergehen oder auch – im Sinne immanenter Wiederholung – mit verkürzter Aufmerksamkeit lesen.

– Literatur ist entsprechend den verwendeten Quellen für jedes Kapitel im unmittelbaren Anschluß daran aufgeführt. Hier wird auch jene Literatur genannt, deren Lektüre bei der eigenen intensiven Weiterarbeit dienlich sein kann.

Weingarten, im Frühjahr 1983                                  *Wilhelm H. Peterßen*

# Vorwort zur 5. Auflage

Der bei erstmaliger Veröffentlichung dieses Buches festgestellte Trend deutschsprachiger Didaktik hat sich in der Tat gehalten und durchgesetzt: Die starke Binnenbewegung in der Didaktik hat dazu geführt, daß die Vertreter der seinerzeit noch verhältnismäßig unterschiedlich strukturierten Positionen maßgeblicher Theoriebildung aufeinander zugegangen sind, daß sie die strenge Abschottung gegeneinander aufgegeben haben und daß sie ausdrücklich dazu übergegangen sind, ihre Ansätze als ergänzungsbedürftig durch die jeweils anderen zu begreifen. Die bedeutsamsten Ansätze, so vor allem die von KLAFKI entwickelte »kritisch-konstruktive« Version bildungstheoretischer Didaktik, sind darüber hinaus sogar neuerdings erklärtermaßen als integrativ angelegt und nehmen bereits bewährte Momente aus den seinerzeit anderen Entwürfen in die eigene Theoriebildung auf.

Die Binnenbewegung der bildungstheoretischen Didaktik hat sich bis heute fortgesetzt. Auch in der zweiten Hälfte der neunziger Jahre arbeitet KLAFKI an der Weiterentwicklung seines Ansatzes. Allerdings bemüht er sich dabei mehr um eine Aktualisierung des bildungstheoretischen Anteils als der im engeren Sinne didaktischen Aussagen. So gleicht er seine Vorstellung von einer Allgemeinbildung durch Schlüsselprobleme neueren Bewegungen in Richtung auf eine Art globaler Didaktik an, wobei aber auch diese – als Fortsetzung interkulturell pädagogischen Bemühens – sich weitgehend auf das Schlüsselproblem-Konzept einläßt und an ihm orientiert.

Anzudeuten scheint sich mir zum Ausgang unseres Jahrhunderts eine leichte Bewegung fort von der Mainstream-Didaktik. Statt sich ausschließlich an den überkommenen fünf Hauptpositionen auszurichten, werden einzelne, zum Teil neue didaktische Ansätze gelegt. Einerseits wachsen sie aus außerdidaktischen Theoriebeiträgen heraus, wie beispielsweise aus therapeutischen, andererseits werden originäre Gedanken sichtbar, wie bei den sog. Lehrstücken in Marburg. In dieser Auflage wird die Bewegung der neunziger Jahre in einem Überblick-Beitrag aufgefangen; für eine detaillierte Darstellung der erkennbaren Bemühungen scheint es mir noch zu früh zu sein, man muß ihre praktische Relevanz abwarten.

Die Lesehinweise aus der 1. Auflage gelten unverändert.

Weingarten, im März 1996                                      *Wilhelm H. Peterßen*

# Erster Teil:
# Grundfragen zur Didaktik

# 1 Einleitung

## 1.1 Warum und wozu didaktische Theorie?

Wendet man sich dem Phänomen »didaktische Theorie« zu, so fällt einem sehr schnell eine eigenartige Ambivalenz auf. Einerseits erscheint didaktische Theorie als eine große Selbstverständlichkeit. Sie ist in aller Munde – zumindest aller, die mit Erziehung, mit Lehren und Lernen usw. zu tun haben –, wird erörtert, behandelt, hin- und hergereicht, ohne daß noch viel nach ihrer grundsätzlichen Notwendigkeit, nach ihrer »Daseinsberechtigung« gleichsam, gefragt wird. Andererseits trifft man aber auch auf Fragen – mal auf naive, mal auf solche von höchster wissenschaftlicher Raffinesse –, warum man sich mit didaktischer Theorie überhaupt zu befassen habe, wozu sie eigentlich erforderlich sei, was sie leisten solle u. ä.

Die Art von Didaktik, wie wir sie kennen, in der nicht nur unmittelbar didaktische Theoriebildung betrieben wird, sondern diese Theoriebildung selbst wiederum erörtert wird, wo also Didaktik um Didaktik kreist (und nicht bloß um die entsprechende Wirklichkeit), scheint mir ganz offensichtlich eine typische Erscheinung der deutschsprachigen Erziehungswissenschaft zu sein. Und bei uns kommt – allein schon aus Gründen der aktuellen Geschichte didaktischer Theorie – keiner darum herum, sich nicht nur mit der Theorie selbst, sondern auch mit deren Selbstreflexion zu befassen. Dieser Tatbestand hindert allerdings die »Konsumenten« dieser Theorie, d. h. vor allem die Lehrer, nicht daran, immer wieder zu fragen: Warum muß *ich* mich mit didaktischer Theorie abgeben? Was bringt *mir* das ein?

Wer Erziehungswissenschaft um der Wissenschaft willen betreibt, wird sich u. E. die Antworten selbst erteilen können. Sie sind weitgehend mit Antworten auf jene Frage identisch, warum man überhaupt Wissenschaft betreibt. Wer aber die didaktische Wissenschaft als Mittel zur Lösung realer Erziehungsprobleme benötigt, wer ihre Theorien oftmals bloß verkürzt und zusammenhanglos vermittelt bekommt, dem muß bei der Frage nach *Warum* und *Wozu* Hilfestellung gegeben werden. Vor allem sind es Lehrer, die so fragen. Wenn H. BECKER fragt: »Wieviel und welche Didaktik braucht ein Lehrer?«, dann zeigt nicht nur die Assoziation zu TOLSTOIs Existenzfrage: »Wieviel Erde braucht der Mensch?«, daß Lehrer hier tatsächlich eine existentielle Frage stellen (vgl. BECKER 1977, S. 20 ff.).

Warum nun also muß sich ein Lehrer mit didaktischer Theorie befassen? Und: muß er das tatsächlich? Daß er dazu aufgrund der historischen Situation gezwungen ist (Stellung und Bedeutung der Didaktik in der theoretischen Diskussion usw.), ist schon gesagt worden, aber gerade dagegen und die damit verbundene Selbstverständlichkeit löckt ja ein Lehrer ab und zu den Stachel. WINKEL hält didaktische Theorie für den Lehrer aus zwei Gründen für unbedingt erforderlich (1980, S. 200): »Einmal wird das, was da gelehrt und gelernt werden soll/kann, um so unüberschaubarer und schwieriger, je weiter man in diesen Bereich vordringt, d. h. ohne gekonnte Hilfen endet laienhaftes Lehren und Lernen letztlich im Dilettieren. Zum anderen soll in der Schule planvoll (systematisch) gelehrt und gelernt werden; mit anderen Worten: wenn Lehren und Lernen gänzlich der Beliebigkeit anheimgegeben würden . . ., würde die Gesellschaft zugrunde gehen.« Die Notwendigkeit von Didaktik für den Lehrer sieht WINKEL mithin in der Professionalisierung des Lehrerberufs gegeben. Solche Professionalisierung ist Folge der Institutionalisierung des Lehrens und Lernens, die von der Gesellschaft in der Schule vorgenommen wurde. Solange Lernen frei und beliebig verlaufen konnte, war keine Steuerungstheorie – in weitem Sinne – dazu notwendig. Erst die Einbindung des Lernens in einen gesellschaftlichen Konsens brachte seine Verbindlichkeit und machte eine diese Verbindlichkeit einlösende und einhaltende Theorie erforderlich. Didaktische Theorie soll also nach WINKEL die gesellschaftlich vorgesehene Lehre nach Zielsetzung, Inhalt und Weg gewährleisten, soll dem Dilettantismus vorbeugen. Dadurch leistet didaktische Theorie nicht bloß etwas für den einzelnen, den Heranwachsenden, sondern auch für die Gesellschaft, deren Bestand sie mitgarantiert. Nach Auffassung WINKELs kann demnach kein Lehrer, der sich für den Schulberuf entscheidet, auf die didaktische Theorie verzichten (vgl. auch: HEURSEN 1984).

Etwas schärfer möchte ich aus meiner Sicht noch den Aspekt herausarbeiten, den WINKEL mit »Beliebigkeit« bzw. »dilettieren« anspricht. Auch ich gehe davon aus, daß der Lehrer ein »Professional« des Lehrens und Lernens ist. Sein Tun, d. h. sein didaktisches Handeln, unterscheidet sich durch Professionalität von jenem beliebigen, spielerischen, unverbindlichen u. ä. Erziehungshandeln, wie wir es überall vorfinden. Was aber bedeutet Professionalität in unserem Zusammenhang. Darauf gibt ein Wort ROBINSOHNs eine m. E. gute Antwort: Der Lehrer muß imstande sein, »sein eigenes Tun zu analysieren und dessen Probleme rational begründbaren Lösungen näherzubringen« (1968, S. 26). *Professionelles didaktisches Handeln ist rational begründbares Handeln.* Das vor allem anderen unterscheidet es von »beliebigem« Handeln. Didaktisches Handeln freizumachen von Beliebigkeit, zu befreien von ungewollten Zwängen, es nachvollziehbar und wiederholbar zu gestalten, das macht eine didaktische Theorie notwendig. Allein solche Theorie setzt den Lehrer instand, seine alltäglichen Probleme »rational begründbaren Lösungen näherzubringen«. Der Lehrer braucht didaktische Theorie, um sein Handeln nach intersubjektiv anerkannten Maßstäben ausrichten zu können. Die Theorie liefert ihm Kategorien, mit denen er die Voraussetzungen seines Handelns erfassen und analysieren kann, um, aufbauend auf solcher Analyse, seine Handlungsentscheidungen treffen zu können. Wissenschaftlich begründete didaktische Theorie macht solche Erfassung, Analyse und Entscheidung nicht nur für den handelnden Lehrer wieder nachvollziehbar, sondern für jeden, der über dieselbe Theorie verfügen kann.

Um leicht möglichen Mißverständnissen vorzubeugen, sei kurz auf zweierlei hingewiesen:
– Vom Lehrer rational begründbares Handeln zu erwarten, bedeutet nicht, ausschließlich rationales Handeln zu fordern. Nicht das rationale Handeln, sondern die rationale Begründbarkeit des Handelns ist angesprochen. Auch ein emotionales Handeln fällt darunter, sofern es rational begründet werden kann. Nicht also der unmittelbare erzieherische Umgang, sondern dessen Begründung muß sich bei einem Professional als rational ausweisen.
– Gefordert wird auch nicht die rationale Begründbarkeit erzieherischen Handelns

zu jedem Zeitpunkt und in jeder Hinsicht, sondern lediglich die Fähigkeit, dies annäherungsweise tun zu können und zu wollen. Diese Einschränkung stellt nicht zugleich einen Freibrief dafür aus, Irrationalität doch wieder zuzulassen; sie ist vielmehr eine Folge der Einsicht, daß im erzieherischen Umgang stets auch spontane Akte sich ereignen, die kaum begründbar sind, und simultane Entscheidungen fallen, die erst nachträglich begründet werden können.

Von einem Lehrer wird also erwartet, daß er begründen kann, was er zu tun beabsichtigt bzw. was er getan hat, und daß er sein Handeln nicht nur dumpfen Stimmungen und Außenansprüchen überläßt. Daß solche Fähigkeit zu rationaler Begründbarkeit nicht bloß das professionelle didaktische Handeln konstituiert, vielmehr auch Zeichen »wirkungsvollen« Handelns ist, hat BREZINKA im Rückgriff auf Untersuchungen von FLANDERS zum Ausdruck gebracht. (1976, S. 97): ».. . wiesen die erfolgreichsten Lehrer folgende Verhaltensweisen auf: 1. sie verfügten spontan über einen großen Spielraum des Verhaltens, . . .; 2. sie vermochten ihr eigenes spontanes Verhalten so zu kontrollieren, daß sie willentlich die eine oder die andere Rolle übernehmen konnten; 3. sie waren genaue Beobachter der vorhandenen Bedingungen; 4. sie waren fähig, zwischen ihrer Diagnose der Situation und den verschiedenen Aktionsmöglichkeiten eine logische Brücke zu schlagen, statt sich mit Routine oder irrationalem Probierverhalten zu begnügen.« Was hingegen einen »schlechten« Lehrer kennzeichnet und wie man ihm – außerhalb der didaktischen Theorie – beikommen kann, findet sich bei BRIDGES (1989).

Lehrer brauchen didaktische Theorie als Grundlage ihres Handelns, das durch sie rational begründbar wird. Deutlich ist auch geworden, *wozu* Lehrer didaktische Theorie benötigen. Didaktische Theorien sind auf die Entscheidungen von Lehrern bezogen, d. h. auf die erzieherischem Umgang vorausgehenden Reflexionen. *Didaktische Theorien begründen somit erzieherisches Handeln nicht unmittelbar, sondern bloß mittelbar.** Wer von didaktischen Theorien Handlungsanweisungen solcher Art erhofft, die nur noch aktualisiert werden müssen, wird zwangsläufig enttäuscht. FUHR/JUDITH haben das klar erkannt und ausgedrückt (1977, S. 60): »Wissenschaftliche Didaktik kann demnach für den Praktiker nicht mehr . . . sein, als eine Hilfe zu aufgeklärtem Entscheidungsverhalten.« Und: »Die wissenschaftliche Didaktik nimmt also dem Lehrer Entscheidungen über seinen Unterricht nicht ab. Sie kann ihm jedoch Klarheit über seine Handlungsmöglichkeiten und deren Konsequenzen verschaffen.«

In der Tat ist es oft so, daß Lehrer zwar die didaktische Theorie für sich und ihr berufliches Handeln als durchaus notwendig ansehen, sich dementsprechend auch intensiv mit ihr befassen, daß sie aber auch »Heilserwartungen« an die Theorie richten (vgl. BECKER/STUBENRAUCH 1977, S. 33). Didaktische Theorie nimmt dem Lehrer Entscheidungen nicht ab, geschweige denn das Handeln. So banal das klingt, es muß in diesem Zusammenhang gesagt werden, weil die falsche Einschätzung der Möglichkeit von Didaktik zu Enttäuschungen führt. Deutlich unterscheiden auch JANK/MEYER zwischen »didaktischer Theorie« und »didaktischer

---

* Ich habe ausdrücklich nur das Verhältnis didaktischer Theorie und didaktischen Handelns angesprochen, bloß das also, was VON HENTIG als »lehrbar« für Lehrer bezeichnet; nicht berührt habe ich das pädagogische Handeln des Lehrers insgesamt (vgl. VON HENTIG 1981).

Handlungskompetenz«, halten Theorie aber auch für Lehrerhandeln für unerläßlich (1991, bes. S. 15ff.).

Wenn also didaktische Theorie zu rationaler Begründbarkeit didaktischen Handelns befähigt und unmittelbar auf das »Entscheidungsverhalten« zielt, so sollte ein Lehrer auch stets kritisch rückfragen, ob eine bestimmte Theorie dies denn tatsächlich vermag, für welchen Bereich und in welcher Weise sie dies leistet, ob sie nicht Prämissen hat, durch die das Handlungsfeld des Lehrers von vornherein eingeengt oder in bestimmter Art betrachtet wird (vgl. auch das Kapitel »Feiertagsdidaktik versus Alltagsdidaktik«, S. 51ff.). Für die Förderung der Handlungskompetenz von Lehrern zu aktuell begründbarem Handeln schlägt BECKER ein interessantes Konzept vor (1991).

Wie sehr auch heute von allen Seiten die Notwendigkeit gesehen wird, daß Lehrer sich mit aktueller Didaktik befassen, wird an zahlreichen Neuerscheinungen erkennbar, wie sie vor allem dort von Hochschullehrern erstellt werden, wo Lehrer ausgebildet werden (vgl. z.B. WIATER 1994).

Das vorliegende Buch will dem Lehrer hinsichtlich der aktuellen didaktischen Positionen und Modelle die entsprechenden Kenntnisse vermitteln, indem es ihm die bedeutsamsten Positionen und wichtigsten Modelle in ihren Strukturen vor Augen führt.

## 1.2 Definitionen

Eine zu einheitlichem Verständnis beitragende geschichtliche Entwicklung der Didaktik hat es nicht gegeben. Deutschsprachige Didaktik hat zwar eine vielhundertjährige Tradition, aber diese hat kein dem Verständnis nach eindeutiges Erbe in die Gegenwart eingebracht. Die gegenwärtige Didaktikdiskussion ist mithin – historisch betrachtet – auch keiner bestimmten Auffassung über Aufgabe, Bezugsfeld und Struktur von Didaktik verpflichtet.

Didaktik ist eine Sache der Definition. Aufgabe, Bezugsfeld und Struktur einer Didaktik werden durch Definition bestimmt. Hier liegt ein Grund dafür, daß es *die* Didaktik schlechthin im deutschsprachigen Raum nicht gibt und daß statt dessen eine Vielzahl unterschiedlicher »Didaktiken« vorgefunden wird. Nach Zahl und Art der Definitionen bietet sich das Bild gegenwärtiger didaktischer Theoriebildung überaus verwirrend dar. Diese Verwirrung sollte niemandem erspart bleiben, der sich mit aktueller Didaktik beschäftigt; daher werden im folgenden solche Definitionen vorgestellt.

Recht häufig noch trifft man in Gesprächen jene Vulgärdefinition an, in der ein »Was« und ein »Wie« auseinandergehalten werden: *»Didaktik ist die Lehre vom WAS, Methodik die Lehre vom WIE des Unterrichts.«*

Am häufigsten finden sich Definitionen, in denen – wie oben – Didaktik als *eine auf den Unterricht bezogene Disziplin* ausgewiesen wird. Während einige dabei nur diesen Bezug herstellen, wird in anderen zusätzlich Wert darauf gelegt, Didaktik als *wissenschaftliche Disziplin* oder als *Teildisziplin der Pädagogik* auszugeben:

*»Gegenstand der Didaktik ist der Unterricht.«* (SCHULZ 1968, S. 12)

*»Heute ist daher Didaktik im pädagogischen Sprachgebrauch gleichbedeutend mit der wissenschaftlichen Lehre vom gesamten Unterricht.«* (SCHWERDT o. J., S. 30)

*»Unter Didaktik verstehen wir die Wissenschaft (die Theorie, die Lehre) vom Unterricht.«* (MÜCKE 1967, S. 13)

*»Sowohl der Wortsinn als auch weit verbreiteter Gebrauch sprechen für die Wahl der Bezeichnung Didaktik für die Wissenschaft vom Unterricht.«* (SCHULZ 1968, S. 12)

*». . . daß sich überall dort, wo ein Wissen planmäßig vermittelt werden soll, die Aufgabe von Lehre qua Unterricht ergibt und zumindest implizit eine Didaktik praktiziert wird.«* (GROOTHOFF 1967, S. 75)

*»Didaktik sei darum definiert als die wissenschaftliche Erforschung davon, wie die verschiedenen Größen in den Unterrichtsvorgang eingehen (oder eingehen können) . . .«* (VON HENTIG 1969, S. 252)

*»Die Didaktik, verstanden als wissenschaftliche Unterrichtslehre, hat vor allem drei Aufgaben: 1. kritische Auswahl der Bildungsgüter und Bildungsinhalte; 2. Untersuchungen von Unterrichtssituationen und Entwicklung von Unterrichtsformen; 3. Bereitstellung von Lehrverfahren im Sinne geschlossener Lehrgänge zur Gewinnung von Erkenntnissen und Fertigkeiten.«* (KALLMANN 1966, S. 85)

*»Die allgemeine Theorie des Unterrichts wird Didaktik genannt. Sie erforscht als besondere Disziplin der Pädagogik die Gesetzmäßigkeiten des einheitlichen Prozesses der Bildung und Erziehung im Unterricht.«* (TOMASCHEWSKY 1956, S. 15)

*»Vielmehr entsteht innerhalb der Pädagogik wiederum das engere Problem der Didaktik, der Unterrichtslehre . . .«* (PETERSEN 1963, S. 82)

*»Der eigentliche Gegenstand der Didaktik ist die Theorie optimalen Lehrens und Lernens durch Unterricht. Sie untersteht der Normativität der Allgemeinen Pädagogik und setzt Maßstäbe für die Unterrichtsmethodik.«* (WILHELM 1966, S. 54)

Ebenso typisch für die deutschsprachige Didaktik sind Definitionen, in denen *Bezug auf das Phänomen Bildung* genommen wird:

*»Didaktik ist die Lehre vom Bildungserwerb, wie er auf Grund und als Grund des Bildungswesens von Individuen vollzogen und vermittelt wird.«* (WILLMANN 1909, S. 27)

*»Also ist Didaktik dann als Bildungslehre zu bezeichnen, wenn sie den Lehrer anleitet, im Sinne innerer Einheitlichkeit und Ganzheitlichkeit zu lehren.«* (OPAHLE 1952, S. 498)

Und in einer zusätzlichen Eingrenzung wird die an Bildung orientierte Didaktik besonders auf den *Aufgabenbereich Bildungsinhalte* verwiesen:

*»Im weiteren Sinne umfaßt die Didaktik auch die Methodik als Theorie des unterrichtlichen Weges. Im engeren und heute meist gemeinten Sinne ist sie im Unterschied zur Methodik vor allem Theorie der Bildungsinhalte und Bildungswerte.«* (HEHLMANN 1960, S. 102)

*»Dann meint Didaktik also die Theorie der Bildungsaufgaben und Bildungsinhalte bzw. der Bildungskategorien; sie fragt nach ihrem Bildungssinn und den Kriterien für ihre Auswahl, nach ihrer Struktur und damit auch ihrer Schichtung, schließlich nach ihrer Ordnung.«* (KLAFKI 1964, S. 84)

Gegen solche Einengung auf den inhaltlichen Bereich gibt es Einwendungen, verbunden mit der Absicht, Didaktik den denkbar weitesten Aufgabenbereich zuzuweisen:

*»Das Inhaltsproblem hat sich in der modernen Didaktik aus begreiflichen Gründen so in den Vordergrund gedrängt, daß von einigen bildungstheoretischen Schulen*

*der Begriff der Didaktik ganz für diesen Problembereich in Anspruch genommen wird. Ohne das Inhaltsproblem unterschätzen zu wollen, möchte ich mich einer solchen Ansicht nicht anschließen, weil sie den Begriff der Didaktik unzweckmäßig verkürzt und das Gesamtphänomen ›Unterricht‹ z. B. nicht ganz in den Griff bekommen kann.«* (HEIMANN 1962, S. 418)

Didaktik *»ist die Wissenschaft und Lehre vom Lernen und Lehren überhaupt. Sie befaßt sich mit dem Lernen in allen Formen und dem Lehren aller Art auf allen Stufen ohne Besonderung auf den Lehrinhalt.«* (DOLCH 1965, S. 45)

Auf die besondere Situation von *Didaktik als Disziplin* wird des öfteren eingegangen:

*»Die Didaktik gehört zur Pädagogik . . . Die wissenschaftliche Didaktik als Didaktik ist nicht Fach, sondern Pädagogik.«* (ELZER 1966, S. 33)

Die *»wissenschaftliche Didaktik«* bildet einen *Forschungs- und Lehrkomplex von Fachwissenschaft, Pädagogik, Psychologie und Unterrichtsmethodik; aber sie ist keine Summierung dieser Gebiete, sondern eine neue Einheit.«* (HELMICH 1958, S. 143)

In der Begegnung mit modernen wissenschaftstheoretischen Vorstellungen ganz anderer Art, wie z.B. der Informationstheorie und der Kybernetik, wird auch von hier auf Didaktik geschlossen:

*»Unter Didaktik verstehen wir die Wissenschaft von den prinzipiellen Eingriffs-möglichkeiten und Konstruktionsmöglichkeiten im Bereich menschlichen Lernens.«* (VON CUBE 1968, S. 85)

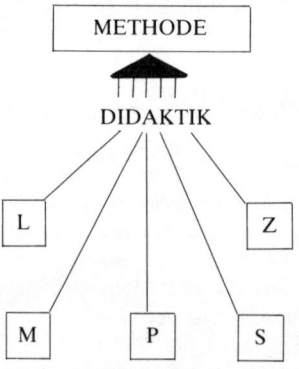

ZEICHENERKLÄRUNG:

L - Lehrstoff,
Z - Lehrziel,
M - Medium,
S - Soziostruktur,
P - Psychostruktur

*Kybernetische Definition der Didaktik als Abbildung im Sinn der modernen Mathematik (FRANK 1967, S. 2)*

Daß es auch noch weitergehende Versuche zur Bestimmung von Didaktik gibt, sollen abschließend einige Definitionen verdeutlichen:

*»Die Didaktik handelt ausdrücklich von der Mitteilung, sie ist die wissenschaftliche Lehre von den Formen der Mitteilung.«* (REST 1960, S. 139)

*»Wir fassen Didaktik vorläufig als Reflexion der Aufgabe, durch Auswahl und Anordnung von Lehrgehalten einen Brückenschlag zu bewerkstelligen zwischen der Welt mit ihren Leistungs- und Tradierungsansprüchen auf der einen und dem Menschen mit seinem Bildungsanspruch auf der anderen Seite.«* (ZABECK 1968, S. 103)

*»Didaktik ist die analysierende und reflektierende Betrachtung des Lehr-Lernge-schehens mit dem Ziel, die absichtsvolle Beeinflussung eines Lerners in den drei –*

*kognitiv, emotional, pragmatisch – Verhaltensweisen des Menschen zur Welt zum Zwecke einer Verhaltensorientierung gesellschaftsbezogen, affektiv und ökonomisch zu gestalten.*« (LAHN 1972, S. 566)

Es bleibt darauf hinzuweisen, daß dies nur eine Auswahl aus der Vielzahl von Definitionen ist. Wie Didaktik der Gegenwart trotz verwirrender Vielfalt systematisch dargestellt werden kann, wird im nächsten Abschnitt erörtert.

## 1.3 Möglichkeiten systematischer Darstellung didaktischer Theoriebildung

Wie unterschiedlich Didaktik aufgefaßt wird und wie zahlreich die Ansätze zu didaktischer Theoriebildung sein können, haben die vielen Definitionen gezeigt. Für eine systematische Darstellung der Didaktik ergibt sich deshalb immer auch die Frage, nach welchen Kriterien die Ansätze geordnet und zusammengefaßt werden können. Sie bloß zusammenhanglos nebeneinanderzustellen oder chronologisch – nach dem Jahr ihrer Erstveröffentlichung – aneinanderzureihen, bringt keinen Gewinn. Eine solche Reihung hülfe dem Lehrer nicht bei seiner Entscheidung für das eine und/oder das andere Modell (eine modelltheoretische Ordnung versucht KNECHT 1983).

Wie viele Fragen in diesem Zusammenhang auftauchen, wird auch an der Darstellung bei KRON überaus deutlich. KRON, der Didaktik selbst als eine »Enkulturationswissenschaft« verstanden haben möchte, geht auf alle möglichen Darstellungsprobleme von Didaktik ein und belegt die einzelnen Ansätze mit Beispielen aus der Diskussion (vgl. KRON 1993, bes. S. 22 ff.).

Die Erfassung und Darstellung didaktischer Theorien macht TERHART zum Thema einer Abhandlung. Nach verkürzendem Rückblick auf die bisher vorgelegten Systematisierungsergebnisse, wie sie folgend auch hier vorgestellt werden, schlägt er ein an »internen« und »externen« Bedingungen der Theorieentwicklung orientiertes Konzept vor. Nur ein zugleich an beiden, an internen und externen, Bedingungen orientiertes Darstellungskonzept gewährleistet nach seiner Auffassung auch die Darstellung der vielschichtigen, umwälzenden Entwicklung der didaktischen Theorien, die nicht bloß einer Zeit, sondern stets auch einer geschichtlichen Situation angehören, mit der sie dialektisch verflochten sind. Interessant ist der Versuch TERHARTs, die Bedeutung der einzelnen didaktischen Ansätze in ihrer zeitlichen Folge zu erklären (TERHART 1983, vgl. bes. S. 172 ff.).

In der Regel orientieren sich systematische Darstellungen an den Kriterien *Gegenstandsfeld* und *Theoriebegriff* einer didaktischen Theorie, wenn einzelne Ansätze unterschieden oder auch zusammengestellt werden. Was darunter zu verstehen ist und welche Gruppen theoretischer Ansätze sich so bilden lassen, wird im folgenden erörtert. Da hierbei – wie auch bei der gesamten Darstellung der heutigen Diskussion überhaupt – zwischen Theorie und Metatheorie der Didaktik unterschieden wird, soll auch auf diese Unterscheidung näher eingegangen werden.

### 1.3.1 Unterscheidung nach dem Gegenstandsfeld
Als Gegenstandsfeld einer wissenschaftlichen Disziplin bezeichnet man jenen Ausschnitt aus der gesamten Wirklichkeit, auf den sich die Disziplin bezieht, den zu

erkennen sie sich vorgenommen hat. So kann man ganz allgemein und formal sagen: *Gegenstandsfeld der Didaktik ist das Didaktische, besser: ist das komplexe Feld aller als didaktisch begriffenen Erscheinungen, Zusammenhänge, Vorgänge, Probleme usw.* Was aber als didaktisch begriffen wird und mithin zum Gegenstandsfeld und zur Forschungsaufgabe einer wissenschaftlichen Didaktik gerechnet wird, hängt letzten Endes davon ab, wie Didaktik definiert wird.

Das Gegenstandsfeld einer Didaktik wird durch eine Definition nicht nur in seinem Umfang begrenzt und als integrierender Teilbereich aus der gesamten Wirklichkeit»herausgeschnitten«; die Gegenstände einer Didaktik – eben jene Vorgänge, Probleme usw., die sich in ihrem Feld befinden – werden durch Definition auch allererst konstituiert.

Wenn beispielsweise SCHULZ Didaktik als»Wissenschaft vom Unterricht« definiert, so schneidet er gleichsam»Unterricht« aus der Gesamtwirklichkeit heraus und stellt ihn als Feld der Didaktik zur Erforschung hin. Der Didaktik wird dadurch der besondere Auftrag erteilt, sich mit Unterricht und nichts anderem zu befassen. Wie weit aber dieses Feld tatsächlich gesteckt wird, hängt von der Auffassung über Unterricht ab. Bei SCHULZ wird Unterricht als ein kommunikativer Vorgang zum Zwecke des Lernens und Lehrens aufgefaßt, so daß alles damit zusammenhängende Geschehen als legitimer Forschungsgegenstand der Didaktik betrachtet wird. Unterricht ist hier nicht bloß das zwischen zwei Klingelzeichen in einem geschlossenen Klassenzimmer ablaufende Geschehen. Zum Unterricht – und damit zum Feld der Didaktik – zählen auch Vorgänge außerhalb von Klassenzimmer und Schulgebäude, sofern sie sich als Einflußgrößen für den kommunikativen Lern- und Lehrvorgang erweisen. Im»Berliner (und Hamburger) Modell« werden mit den sechs»Elementar-Strukturen« auch jene komplexen Gegenstände umrissen, auf die diese Didaktik sich besonders auszurichten hat.

Wenn es also von der Definition abhängt, welches Gegenstandsfeld eine Didaktik hat, so ist leicht vorstellbar, daß es zahlreiche Möglichkeiten gibt, eine Didaktik näher zu bestimmen. In der Tat hat die deutschsprachige Didaktik viele auf unterschiedlichste Felder bezogenen Ansätze aufzuweisen. Eine systematische Darstellung nach dem Kriterium Gegenstandsfeld hat u.a. KLAFKI vorgenommen. Er unterschied (1964, S. 72):

»1. Didaktik als Wissenschaft und Lehre vom Lehren und Lernen überhaupt in allen Formen und auf allen Stufen (DOLCH, HAUSMANN, HAMMELS-BECK);
2. Didaktik als ›Bildungslehre‹ im umfassenden Sinne (WILLMANN: Theorie der Bildung, der Bildungsinhalte, der Methoden und des Bildungswesens);
3. Didaktik als ›Wissenschaft vom Unterricht‹ (SCHULZ, WEBER, SCHWERDT, BECKER u.a.);
4. Didaktik als Theorie der Bildungsinhalte, ihrer Struktur und Auswahl (WENIGER) bez. als Theorie der ›Bildungskategorien‹ (DERBOLAV, Fr. FISCHER).«

Zu einem späteren Zeitpunkt unterschied KLAFKI verändert (1971 b, Sp. 229):
»1. Didaktik als Wissenschaft und Lehre vom Lehren und Lernen überhaupt;
2. Didaktik als Wissenschaft vom Unterricht bzw. ›Allgemeine Unterrichtslehre‹;
3. Didaktik als Theorie der Bildungsinhalte, ihrer Struktur und Auswahl bzw. der

Lehr- und Lernziele und der ihnen zugeordneten Lehr- und Lerninhalte und Aufgaben oder als Theorie der ›Bildungskategorien‹;

4. Didaktik als ›Theorie der Steuerung von Lernprozessen‹ bzw. als ›Ökonomik der Vermittlung‹.«

Leicht erkennt man, daß die von KLAFKI klassifizierten Ansätze der seinerzeitigen Didaktik sich vor allem in der Weite ihres Gegenstandsfeldes unterscheiden. Dies brachte HAUSMANN dazu, von »weiten« und »engen« Fassungen der Didaktik zu sprechen und sie zweifach zu ordnen (vgl. 1969, S. 99; PETERSSEN 1978, S. 11):

|  | enge Fassung | weite Fassung |
|---|---|---|
| weite Fassung | Didaktik als Lehre von allen auf Bildung bezogenen Problemen | Didaktik als Lehre von allen Formen und Stufen des Lernens |
| enge Fassung | Didaktik als Lehre von den Bildungsinhalten | Didaktik als Lehre vom Unterricht |

Um noch einmal zu zeigen, daß nicht nur der Umfang des Gegenstandsfeldes, sondern auch die Art des Gegenstands durch die vorgegebene Auffassung einer Didaktik konstituiert wird, greifen wir auf die Didaktik-Vorstellungen bei KLAFKI und DERBOLAV zurück. Beide Auffassungen wären – gemessen an der Weite des Gegenstandsfeldes – dem linken unteren Feld im Raster zuzuordnen. Beide schränken Didaktik auf den Bereich der Bildungsinhalte, auf die Inhaltsproblematik von Bildungsvorgängen ein. Aber: KLAFKI begreift Bildungsinhalte anders als DERBOLAV. Nach KLAFKI kann man von Bildungsinhalten sprechen, wenn Schüler an einzelnen, besonderen Lerninhalten eine über die Besonderheit hinausweisende und allgemeine Einsicht gewinnen, also beispielsweise an der Ente deren Fuß als Schwimmfuß und diesen wiederum als Merkmal von Schwimmvögeln kennenlernen. Nach DERBOLAV geht es auch um derartige über sich hinausweisende Inhalte, aber immer um solche, die bis zu einem »normkonstitutiven Aspekt« vorstoßen, also gewissensbildend sind, wie beispielsweise die unterrichtliche Behandlung der Kohlmeise zur Einsicht in die Notwendigkeit winterlicher Fürsorge für Vögel führen kann (1960, S. 17 ff.).

Beide, KLAFKI und DERBOLAV, grenzen Didaktik auf den Bereich der Inhaltlichkeit von Lernvorgängen ein, weisen ihr aber auf Grund ihres je besonderen Vor-Verständnisses von Bildung und dafür notwendig gehaltenen Inhaltsstrukturen unterschiedliche Auswahlaufgaben zu.

KLAFKI selbst hat in seiner Auseinandersetzung mit der lerntheoretischen Didaktik der Berliner Schule von didaktischen Theorien »im engeren Sinne« und »im weiteren Sinne« gesprochen und zu ersteren seine bloß auf Inhaltsprobleme, zu letzteren das Berliner Modell mit seinem Bezug auf das gesamte Lehren und Lernen gezählt. Er mußte seinerzeit von HEIMANN, dem Hauptvertreter lerntheoretischer Didaktik, den Vorwurf hören, eine nicht auf das gesamte Lehren und Lernen bezogene didaktische Theorie leiste einer Desintegration didaktischen Denkens Vorschub (vgl. HEIMANN 1962). Im Verlauf der Jahre hat KLAFKI dieses

Argument offensichtlich anerkannt, denn in allen Neufassungen zu seiner eigenen didaktischen Theorie spricht auch er sich für eine gegenständlich »im weiteren Sinne« gefaßte Didaktik aus (s. u. Abschnitt 6.3).

In der Diskussion über die Weite des Gegenstandsfeldes einer Didaktik herrscht gegenwärtig auch Konsens darüber, daß Didaktik sich wegen ihres Charakters als Berufswissenschaft von Lehrern zwar besonders dem Unterricht zuzuwenden habe, Unterricht aber zugleich nur als einen von vielen Orten des Lernens und Lehrens auffassen dürfe. Ihre Funktion für Lehrer kann Didaktik nur erfüllen, wenn sie sich brennpunktartig auf Unterricht einstellt; dieses Feld hat sie hinsichtlich der Vorgänge und deren Zusammenhängen zu erforschen und ihre Ergebnisse Lehrern für ihr tägliches Geschäft bereitzustellen. Wichtige Voraussetzungen von Unterricht blieben jedoch außerhalb des Blickfeldes, wenn nicht *auch das Umfeld* mit erfaßt würde. Und bedeutsame Erkenntnismöglichkeiten blieben verschlossen, wenn Didaktik nicht *auch andere Orte des Lehrens und Lernens* zu ihrem Feld rechnete. Eine didaktische Theorie kann ihren Aufgaben nur gerecht werden, wenn sie ihr Gegenstandsfeld in denkbar weitestem Sinne absteckt und sich weder auf einen Ort noch eine Dimension von Lehren und Lernen einengen läßt. Didaktik muß – vom Gegenstandsfeld her betrachtet – Theorie und Lehre vom Lernen und Lehren schlechthin sein. Eine solch weite Fassung ermöglicht durchaus Ansätze an Einzelproblemen und Teilfeldern, ordnet sie aber in das Gesamt der didaktischen Aufgabenstellung ein.

Eine systematische Darstellung gegenwärtiger didaktischer Theorien nur nach dem Kriterium des Gegenstandsfeldes verschafft zwar einen Überblick über alle bekannten Ansätze, über ihr Zueinander und ihre Ergänzungsbedürftigkeit unter dem Gesichtspunkt einer Didaktik im weitesten Sinne, bleibt aber unvollständig, wenn nicht auch die Frage nach der Absicht und der Art des Zugriffs auf den ausgeblendeten Bereich der Wirklichkeit beantwortet wird. Das aber ist die Frage nach dem jeweils *implizierten Theoriebegriff.*

### 1.3.2 Unterscheidung nach dem Theoriebegriff

Wenn vom Theoriebegriff einer Didaktik die Rede ist, so meint man die in einem bestimmten Ansatz beschlossene Auffassung darüber, was dieser Ansatz zu leisten habe oder: *welchen Auftrag eine bestimmte Didaktik im Hinblick auf das eingegrenzte Feld der Wirklichkeit hat, mit welcher Absicht und welchen Mitteln die wissenschaftliche Didaktik dieses Feld erforscht.* Ganz deutlich nach dem jeweiligen Theoriebegriff hat BLANKERTZ erstmals 1969 die didaktischen Ansätze der Gegenwart unterschieden. Er sprach von

– *bildungstheoretischer,*

– *lerntheoretischer* und

– *informationstheoretischer* Didaktik.

Seinerzeit (1969) unterlagen dieser Systematisierung aber noch keine Kategorien, die über den Bereich didaktischer Theoriebildung selbst hinausreichten. Solche Kategorien wurden gefunden und dann auch auf die Didaktik angewandt, als HABERMAS die Struktur wissenschaftlichen Denkens und Forschens in wichtigen Momenten aufdeckte (1968; 1971). HABERMAS ging von der Annahme aus, daß auch Wissenschaften Interessen verfolgen, wenn sie sich um Erkenntnisgewinnung in dem ihnen übertragenen Feld bemühen. Es gelang ihm, drei unter-

schiedliche Formen solchen »*erkenntnisleitenden Interesses*« an Beispielen nachzuweisen:
- das *praktische Erkenntnisinteresse*,
- das *technische Erkenntnisinteresse* und
- das *emanzipatorische Erkenntnisinteresse*.

Die Kategorie des erkenntnisleitenden Interesses beschreibt die besondere
Absicht einer Wissenschaft bei ihrer Erforschung der Wirklichkeit. Zugleich
gewinnen die Aussagen einer Wissenschaft ihre zutreffende Bedeutung erst, wenn
sie im Zusammenhang mit dem besonderen zugrunde liegenden Erkenntnisinteresse gesehen werden.

- Ein *praktisches Erkenntnisinteresse* zu verfolgen meint, die Theoriebildung
  vorzunehmen, um mit den in der jeweiligen Wirklichkeit vorfindbaren Problemen auf beste Weise fertig werden zu können: *Erkenntnis zum Zwecke der
  Aufstellung von Handlungsprinzipien, die zu Regulativen angepaßten und dadurch erfolgsträchtigen Handelns werden.*
- Ein *technisches Interesse* zu verfolgen meint, die Wirklichkeit in ihren Abhängigkeiten transparent zu machen, sie in ihren Wirkungszusammenhängen darzustellen, um sie beherrschbar zu machen: *Erkenntnis zum Zweck der Aufstellung von
  allgemeinen und besonderen Regeln, durch deren Anwendung höchste Effizienz
  erreicht werden kann.*
- Ein *emanzipatorisches Interesse* zu verfolgen meint, die Wirklichkeit daraufhin zu
  durchdringen, wo und welche Vorgänge sich dem Menschen auf seinem Weg zu
  sich selbst und einer ihm angemessenen Gesellschaft in den Weg stellen:
  *Erkenntnis zum Zweck des Abbaus und der Veränderung inhumaner, emanzipa-
  tionshinderlicher Wirklichkeit.*

HABERMAS ordnet diese drei Arten von Erkenntnisinteresse drei von ihm als
grundsätzlich angenommenen Positionen in der Wissenschaft zu (1965, S. 155):»In
den Ansatz der empirisch-analytischen Wissenschaften geht ein *technisches,* in den
Ansatz der historisch-hermeneutischen Wissenschaften ein *praktisches* und in den
Ansatz kritisch orientierter Wissenschaften jenes *emanzipatorische* Erkenntnisinteresse ein.« Mit dieser Zuordnung wird zugleich die Art des Zugriffs auf die
Wirklichkeit, die wissenschaftliche Methode, geklärt:
- die *Hermeneutik* als Verfahren der Geisteswissenschaften,
- die *Empirie* als Verfahren der positivistischen Wissenschaften und
- die *Ideologiekritik* als Verfahren der kritischen Wissenschaften.

In einem Raster lassen sich die von HABERMAS erkannten Strukturmomente
und -kategorien übersichtlich darstellen:

| Position | Erkenntnis – Interesse | Methode |
|----------|------------------------|---------|
| Geisteswissenschaft | praktisch | Hermeneutik |
| Positivismus (empirisch-analytische Wissenschaft) | technisch | Empirie |
| kritische Wissenschaft | emanzipatorisch | Ideologiekritik |

Entsprechend solcher Kategorisierung lassen sich auch wichtige Ansätze gegenwärtiger Didaktik systematisch und vergleichend darstellen:

- Die *bildungstheoretische Didaktik,* wie sie von KLAFKI u. a. im Anschluß an die geisteswissenschaftliche Pädagogik konzipiert wurde, erweist sich selbst auch als *geisteswissenschaftlich.* Sie erforscht ihr Feld, den Vorgang der Bildung, mit *hermeneutischen* Verfahren. Dabei ist es ihre Absicht, dem didaktisch Handelnden (dem Lehrer in der Regel) Prinzipien für sein tägliches Geschäft an die Hand zu geben, damit dieses erfolgreicher als bisher wird. Solche Didaktik entwickelt Handlungstheorien aus der Praxis für die Praxis.

- Die *lerntheoretische Didaktik,* wie sie von HEIMANN ursprünglich entwickelt worden ist, steht mit ihrer erklärten Intention auf Totalerfassung aller Vorgänge und Faktoren im Felde des Lehrens und Lernens ganz auf dem Boden *positivistischer Wissenschaft.* Sie verfährt *empirisch-analytisch* und ist auf Effektivitätssteigerung von Unterricht aus.
  Krasser noch wird dies an der *informationstheoretischen Didaktik* sichtbar.

- Die *kommunikative Didaktik,* wie sie zuerst von SCHÄFER/SCHALLER angestrebt wurde, ist eindeutig *kritischer Wissenschaftsauffassung* zuzuordnen. Sie ist an *Emanzipation* aller Schüler als Voraussetzung von Erziehung interessiert und deckt zu diesem Zweck durch *ideologiekritische* Analysen Hindernisse für dieses Unterfangen auf.
  Auch die neue von WINKEL (1980) vorgestellte Fassung einer *kritisch-kommunikativen Didaktik* ordnet sich hier ein.

Nicht so eindeutig möglich ist die Zuordnung der aktuellen Version bildungstheoretischer Didaktik, wie KLAFKI sie seit einiger Zeit unter der Bezeichnung »kritisch-konstruktive Theorie« zu entwickeln sucht, sowie des »Hamburger Modells« lerntheoretischer Didaktik von SCHULZ. In beiden Fällen handelt es sich, gemessen an der Kategorisierung nach HABERMAS, um *Mischtheorien,* in die Momente aus mehreren, wenn nicht gar allen drei Positionen eingegangen sind. (Die explizite Darstellung erfolgt bei der Erörterung der jeweiligen Ansätze.)

Überhaupt geht die Entwicklung in der didaktischen Theoriebildung gegenwärtig offensichtlich dahin, Mischtheorien durchaus zuzulassen. Und wo noch »reine« Positionen bezogen werden, wird oftmals zugleich ausdrücklich betont – wie z. B. von WINKEL (1980) –, daß die eigene Position keinen Anspruch auf Ausschließlichkeit erheben will, sondern immer im Zusammenhang mit den übrigen Positionen gesehen werden müsse und in der Praxis nur zusammen mit diesen bzw. im Wechsel mit diesen zur Anwendung gebracht werden sollte. Dahinter steht die Auffassung, daß die didaktische Wirklichkeit überaus komplex und vielfältig ist und daß zu ihrer wissenschaftlichen Erkenntnis sowie ihrer praktischen Bewältigung auf keinen Ansatz, keine Methode, keine Strategie verzichtet werden kann. Allerdings kann man sich des Eindrucks nicht erwehren, daß in der Diskussion über die didaktischen Theorien deren *theoretischer Charakter* nicht immer zutreffend berücksichtigt wird. Im folgenden Abschnitt soll das Problem des theoretischen Charakters noch einmal unter verändertem systematischem Gesichtspunkt aufgegriffen werden.

### 1.3.3 Zum Unterschied zwischen didaktischer Theorie und didaktischer Metatheorie

Zur Didaktik zählt der als »lerntheoretisch« bekannte Ansatz ebenso wie das von H. ROTH entwickelte »Prinzip der originalen Begegnung«. Beide unterscheiden sich aber in beträchtlicher Weise voneinander, und zwar nicht bloß in ihren inhaltlichen Bezügen (der lerntheoretische Ansatz bezieht sich auf den gesamten Vorgang des Lehrens und Lernens, das Prinzip von H. ROTH bloß auf die Art der Auseinandersetzung von Lernenden mit Lerninhalten). Auch hinsichtlich des theoretischen Charakters bestehen wesentliche Unterschiede: auf der einen Seite *Theorie,* auf der anderen Seite *Metatheorie.*

Dies wird verständlich, wenn man annimmt, daß der vielschichtige Gesamtkomplex von Didaktik drei unterscheidbare Ebenen aufweist. Es gibt zunächst einmal die Ebene tatsächlicher didaktischer Ereignisse und Vorgänge, nämlich die erfahrbare *didaktische Praxis.* Hierhin gehört z. B. der Lehrer, der nachmittags damit beschäftigt ist, eine Klassenarbeit zu korrigieren und Zensuren zu verteilen. Eine nächste Ebene bildet, obwohl auf dasselbe Problem bezogen, beispielsweise die von INGENKAMP formulierte Aussage, daß Zensuren über den Klassenrahmen hinaus nur schwer vergleichbar seien. Seine Aussage geht auf empirische Untersuchungen zurück, d. h. sie gehört nicht zu den Zensierungsvorgängen selbst, sondern wird über diese gemacht. Sie ist kein Bestandteil didaktischer Praxis, sondern eine *Theorie* dieser Praxis, und zwar in der Weise, daß sie erklärt, was in der Praxis geschieht, was dort vor sich geht. Eine weitere Ebene zeigt sich, wenn wir fragen, weshalb INGENKAMP diese Untersuchung anstellte und wie er sie durchführte. Dann wird sich u. a. der empirisch-analytische Charakter seiner Untersuchung zeigen. Solche Feststellungen werden nicht mehr über die didaktische Praxis – hier: der Zensurengebung – getroffen, sondern über Feststellungen über diese Praxis, über die Theorie also. Es handelt sich um eine Theorie über eine Theorie, um eine *Metatheorie.*

Was wir Didaktik nennen, weist also drei Ebenen auf:
– die Ebene der *Praxis,*
– die Ebene der *Theorie* und
– die Ebene der *Metatheorie.*

Dabei bezeichnet
– *didaktische Praxis* das Gesamt aller erfahrbaren Erscheinungen und Vorgänge des Lernens und Lehrens;
– *didaktische Theorie* das Gesamt allen unmittelbar auf didaktische Praxis bezogenen Denkens, wobei eine Theorie gleichsam das Ergebnis solchen Denkens ist und systematische Aussagen darüber enthält, wie didaktische Praxis tatsächlich ist bzw. sein kann oder sein sollte;
– *didaktische Metatheorie* das gesamte unmittelbar auf die Bildung didaktischer Theorien (– und bloß mittelbar auf didaktische Praxis, nämlich über Theorien –) bezogene Denken, wobei dies zu systematischen Aussagen führt, wozu und wie didaktische Theorien gebildet werden und gestaltet sind bzw. werden können oder sollten.

In der Diskussion über Didaktik wird in der Regel zwischen Theorie und Metatheorie nicht sauber unterschieden. Und hieraus erwachsen nicht selten Mißverständnisse. Lehrer z. B. haben berechtigte Erwartungen an didaktische

Theorien; sie können erwarten, daß sie von diesen Aufschlüsse über ihre Praxis erhalten, entweder darüber, wie die Praxis tatsächlich aussieht, was sich dort und in welchem Zusammenhang es sich ereignet (Beispiel: Zensuren gelten offensichtlich nur im Klassenrahmen), oder darüber, wie sie die Praxis optimal gestalten können (Beispiel: Normalverteilung von Zensuren nach der Gaußschen Glockenkurve). Treffen sie mit solchen Erwartungen auf didaktische Metatheorien statt auf Theorien, so werden sie zwangsläufig enttäuscht, da Metatheorien die erwarteten Aufschlüsse über Praxis gar nicht machen können und wollen. Denn ihre entsprechenden Aussagen sind auf die Theorie bezogen und wollen zur Bewältigung theoretischer Probleme, also zur Theoriebildung, beitragen. Besonders enttäuscht werden Lehrer sein, wenn sie auf angebliche Theorien stoßen, die in Wirklichkeit metatheoretisch ausgerichtet sind.

Nun sind aber die bei uns als didaktische Theorien gehandelten bekannten Systeme und Modelle in der Regel über weite Strecken (wenn nicht gar insgesamt) nicht theoretischer, sondern metatheoretischer Art. Sie sollen gar nicht unmittelbar auf die Praxis von Lehrern Einfluß nehmen, sondern die vom Lehrer geforderte Theoriebildung beeinflussen. Besonders deutlich sagt dies HEIMANN für das von ihm entwickelte »Berliner Modell« der lerntheoretischen Didaktik. Aufgrund seiner Einsicht, daß didaktische Praxis wegen ihrer Komplexität und Situationsabhängigkeit immer in Bewegung ist, kommt er zu dem Schluß, daß es grundsätzlich unangemessen ist, Lehrern didaktische Theorien zu vermitteln. Um sie zu befähigen, ihre Praxis bewältigen zu können, müssen sie vielmehr zu eigener, situationsadäquater Theoriebildung instand gesetzt werden, so daß sie, wie HEIMANN es ausdrückt, immer die der Praxis entsprechenden »theoretischen Äquivalente« bilden können. Deshalb verzichtet HEIMANN darauf, in der Lehrerausbildung ein starres didaktisches Theorem weiterzugeben. Statt dessen entwickelt er mit dem »Berliner Modell« eine metatheoretische Hilfe für Lehrer, nämlich eine Strukturierungshilfe für die situationsadäquate Theoriebildung durch Lehrer. Statt ihnen vorzugeben, was genau sie zu tun haben, zeigt ihnen dieses Modell, wo sie etwas zu tun haben und was dabei zu beachten ist, konkret: Welche Entscheidungen von ihnen verlangt sind und wie diese voneinander und von vorgegebenen Bedingungen abhängig zu machen sind.

Was für die lerntheoretische Didaktik festgestellt wurde, gilt – mit leichten inhaltlichen Änderungen – auch für die übrigen Ansätze. *Sie können wegen ihres metatheoretischen Charakters nicht unmittelbare, sondern bloß mittelbare Bedeutung für die alltägliche didaktische Praxis haben.* Sie beziehen sich auf das didaktische Denken von Lehrern, über das sie dann unmittelbar auch auf sein didaktisches Handeln einwirken. Erfahrungen aus dem Umgang von Lehrern mit den sogenannten didaktischen Theorien der Gegenwart haben nahegelegt, auf die notwendige Unterscheidung zwischen Theorien und Metatheorien im Bereich der Didaktik hinzuweisen.

## 1.4  Wann ist eine Didaktik »vollständig«? Zur Struktur didaktischer Theoriebildung

Um einzelne didaktische Ansätze, Modelle, Positionen hinsichtlich ihrer qualitativen Besonderheit und ihrer quantitativen Abgrenzung besser erfassen und darstellen zu können, bietet es sich an, die vollständige Struktur einer didaktischen Theorie aufzuspüren. Hier findet dafür der geisteswissenschaftliche Strukturbegriff Verwendung, so, wie er von DILTHEY geprägt wurde (vgl. dazu DILTHEY 1924, Bd. V, S. 139 ff.; auch KRUEGER 1953, S. 125 ff.). Struktur meint Bedingungsgefüge. Nicht Erscheinungen bezeichnet er, sondern ihnen zugrunde liegende Bedingungen, über die angenommen wird, daß sie relativ dauerhaft sind und daß auf sie Erscheinungen durchaus unterschiedlicher Art aufgelagert sein können. Weiterhin: Diese Bedingungen bilden ein Gefüge, sie sind durchgängig gegliedert, einerseits in sich aufgliederbar, andererseits in umfassendere eingliederbar.

Solchen Strukturbegriff auf Didaktik anzuwenden bedeutet, deren grundlegendes Gefüge aufspüren zu wollen, d.h. jenes, das allen unterschiedlichen Erscheinungsweisen in der Didaktik zugrunde liegt. Es gestattet, Einzelstücke von vornherein nur als Einzelstücke zu betrachten, als Strukturmomente – eingliederbar und aufgliederbar –, die zusammen mit anderen erst einen Schritt zur Vollständigkeit machen. Eine Strukturzeichnung der Vollständigkeit einer Didaktik erfüllt heuristische Zwecke für die Annäherung an und den Umgang mit didaktischen (Einzel-)Theorien. Hier ist diese Studie aufgenommen worden, um dem einzelnen Nachfrager, Benutzer usw. von didaktischer Theorie ein Instrument in die Hand zu geben, mit dem er selber eine Analyse einzelner Theorien vornehmen und so Vergleiche u. ä. anstellen kann, bevor er sich für eine Theorie entscheidet.

Es wird angenommen, daß eine Didaktik nur vollständig ist, wenn sie sich auf drei Strukturebenen zur Darstellung bringt, wenn sie wenigstens drei Strukturebenen besetzt hat. Wer einen Ansatz näher betrachtet, müßte demnach Aussagen auf allen drei Ebenen feststellen können, sofern eine Didaktik sich als vollständige Theorie anbietet. Er wird auch feststellen, daß sich die einzelnen Theorien überaus unterschiedlich nach Umfang und Art auf den drei Ebenen darbieten (vgl. dazu auch PETERSSEN 1988). Von »Argumentationsebenen« spricht in vergleichbarer Weise PLÖGER (1988, S. 445 ff.). Vollständigkeit darf nicht als Endgültigkeit mißverstanden werden. Der Strukturbegriff beinhaltet stets die ständige Ausformbarkeit, Erweiterbarkeit, Veränderbarkeit des damit Bezeichneten, verweist auf die grundsätzliche Offenheit für innere Entwicklungen und gegenüber äußeren.

### 1.4.1 Die pragmatische Struktur

Das wohl unbestrittenste Bestimmungsmoment von Didaktik ist ihre Pragmatik. Didaktik wird als sui generis pragmatisch begriffen, da sie darauf gerichtet ist, Anleitungen zum Handeln für die didaktische Praxis zu entwickeln und bereitzustellen. Obwohl daran, daß Didaktik Anleitung zum Handeln zu sein habe, keine Zweifel geäußert werden, bestehen darüber, wie sie diesen Anspruch einzulösen habe, viele unterschiedliche Auffassungen. Die pragmatische Bestimmtheit von Didaktik ist also wohl unbestritten, nicht aber unumstritten; umstritten ist, wie die phänomenale Ausgestaltung zu erfolgen habe.

Umstritten ist u. a. der Bereich, für den Handlungsanleitungen vor allen anderen entwickelt werden sollen. Für alle Lehr- und Lernvorgänge z.B., wie DOLCH das postulierte (1965, S. 45), oder nur für schulischen Unterricht, wie SCHULZ das versucht (1980)? Umstritten ist auch, an wen die Anleitungen gerichtet sein sollen. An Lehrer z.B., wie das üblicherweise geschieht, oder auch an Schüler, so daß man auch von »Lernerdidaktik« sprechen könnte? Umstritten ist auch die Frage, für welche didaktische Tätigkeit sie erstellt werden sollen. Bloß für die Planung von Unterricht z.b., die in den meisten Fällen – fälschlicherweise – mit didaktischer Praxis weitgehend identisch betrachtet wird, oder auch für andere Tätigkeiten, wie z.B. Leistung messen und beurteilen? Umstritten ist auch die Art, in der Handlungsanleitungen bereitgestellt werden sollen. Als fundamentale Handlungsprinzipien z.b., wie wir sie seit COMENIUS kennen, als Rezepturen, wie sie jüngst Mode zu werden schienen, oder als behutsame Vorgaben für eigene Entscheidungen, so, wie dies das »Berliner Modell« zu sein trachtete (HEIMANN 1962, S. 407 ff.)? Letzten Endes spielt der Streit sich im Bereich der Erscheinungen didaktischer Handlungsanleitungen ab, wohingegen über die grundlegende Struktur Übereinstimmung herrscht: *Didaktik ist nur Didaktik, wenn sie sich als pragmatisch erweist.*

Als pragmatisch erweisen sich alle bedeutsamen historischen Entwürfe. RATKEs und COMENIUS' didaktische »Lehrkünste« waren geradezu darauf aus, ein umfassend-universelles System von Handlungsanleitungen zu erstellen, durch das es möglich sein sollte, »alle alles vollständig« zu lehren, wie COMENIUS mit dem »omnes-omnia-omnino« in seiner »Pampaedia« verhieß und vorher mit seiner »Didactica magna« schon versprochen hatte (vgl. RATKE 1957; COMENIUS 1960 bzw. 1966). HERBARTs deduktiv aus dem obersten Erziehungsziel, der »Charakterstärke der Sittlichkeit«, entwickelte Vorstellungen über die Strukturierung erziehungswirksamen Unterrichts hat nicht nur er selber als erlernbare »Kunst« begriffen, sondern sie wurden auch von seinen Schülern, den »Herbartianern«, in Anleitungen, ja verbindliche Vorschriften umgeformt (vgl. HERBART o. J.). In Prinzipienform trug WILLMANN bei seinem Versuch, Didaktik im 19. Jahrhundert zeitgemäß wiederzubeleben, seine Handlungsvorschläge vor (vgl. WILLMANN 1909). Und die zahlreichen hervorragenden »Reformpädagogen« entwickelten jeweils besondere Handlungsprogramme für Schule und Unterricht. Zu keiner Zeit wurde in der Didaktik auf die Entwicklung und Bereitstellung von Handlungsanleitungen verzichtet.

Zur Zeit des Übergangs in die gegenwärtige Didaktik, und darunter wird die von DILTHEY ausgehende und über NOHL zu WENIGER verlaufende geisteswissenschaftliche Theoriebildung verstanden, werden nicht nur weiterhin Handlungsprinzipien bereitgestellt – beispielsweise zur Unterrichtsmethode durch G. REICHWEIN (vgl. 1963) –, sondern es wird auch erstmals für die Didaktik das pragmatische Moment ausdrücklich postuliert. Es ist WENIGER, der Didaktik als »Theorie des Handelns« ausgeformt sehen möchte, als eine Theorie, die »die Mittel zur Entscheidung umfassend zur Verfügung zu stellen« hat (vgl. WENIGER 1965, S. 6 bzw. S. 14). Wie alle geisteswissenschaftliche Theoriebildung strukturell pragmatischen Bezug zur Praxis hat, so auch die Didaktik, wenn sie sich dieser Auffassung von Wissenschaft verpflichtet sieht.

Das Postulat WENIGERs taucht auch heute – in mehr oder weniger versteckter Weise – wieder auf, und zwar nicht nur in geisteswissenschaftlich orientierten Ansätzen. Die jüngste Ausprägung *bildungstheoretischer Didaktik* bringt das schon in der gewählten Bezeichnung zum Ausdruck: kritisch-konstruktive Didaktik. Konstruktiv meint hier die nicht bloß beschreibende und analysierende, sondern die in die Praxis gestaltend vorgreifende Theoriebildung (KLAFKI 1985, S.

28

31 ff.). KLAFKI entwirft zu diesem Zweck nicht nur ein neues Instrumentarium für die Unterrichtsplanung, das »Perspektivenschema«, sondern trägt auch für weitere Handlungsbereiche Überlegungen vor, die er als Prinzipien dem didaktischen Handeln gerne substituieren möchte, so u.a. für die Differenzierung von Unterricht und die Leistungsbeurteilung (KLAFKI 1985, S. 119ff. bzw. S. 155ff.). WINKEL formuliert für die *kritisch-kommunikative* Didaktik, es gehe ihr darum, »Lehren und Lernen kommunikativer« zu gestalten (1980, S. 80), wofür sie Handlungsanleitungen an die Lehrenden vorgibt: z.b. Prinzipien für die Kommunikation, die rational, symmetrisch zu erfolgen habe, und Modelle für schülerorientierte Unterrichtsplanung, wie das von BIERMANN (1985). Die *lerntheoretische Didaktik* zielte in ihrer ersten Ausprägung ausdrücklich auf Analyse- und Planungsfähigkeiten des Lehrers und stellte ihm hierfür als Instrument das »Berliner Modell« zur Verfügung (vgl. HEIMANN 1962, S. 407ff.); in ihrer neuen Ausprägung stellt sie nur noch ein Planungsinstrument zur Verfügung, das »Hamburger Modell« (vgl. SCHULZ 1980). Die Zweckrationalität *lernzielorientierter Didaktik* hat zu zahlreichen Planungsinstrumenten für den Unterricht geführt (vgl. PETERSSEN 1974; MEYER 1974). Und auch die *informationstheoretisch-kybernetische Didaktik* hat den »Regelkreis« in pragmatischer Absicht auf Lehr-Lern-Vorgänge gelegt, um nämlich für die Bewältigung zusammenhängender steuerbarer didaktischer Tatbestände zu befähigen (vgl. VON CUBE 1968, S. 391ff.).

Man hat sich angewöhnt, nur diese fünf Ansätze zu benennen, wenn von gegenwärtiger Didaktik die Rede ist; allenfalls werden sie gelegentlich andersartig dargestellt (vgl. ADL-AMINI 1986, S. 27ff.). Diese fünf gelten als anerkannte »Lehren«, wobei wohl die Verleihung der Bezeichnung »Lehre« auch schon ihre pragmatische Struktur ausdrücken soll. Darüber hinaus werden aber noch zahllose Einzelstücke auf dem derzeitigen didaktischen Markt gehandelt, die zwar den Ansprüchen an Systematik und Präsentation von Lehren – gar wissenschaftlich abgesicherten – nicht immer entsprechen, die aber zweifellos didaktischer Art sind.

Wo von Pragmatik als *einem* Strukturmoment der Didaktik gesprochen wird, lassen sich bei Sichtung des didaktischen Marktes nicht bloß umfassende und vollständige Entwürfe erfassen, sondern auch solche Beiträge zu didaktischer Theoriebildung, die ausschließlich pragmatischer Art sind. Das sind jene, die nichts anderes als Anleitungen zum Handeln sind, die in vielen Fällen auch gar nichts anderes und mehr sein sollen.

Die pragmatische Struktur von Didaktik weist vielfältige und unterschiedliche Erscheinungen auf. Dazu gehören alle, die sich an den Praktiker wenden und ihm Hilfe(n) für sein Tagesgeschäft anbieten. Und diese Hilfen unterscheiden sich beträchtlich – nicht nur nach Inhalt, Lösungsvorschlag und Adressaten, worauf schon hingewiesen wurde –, sondern nach der *Art ihres Zustandekommens*, nach der *Art ihrer Verbindlichkeit* und der *Art ihrer Präsentation*.

Als wissenschaftlich zustande gekommen gelten im allgemeinen die Handlungsanleitungen der fünf bekannten Ansätze, auf die oben schon eingegangen wurde. Und das verleiht ihnen von allen Handlungsanleitungen größte Dignität und höchste Wertschätzung; womit aber über ihre tatsächliche Brauchbarkeit im didaktischen Tagesgeschäft noch nichts ausgesagt ist. Man denke nur an den Vorwurf »Feiertagsdidaktiken« (vgl. S. 52ff.). Solcher angeblicher Feiertagscharakter der wissenschaftlichen didaktischen Theorie wird u.a. dafür verantwortlich gemacht, daß Praktiker sich vorwiegend der »Kompendienliteratur« bedienen und daß sich »eine Literatur, die sich als Notapotheke des bedrängten Lehrers versteht« (PRANGE 1983, S. 7), entwickeln konnte. Unausgesprochen schwingt in derartiger Kritik die Annahme, wenn nicht gar Behauptung mit, ausschließlich – zumindest: vor allem – durch wissenschaftliche Theoriebildung entwickelte Handlungsanleitungen kämen für didaktische Praxisbewältigung in Frage. Die Folge solcher Betrachtungsweise ist in vielen Fällen nicht nur Geringschätzung der vielen nichtwissenschaftlichen Handlungsanleitungen, sondern auch ihre Negierung bei Vergleichen, Darstellungen usw. Eigenartigerweise hat dies aber der Verbreitung und täglichen Verwendung solcher pragmatischen Angebote bisher nicht geschadet.

Da sind einmal die so geschmähten, von Praktikern aber offensichtlich geschätzten »Unterrichtslehren«, die zumeist aus langjähriger persönlicher Erfahrung und vereinzelten Ansätzen über Wesensbestimmungen zu Anleitungen gelangen (vgl. SCHWAGER 1962, S. 420 ff.). Da sie sich nicht auf einzelne Probleme einschränken, sondern den gesamten Unterricht abzudecken trachten, vermitteln sie durch ihre Umfassenheit Praktikern offenbar ein Bild gesicherter Theoriebildung und die Berechtigung zu unmittelbarer Übertragung der Handlungsanleitungen auf die eigene Praxis. Solch unmittelbare Übertragung – ohne große Reflexion auf die besonderen Bedürfnisse der eigenen Praxis – ist sicher auch Ursache für die Stereotypisierung des Unterrichts in unseren Schulen. An die Stelle didaktischer Phantasie tritt der Kanon vorgegebener fester Handlungsanleitungen und führt oft zur Erstarrung, zu überall gleichen Unterrichtsbildern und -abläufen. Zurückzuführen ist dies besonders auch auf die – oftmals rigide – Verbindlichkeit der Handlungsanleitungen, die eine Reflexion gar nicht erst zuläßt.

Das Gesagte gilt noch mehr für die *Rezept-Literatur*, die besonders in engem Anschluß an Lehrpläne und Schulbuchkonzeptionen entsteht. Rezepte kann man nur annehmen und unverändert umsetzen oder ablehnen. Sie nehmen jeden Handlungsspielraum weg und machen rigide Handlungsvorschriften. Außer dem täglichen Handlungsdruck, der auf Praktikern lastet, erklärt sich der schnelle Griff zu Handlungsrezepten in vielen Fällen wohl auch aus deren besonderer Präsentationsweise. Da hier keine überkommenen Vorstellungen über Selbstdarstellung herrschen wie in der deutschen Wissenschaft, wo Ernsthaftigkeit und Trockenheit und Langweiligkeit vielen dasselbe bedeuten, werden Rezepte in allen nur denkbaren Formen präsentiert, bis hin zur Comic-Darstellung. Wie auch immer man zu derartiger Präsentation steht, sie scheint die Rezeption von Handlungsanleitungen zu fördern (vgl. GEISSLER 1985, S. 366 ff.; auch DRERUP 1988).

Zu Erscheinungen der pragmatischen Struktur von Didaktik gehören auch *vereinzelte Abhandlungen*, wie z.B. zum methodischen Prinzip der »originalen Begegnung« (ROTH 1960, S. 116 ff.), umfassende Praxisberichte, wie z.B. A. REICHWEINs »Schaffendes Schulvolk« (1951), und einzelne Erfahrungsberichte, wie sie als Unterrichtsmuster in Zeitschriften für Praktiker häufig wiedergegeben werden.

Die pragmatische Struktur der Didaktik drückt sich in überaus vielfältigen und unterschiedlichen Erscheinungen aus. Was diese Erscheinungen verbindet, ist die Absicht, Anleitungen zum Handeln in didaktischer Praxis bereitzustellen. Unterscheiden können sie sich in mehrfacher Hinsicht:

– in ihrem *Zustandekommen*, wo sie auf wissenschaftlich organisierte Erfahrung oder auf mehr zufällige persönliche Erfahrung zurückgehen können;
– im Grad ihrer *Verbindlichkeit*, wo sie dem Praktiker in Form allgemeiner überprüfbarer Instrumente oder Modelle, als allgemein gehaltene Prinzipien oder in Form rigider Anweisungen und Rezepte entgegengehalten werden;
– in der Art ihrer *Präsentation*, wo sie in literarisch strenger Form oder in aufgelockerten Darstellungsweisen angeboten werden.

Über den Wert bestimmter pragmatischer Erscheinungsformen der Didaktik läßt sich keine generelle Aussage machen. Die Vertreter streng wissenschaftlicher Theoriebildung kritisieren nicht nur die eher zufälligen Erfahrungen und die »Anspruchslosigkeit« der Darbietungsformen bei den nichtwissenschaftlichen Handlungsanleitungen, sondern äußern sich auch überaus häufig selbstkritisch über Unzulänglichkeiten ihrer eigenen Pragmata. Die wissenschaftliche Didaktik weist ganz offensichtlich Mängel in ihrer pragmatischen Struktur auf. Diese bestehen nicht nur in der oft schwer verständlichen und orthodoxen Darstellungsweise, sondern oft auch in einer partiellen Blindheit gegenüber der Bedeutung der pragmatischen Aufgabe von Didaktik (vgl. PRANGE 1983; MEYER 1980; HEIMANN 1962). Wissenschaftliche Didaktik der Gegenwart hat zwar viele Handlungsanleitungen hervorgebracht, doch diese entsprechen offenbar nicht immer den Erwartungen der Adressaten. Diese, die Praktiker, zeigen dies nicht nur in ihrem Rezeptionsverhalten gegenüber didaktischer Theorie (vgl. OEHLSCHLÄGER 1978) und in ihrem Ausweichen in didaktische Trivial- und Rezeptliteratur, sondern sie äußern ihre Kritik auch sehr häufig laut.

Daß Didaktik pragmatisch zu sein hat und daß solche Pragmatik ebenfalls zur Forderung nach Verständlichkeit der Aussagen führt, stellt auch PLÖGER in seiner modelltheoretisch orientierten Untersuchung fest. Er verweist darauf: »Modelle werden für einen Modellbenutzer konstruiert«; und damit sie von diesem auch tatsächlich genutzt werden können, müssen sie »akzentuiert« sein und »Transparenz« aufweisen. Auf die Frage, ob sie das nun auch sind, geht er leider nicht explizit ein (vgl. PLÖGER 1992, bes. S. 41).

Drei Ebenen innerhalb didaktischer Theoriebildung unterschied übrigens auch schon E. WENIGER. Parallel zu der hier »pragmatisch« genannten Strukturebene sprach er von »Theorien ersten Grades«, worunter er von Praktikern entwickelte Theorien verstand. Daneben nannte er »Theorien zweiten und dritten Grades«, die er als wissenschaftlich begründet und abgeleitet begriff (WENIGER 1965; vgl. bes. hierzu auch: GIRMES-STEIN 1981, S. 39 ff. u. DIEDERICH 1988, S. 186 ff.).

Was aber von alldem hier festgehalten werden soll, ist letzten Endes der Tatbestand, daß Didaktik ohne pragmatische Struktur nicht vorstellbar ist. Ohne sie ist Didaktik unvollständig, aber – nur mit ihr ist sie noch nicht vollständig.

## 1.4.2 Die legitimatorische Struktur

Didaktik leitet zum Handeln an, insoweit ist sie pragmatisch. Doch muß dieses Handeln einen Grund haben, muß die Anleitung zum Handeln begründet sein, und eben solche Begründung ist von didaktischer Theorie mitzuliefern. Didaktisches Handeln ist immer und überall Handeln mit Menschen, mag dies auch manchmal bloß mittelbarer Art sein. Didaktisches Handeln ist auch immer zielgerichteter Art, auf Menschen zielendes Handeln. Daher muß es gerechtfertigt sein, und zwar aus den Menschen heraus, die das Handeln betrifft, und ihnen gegenüber. Didaktisches Handeln zeigt sich dann als ein Handeln, das auf Verwirklichung der Zielsetzung aus ist. Daß dies mehr ist als bloße Zweckrationalität, muß hoffentlich nicht besonders betont werden.

Didaktik hat die Aufgabe der Legitimation, d. h., sie hat den Grund für didaktisches Handeln aufzudecken und auch anzugeben. Sie muß ihre Handlungsanleitungen legitimieren; Didaktik leitet nicht bloß zum Handeln an, sondern ist immer Anleitung zu gerechtfertigtem Handeln. Wo sich eine Didaktik dieser Legitimationsaufgabe entzieht, ist sie bloß pragmatisch und daher unvollständig, letzten Endes eben keine vollständige didaktische Theorie, sondern sie weist nur eines von deren Strukturmomenten auf, bloß das pragmatische.

Die als anerkannte didaktische Theorien gehandelten Ansätze der Gegenwart stimmen in solcher Auffassung überein. Worin sie sich allerdings unterscheiden, ist der Grund, auf den sie didaktisches Handeln beziehen, m. a. W. die Absicht didaktischen Handelns, die sie angeben. Die *bildungstheoretische Didaktik* gibt »Bildung« als Grund allen didaktischen Handelns an. Bildung zu verwirklichen ist solchem Handeln aufgegeben. Der Handelnde findet im Bildungsbegriff den Maßstab, an dem er alle seine Tätigkeiten, Maßnahmen usw. ausrichten kann, an dem er rechtfertigt, was er zu tun beabsichtigt, tut und getan hat bzw. was er zu unterlassen beabsichtigt, unterläßt und unterlassen hat. In bildungstheoretischer Didaktik ist ein solcher Begriff immer schon zentrales Moment gewesen; und in seiner Argumentation für die neue kritisch-konstruktive Fassung postuliert KLAFKI ausdrücklich, daß Didaktik schlechthin nicht auf den Bildungsbegriff oder wenigstens ein Äquivalent dafür verzichten könne (vgl. 1985, S. 13 ff. u. S. 42 ff.). Dies ist sicher besonders in Richtung auf die *lerntheoretische Didaktik* gesagt, aus der heraus seinerzeit HEIMANN vehement gegen den Bildungsbegriff als zentrale didaktische Kategorie antrat und statt dessen einen einfachen Lernbegriff einführen wollte. Daß aber auch die Berliner Didaktik durchaus eine Legitimation didaktischen Handelns an Zielvorstellungen durch die didaktische Theorie als notwendig ansah, bestätigt eine seinerzeitige Aussage von SCHULZ: »daß die Zweckmäßigkeit handwerklicher, technischer und künstlerischer Aktivität sich erst von den Zielen her entscheiden läßt, zu deren Verwirklichung sie eingesetzt werden sollen« (1965, S. 15). In ihrer neuesten Fassung, von SCHULZ in Hamburg vorgetragen, steht zwar noch der Lernbegriff, aber er ist kategorial und inhaltlich näher bestimmt. Und zwar ähneln die verwendeten Kategorien und das ihnen unterlegte Verständnis erstaunlicherweise jenen in der neuen Spielart der bildungstheoretischen Didaktik. Wo KLAFKI von den Fähigkeiten zur Selbst- und Mitbestimmung sowie Solidarität als Merkmalen des gebildeten Menschen spricht, da nennt SCHULZ Kompetenz, Autonomie und Solidarität als Momente eines erzogenen und emanzipierten Menschen (vgl. KLAFKI 1985, S. 17; SCHULZ 1980, S. 39 ff.). Emanzipation als Zielkategorie taucht auch in der *kommunikativen* und *kritischen Position* gegenwärtiger Didaktik auf, ist von ihr sogar in die didaktische Diskussion hineingebracht worden (vgl. WINKEL 1980, S. 79 ff.).

Streit gab es in der didaktischen Diskussion eben darum, daß Ansätze mit Legitimationsweisen arbeiteten, die sich nicht an Menschen, nicht an Betroffenen, sondern andersartig orientierten. So wurde für die *informationstheoretisch-kybernetische Didaktik* – die von ihrem Hauptvertreter offensichtlich gegenwärtig aufgegeben wird – geradezu das technische Prinzip des »high efficiency« allem didaktischen Handeln zugrunde gelegt. D. h., auch diese Position weist eine legitimatorische Struktur auf, aber eine, die in der Diskussion als nicht didaktikgerecht angegriffen wurde, die BLANKERTZ sogar dazu brachte, diese Position als keine Didaktik im Sinne einer integrierenden Disziplin der Pädagogik anzuprangern, weil sie das erzieherische Ziel-Denken ausdrücklich als unwissenschaftlich aus didaktischer Theoriebildung ausschließt (vgl. BLANKERTZ 1980, S. 110). Auch die *lernzielorientierte Didaktik* muß sich wegen ihrer besonderen Legitimationsstruktur mit schweren Vorwürfen auseinandersetzen. Didaktisches Handeln läßt sich für sie rechtfertigen, sofern es bloß zielförderlich ist. Die Theorie bemüht sich selbst nicht um inhaltliche Klärung der Zielfrage, sondern gibt lediglich die Zweckrationalität als Prinzip allen didaktischen Handelns vor. Allerdings fordert sie – zumindest die ernst zu nehmenden ihrer Entwürfe – den Praktiker auf, sich in der Handlungssituation immer wieder neu um die Bestimmung von Zielsetzungen und deren Rechtfertigung gegenüber den Lernenden zu bemühen, und zwar als jeweils erste didaktische Maßnahme, bevor an dieser weiter entwickelt werden (vgl. PETERSSEN 1974, bes. S. 66 ff.).

Es scheint verbreitete Auffassung zu sein, daß Didaktik sich nicht nur der Zielfrage anzunehmen hat, sondern daß sie diese Frage auch inhaltlich so weit vorzuklären hat, daß die Theorie hiermit dem Handeln der Praktiker Maßstäbe vorgibt. Ein bloßer Verweis an die Praktiker, situativ und vor Ort die Zielfrage zu entscheiden, wird offensichtlich für unzureichend gehalten. Vor allem BLANKERTZ wurde nicht müde, in didaktischen Streitgesprächen immer wieder nachdrücklich zu betonen, daß dies Zieldenken charakteristisch für die lange Tradition europäischer Pädagogik sei und daß Didaktik in bloßer Technologie erstarren müsse, wenn sie sich selbst aus dieser Tradition entlasse und sich von der Pädagogik löse (vgl. BLANKERTZ 1980).

Nun bedeutet die Zielvorgabe durch die Theorie aber nicht, daß alle Praxis auf ein eng fixiertes inhaltliches Ziel auszurichten ist. Die Vorgabe geschieht vielmehr in Form eines Regulativs mit großer Offenheit. Ein solches Regulativ, wie beispielsweise in einem Bildungsbegriff ausgedrückt, gestattet dem Praktiker, seine Entscheidungen und Maßnahmen daraufhin zu überprüfen, ob sie zielförderlich sind oder nicht, und sie umzusetzen oder zu unterlassen. Aber – wie im Falle der kritisch-konstruktiven Theorie, wo Bildung als Fähigkeit zur Selbst- und Mitbestimmung sowie zur Solidarität bestimmt wird – der Praktiker wird gezwungen, sich die Bedeutung dieser Zielvorgaben für seine besondere Praxis vor Augen zu führen und zu fragen, wie für seine Schüler in deren besonderer Lebens- und Lernsituation eine solche Bildung verwirklicht werden kann. Didaktische Theorie legitimiert zwar ihre Handlungsanleitungen für den Praktiker, der sein reales Handeln gegenüber den konkret Betroffenen immer wieder zu rechtfertigen hat.

Hier zeigt sich, daß didaktische Theorie ihre pragmatische Aufgabe eher darin sieht, Problematisierungsraster statt einzelne und konkrete Handlungsraster vorzugeben (vgl. KLAFKI 1980, S. 24). Begründet wird dies in der Regel mit der Unverfügbarkeit der Praxis, die wegen ihrer großen Komplexität und besonders der Spontaneität menschlichen Handelns bloß situativ lösbar sei (vgl. MESSNER 1985, S. 174). In nicht seltenen Fällen hat dies zum Rückzug der Didaktik aus ihrer pragmatischen Aufgabe geführt. Statt in Verbundenheit pragmatische und legitimatorische Aufgaben wahrzunehmen, ist einseitig oftmals nur letztere aufgenommen worden (vgl. PRANGE 1983, S. 7 ff.). Möglicherweise hat dies seinerzeit HEIMANN dazu gebracht, didaktischer Theorie ein »Stratosphärendenken« vorzuwerfen (HEIMANN 1962, S. 410). Seine Schlußfolgerung, solches Stratosphärendenken treibe die Praktiker geradezu in die Arme der Kompendienliteratur-Verfasser, wird heute von PRANGE sinngemäß wiederholt (1983, S. 7 ff.): »Gegen diese Entfremdung von didaktischer Theorie und praktischem Unterricht ist nun mit einem gewissen Aplomb Front gemacht und die Dignität von Unterrichtsrezepten erneuert worden. Das Ergebnis ist eine Literatur, die sich als Notapotheke des bedrängten Lehrers versteht und dabei neben denunziatorischer Behandlung der fachwissenschaftlichen Literatur auch die Stilart läppischer Comics nicht verschmäht, um sich der vermeintlichen Anspruchslosigkeit der Praktiker anzubiedern.«

Nun hat PRANGE hier zwar zwei Probleme in einen Topf geworfen, das der Zusammengehörigkeit von pragmatischer und legitimatorischer Struktur und das der Präsentation von didaktischer Theorie (warum eigentlich nicht in Form von Comics, wenn diese Form dem Inhalt entspricht!?), aber seine Reaktion zeigt doch exemplarisch an, wie schwierig es für Didaktik ist, das für ausgewogen gehaltene Gleichgewicht zwischen pragmatischer und legitimatorischer Struktur zu finden und zu halten. Eine generelle Formel für die Gratwanderung zwischen Handlungsanleitung und Handlungsrechtfertigung läßt sich wohl kaum aufstellen, hier wird es wohl immer bei einem Verhältnis bleiben müssen, wofür die Bezeichnung »Spannung« zutreffend ist. So spricht z. B. auch MESSNER hierfür von Spannung und warnt davor, sie »dadurch aufzugeben, daß man pädagogische Praxis zu einer *rezepthaft-technologischen* erklärt« (1985, S. 173 ff.). Im Einzelfall wird Didaktik sicher auch bloß kurz greifende Rezepte oder rigide Handlungsmuster bereitstellen können oder gar müssen, wenn die Praxis oder die Praktiker solche unbedingt brauchen, aber *übers Ganze gesehen, muß Didaktik pragmatisch und legitimatorisch zugleich sein,* wobei das Verhältnis zwischen diesen Strukturen offenbleiben muß. Es macht allerdings einen Unterschied, ob derartige Einzelstücke, wie sie Rezepte, Erfahrungsgrundsätze o. ä. nun einmal sind, für sich entstanden sind und stehenbleiben oder ob sie aus einer umfassenden Theorie heraus aufgestellt wurden. Einzelstücke können auch nachträglich noch in eine Theorie aufgenommen werden. Ja, es ist eine Aufgabe didaktischer Theorie, Einzelbeiträge pragmatischer Art nicht gleich wegen ihrer theoretischen Unvollständigkeit zugleich auch als unzulänglich zu mißkreditieren, sondern sie zunächst daraufhin zu prüfen, ob sie sich nicht an der Legitimationsstruktur eines Ansatzes ausweisen lassen. Die Bemühungen um narrative Didaktik gehen in diese Richtung, wenn sie Alltagserfahrungen für didaktische Theoriebildung erschließen und auswerten wollen und die Kluft zwischen Alltags- und Wissenschaftserfahrung zu überwinden suchen (vgl. SCHNEIDER 1987, S. 44 ff.). Strukturtheoretische Didaktik bemüht sich schon seit langem, die Vielfalt didaktischer Erscheinungsformen zu integrieren und nutzbar zu machen (vgl. PETERSSEN 1973). Andererseits muß aber den Verfassern – und wohl eher noch den Verbreitern – von Rezepten und Handreichungen ausschließlich technologischer Art die Forderung gestellt werden, sich um die Legitimation ihrer Vorschläge zu bemühen. Tatsache ist nun einmal, daß Praktiker immer wieder und gerne zu solchen Hilfen greifen, ob nun »als Hilfe zur Abwehr von Gefahren und Bedrohungen« (MESSNER 1985, S. 172), zur Gestaltung von »Feiertagen« im didaktischen Geschäft (MEYER 1980) oder bloß aus Einfallslosigkeit oder gar Faulheit (Motto: »Mehr Freizeit ins Lehrerhaus!«). Die Gefahren liegen auf der Hand: Ein durch derartige verkürzte Pragmatik bestimmter Unterricht muß nicht nur an erforderlicher Originalität verlieren und verblassen, sondern – pädagogisch betrachtet – geradezu verkommen. Über längere Zeit hinweg kann keine didaktische Praxis bloß von aneinandergereihten Einzelstücken leben. Es wird für die Didaktik darauf ankommen, nicht bloß berechtigterweise pragmatisch und legitimatorisch zu sein, sondern die Notwendigkeit dieser beiden Strukturen auch den Praktikern immer wieder zu verdeutlichen.

### 1.4.3 Die paradigmatische Struktur

Naive Handlungsanleitungen werden ohne Rechtfertigung vorgetragen. Viele subjektive Handlungsanleitungen sind durchaus gerechtfertigt, aber eben auf bloß subjektive Art und Weise. Handlungsanleitungen aus wissenschaftlicher Theorie heraus sind so gerechtfertigt, daß der entsprechende Prozeß nachprüfbar und nachvollziehbar ist. Was aber wissenschaftliche Didaktik noch weiter von naiver und subjektiver Pragmatik und Legitimation unterscheidet, ist ein zusätzliches Strukturmerkmal. Die grundsätzliche Auffassung von Didaktik als einer Wissenschaft, die auf eine besondere Weise das didaktische Feld erforscht und ihre Theorien bildet und so zur Aussage über Rechtfertigungen und Anleitungen didaktischen Handelns gelangt, kann man mit KUHN als Paradigma bezeichnen (vgl. KUHN 1976 u. 1978). Wissenschaftliche Didaktik weist somit immer als eine dritte die paradigmatische Struktur auf.

Jede wissenschaftliche Didaktik weist die paradigmatische Struktur auf. Da ein Paradigma immer eine bestimmende Perspektive für wissenschaftliche Sicht- und Denkweise beinhaltet – oder: eine besondere »Denkbrille« bedeutet –, kann man sich leicht vorstellen, daß durchaus mehrere und unterschiedliche Perspektiven – »Denkbrillen« – möglich sind (vgl. KNECHT-VON MARTIAL 1985). Keine von ihnen kann Ausschließlichkeitsanspruch erheben, solange genügend Didaktiker von ihrer Perspektive überzeugt sind und von ihr aus wissenschaftliche Didaktik betreiben (vgl. KUHN, a. a. O.).

Grundlegendes Merkmal gegenwärtiger didaktischer Theoriebildung – und damit ihrer paradigmatischen Struktur –, das für alle Ansätze gilt, ist das des Wirklichkeitsansatzes. Didaktische Theorie wird aus der didaktischen Wirklichkeit gewonnen. Die Auffassung über die Nachgängigkeit der Theorie gegenüber der Praxis brachte geisteswissenschaftliches Denken in Pädagogik und Didaktik ein. Mit diesem Bestimmungsmerkmal wurde normative Didaktik endgültig überwunden, so, wie sie sich z. B. bei HERBARTs Didaktik des erziehenden Unterrichts vorfand, die aus dem gesetzten obersten Ziel aller Erziehung, »Charakterstärke der Sittlichkeit«, die gesamte Theorie deduktiv ableitete, oder auch bei den »Reformpädagogen«, die ihre didaktischen Programme für Schule und Unterricht aus vereinzelten und hypostasierten Vorstellungen und Stücken entwickelten.

Zeichnet man die Erscheinungsweisen der paradigmatischen Struktur gegenwärtiger Didaktik nach, so findet man neben diesem einen Bestimmungsstück, dem Wirklichkeitsansatz, durchaus noch weitere Übereinstimmung. Weitaus auffälliger aber sind Unterschiede, zumal sie auch häufiger zum Gegenstand der Diskussion und so auch zum Beweggrund weiterer Entwicklungen in der Didaktik wurden. Als BLANKERTZ 1969 seine berühmte Erörterung didaktischer Theoriebildung veröffentlichte, war die deutschsprachige Didaktik heillos zerstritten. BLANKERTZ machte die Abschottungsbemühungen einzelner Ansätze geradezu zum Prinzip seiner Darstellung, wenngleich er sich auch bemühte, Verbindungen und Gemeinsamkeiten aufzuzeigen (1969, S. 17). Es bürgerte sich ein, von bildungs-, lern-, informationstheoretischer und kommunikativer – später noch lernzielorientierter bzw. curricularer Didaktik zu reden. Zwischen diesen Ansätzen bestanden tiefgreifende Unterschiede (vgl. S. 69 ff.). Der bildungs- und der informationstheoretischen Didaktik z. B. liegen zwei verschiedene Paradigmen zugrunde. Die *bildungstheoretische Didaktik* erweist sich als in der vielhundertjährigen Tradition europäischen didaktischen Denkens stehend aus – das wird schon an ihrem historisch-systematischen Entstehungsmuster erkennbar –, sie hat allerdings – um mit KUHN zu reden (1976) – zu Beginn ihrer Gegenwart in den 20er Jahren unseres Jahrhunderts eine Art »Revolution« durchmachen müssen und das geisteswissenschaftliche Paradigma übernommen, an das sie seitdem gebunden ist. Ganz anders die *informationstheoretisch-kybernetische Didaktik*: Sie ist der seinerzeit aktuelle Versuch gewesen, neue und zeitgemäße paradigmatische Ansätze für eine didaktische Theorie fruchtbar zu machen. Sie versuchte für Didaktik die Sichtweise des »kritischen Rationalismus« nach POPPER zu verwirklichen. Und das hat sie in der Tat zu einem sehr vereinzelten Ansatz in der gegenwärtigen Didaktik gemacht. Sie verwahrte sich aufgrund ihres wissenschaftlichen Selbstverständnisses als einzige Didaktik dagegen, die didaktische Zielfrage als ihre Aufgabe mit anzusehen; sie ließ sie draußen vor und überließ sie – als wissenschaftlich nicht lösbar – der Politik. Anfangs wurde auch der Rückgriff auf den in der Kybernetik entwickelten »Regelkreis« als ein tiefes paradigmatisches Unterscheidungsmoment zu den anderen Ansätzen behauptet, doch in neuesten Äußerungen gerade hierzu deutet VON CUBE das als Mißverständnis, da der »Regelkreis« bloß instrumentelle Bedeutung habe, ja, man die gesamte Kybernetik nicht als eine eigene Wissenschaftsposition mit besonderem Paradigma begreifen dürfe (vgl. VON CUBE 1980, S. 47 ff.).

Als dem Positivismus verbunden zeigte sich auch die *lerntheoretische Didaktik* in ihrer ursprünglichen Berliner Ausprägung, wenngleich dies von ihren Vertretern nicht ausdrücklich zur Sprache gebracht wurde. Dagegen brachte die *kommunikative Didaktik* ihre Anbindung an die kritische Wissenschaftsauffassung immer deutlich zum Ausdruck, ergänzte ihre Selbstbezeichnung sogar und nannte sich »kritisch-kommunikative« Didaktik.

Durch die paradigmatische Struktur der Didaktik ging eine Bewegung, die – obwohl die überkommenen Ansätze noch vorhanden sind – zu einem völlig veränderten Erscheinungsbild in der heutigen Didaktik geführt hat. Von einer wissenschaftlichen Revolution im Sinne KUHNs kann wohl nicht gesprochen werden, da kein grundsätzlicher Paradigmenwechsel stattgefunden hat, sondern auf paradigmatischer Ebene eine Annäherung und Assimilation zwischen den Ansätzen und allenfalls ein Austausch einzelner paradigmatischer Strukturmomente erfolgte (vgl. S. 79 ff.).

Über den *informationstheoretisch-kybernetischen Ansatz* darf man sagen, daß er von seinen Vertretern offenbar aufgegeben wird und künftig keine Bedeutung mehr haben wird. Was die Beziehung der übrigen Ansätze angeht, so ist die trennende Kluft durch Selbstaufgabe der früheren Abschottungen geschwunden. Bei einer Erörterung der paradigmatischen Struktur heutiger Didaktik darf zweierlei nicht unerwähnt bleiben: Erstens die unveränderte Bindung der kommunikativen an kritisches Wissenschaftsverständnis. Zweitens die Öffnung der bildungs- wie der lerntheoretischen für Grundauffassungen der kritischen Position. Während die Aufnahme kritischer Momente durch die lerntheoretische Didaktik allerdings gleichsam schweigend geschieht – SCHULZ argumentiert stets mehr auf der legitimatorischen Ebene –, wird dies für die bildungstheoretische ausdrücklich begründet.

Es ist KLAFKI, der durch sein Denken und Reden die Didaktik auf paradigmatischer Ebene in Bewegung versetzt und deren aktuelles Erscheinungsbild mit der Formel »kritisch-konstruktiv« versehen hat (vgl. u. a. KLAFKI 1985, S. 31 ff.). Geht man von der HABERMASschen Unterscheidung geisteswissenschaftlicher, positivistischer und kritischer wissenschaftlicher Theoriebildung aus (vgl. HABERMAS 1965, S. 1139 ff.), so soll die Formel »kritisch-konstruktiv« zum Ausdruck bringen, daß für die Didaktik alle drei Positionen erforderlich sind. Es ist zweifellos mit das Verdienst von KLAFKI, die wenig ergiebige Anbindung an eine Position und die damit zusammengehende gegenseitige Abschottung und ständige Auseinandersetzung zugunsten eines integrativen Didaktikverständnisses überwunden zu haben. Es gelingt ihm überzeugend nachzuweisen, daß didaktische Theoriebildung stets auf historisch-hermeneutische, empirisch-analytische und kritische Vorgehensweisen angewiesen ist, daß die Verfahren und Techniken dieser drei Zugriffsarten auf die Wirklichkeit bloß in Verschränkung wirksam zu didaktisch angemessener Erkenntnisbildung beitragen können. Und andeutungsweise erkennbar wird in seinen Erörterungen auch, daß Didaktik sich nicht einseitig bloß von einem Erkenntnisinteresse leiten lassen kann, sondern das praktische immer mit dem emanzipatorischen und dem technischen zusammengeht.

»Kritisch-konstruktiv« scheint die umfassendste und auch allseits akzeptierte Formel zur Beschreibung für das gegenwärtige paradigmatische Verständnis der Didaktik zu sein. Diese als zutreffend anzusehen bedeutet nun nicht, daß jeder einzelne Ansatz in der didaktischen Theoriebildung das gesamte Potential aller unter »kritisch-konstruktiv« faßbarer Zugriffsarten auf didaktische Wirklichkeit auch einsetzen muß, und ebenfalls nicht, daß er alle erkenntnisleitenden Interessen verfolgen muß. Innerhalb dieses einheitlichen Verständnisses kann sich die Vielfältigkeit forschungslogischen Denkens auswirken. Bestehende Spannungen bleiben erhalten, Diskussionen bleiben notwendig. Nichts wäre schlimmer, als wenn sich jetzt eine falsche Toleranz einstellen würde, ein gegenseitiges Gewähren- und In-Ruhe-Lassen, weil man unter demselben Dach vereint ist. Didaktische Wirklichkeit ist so komplex, daß auf keine Zugriffsmöglichkeit verzichtet werden kann, und häufig so widersprüchlich, daß die Widersprüche sich auch in der Theorie widerspiegeln lassen müssen. Bei dem hier vertretenen Verständnis der paradigmatischen Struktur wissenschaftlicher Didaktik können aber die in einzelnen Aspekten unterschiedlichen Theorieansätze als Momente dieser Struktur begriffen werden, verschieden, aber zusammengehörig.

Eine »ganze« Didaktik in pragmatischer Absicht versucht BECKER zusammenzustellen. Doch entwickelt er keinen neuen und selbständigen didaktischen Ansatz, der vollwertig neben die bekannten gestellt werden könnte, sondern begnügt sich damit, für die von ihm angenommenen Zielvorstellungen didaktischen Handelns (»einen humanen, demokratischen und effektiven Unterricht fach-, methoden- und sozialkompetent zu planen, durchzuführen und auszuwerten«, S. 12) einen Katalog an Vorschlägen aufzustellen (BECKER 1991).

Abschließend ist der Gedankenkreis zu schließen, indem der Praxisbezug von Didaktik wiederaufgegriffen wird. Paradigmatische und pragmatische Struktur stehen in keinem unmittelbaren, sondern bloß mittelbaren Verhältnis zueinander, und zwar über die legitimatorische Struktur. Didaktik ist Anleitung zum Handeln (pragmatische Struktur) und ist Rechtfertigung des Handelns (legitimatorische Struktur). Auf der paradigmatischen Ebene nun rechtfertigt sich für Didaktik ihre Legitimation, muß die Art der Rechtfertigung des Handelns selbst ihre Rechtfertigung erfahren, d. h. für wissenschaftliche Didaktik im Nachweis der Wissenschaftlichkeit durch Bezug auf anerkannte Positionen wissenschaftlicher Erkenntnisbildung. Und hier engt sich für die Didaktik die Bezugsmöglichkeit ein. Didaktik kann nur Bezug nehmen auf solche Positionen, die einen Praxisbezug von Wissenschaft annehmen oder zumindest zulassen. Eine durch ihre paradigmatische Strukturausstattung an der Entwicklung von Handlungsanleitungen gehinderte Didaktik wäre schlechterdings keine mehr. Ein wesentliches Bestimmungsstück der paradigmatischen Struktur von Didaktik ist das pragmatische Postulat.

### 1.4.4. Struktur und Vollständigkeit der Didaktik

Das vollständige Strukturgefüge der Didaktik weist drei Ebenen auf: die pragmatische, die legitimatorische und die paradigmatische. Eine uneingeschränkt vollständige Didaktik müßte sich über das gesamte Strukturgefüge erstrecken, und zwar einerseits in vertikaler Hinsicht, d. h., eine didaktische Theorie müßte sich pragmatisch, legitimatorisch und paradigmatisch zum Ausdruck bringen, und andererseits in horizontaler Hinsicht, d. h., eine didaktische Theorie müßte jede der drei Strukturen in deren jeweils möglicher Weite besetzen.

Was die *vertikale Ausbreitung* betrifft, so steht wohl außer Zweifel, daß wissenschaftliche Didaktik sich tatsächlich über alle drei Strukturen zu erstrecken hat. Wissenschaftliche Didaktik ist nach heutiger Auffassung immer Anleitung zum Handeln und Rechtfertigung des Handelns, und wegen ihres Status leistet sie auch immer ihre wissenschaftliche Standortbestimmung.

Die hauptsächlichen Ansätze gegenwärtiger Didaktik entsprechen solcher Auffassung in der Tat. Was allerdings schon bei bloß oberflächlicher Betrachtung erkennbar wird, ist ihre unterschiedliche Ausprägung auf den drei Strukturebenen. Was die pragmatische Struktur betrifft, erweist sich zur Zeit noch die *kritisch-kommunikative Didaktik* als am schwächsten ausgeprägt. Ihre theoretischen Bemühungen galten in der Vergangenheit mehr der Selbstrechtfertigung und Ortsfindung (paradigmatische Struktur) sowie der Legitimation didaktischer Grundsätze und Vorstellungen (legitimatorische Struktur). Die umfassenden und detaillierten Planungsmodelle der *bildungs- und lerntheoretischen* sowie der *lernzielorientierten Didaktik* hingegen besetzen schon seit langem die pragmatische Struktur. Legitimatorische Schwächen weist die *lernzielorientierte Didaktik* auf, wenn man dem traditionellen Verständnis nach didaktische Legitimation nicht als bloß formale Zweck-Mittel-Relation zuläßt, sondern hier pädagogische Begründung erwartet. Auf der paradigmatischen Ebene läßt sich jeder dieser Ansätze einem formulierbaren Wissenschaftsverständnis zuordnen. Was hier aber auffällt, ist, daß nicht jeder Ansatz das Selbstverständnis auch in gleicher oder ausreichender Weise zum Ausdruck bringt. Von ausreichender Reflexion und Darstellung kann eigentlich nur für den *kritisch-konstruktiven* und den *kritisch-kommunikativen An-satz* gesprochen werden (für den versiegenden *informationstheoretisch-kyberneti-schen* allerdings auch). Abnehmer *lerntheoretischer* und *lernzielorientierter Di-daktik* dagegen finden in den Darstellungen dieser Entwürfe allenfalls sporadische Hinweise auf deren wissenschaftstheoretische Anbindung.

Was für wissenschaftliche Didaktik gilt, muß nicht in gleicher Weise für nichtwissenschaftliche didaktische Theoriebildung gelten, also für naive und subjektive Ansätze. Ihrem Status gemäß fehlt ihnen das paradigmatische Moment völlig, und auch die Legitimation geschieht in der Regel eher zufällig und bleibt unzulänglich. Ihre Ebene ist die pragmatische; dort bringen sie sich ein. Und dort sollten sie sich auch künftig einbringen können. Sie sollten nicht zurückgewiesen werden, weil sie strukturell unvollständig sind. Die strukturtheoretische Betrachtung erlaubt geradezu, sie als unvollständige Einzelstücke der pragmatischen Struktur zuzuordnen und dort zu verwerten. Entsprechende pragmatische Erscheinungen sind Ausfluß von Alltagserfahrungen, wobei deren systematische Aufarbeitung unterschiedlich weit vorangetrieben sein kann. Es wäre schade, wenn Didaktik auf die Veröffentlichung, Weitergabe und Auswertung von maßgeblichen Alltagserfahrungen verzichten würde, bloß weil wissenschaftliche Standards bei der Entwicklung nicht eingehalten worden sind. Die Tendenz geht auch wohl deutlich dahin, Alltagserfahrungen nicht nur den Zugang zum didaktischen Markt zu gestatten, sondern sie in die wissenschaftliche Aufarbeitung didaktischer Wirklichkeit mit aufzunehmen. Das Strukturmodell in vertikaler Weise verwendet, deckt nicht bloß Unvollständigkeiten auf, sondern kann für Didaktik zur Überwindung der Kluft zwischen wissenschaftlicher und Alltagserfahrung beitragen.

Für die *horizontale Ausbreitung* kann von vornherein gesagt werden, daß kein didaktischer Ansatz die ganze Weite auch nur einer Struktur völlig abdecken kann. Geradeso legitimiert sich auch die Inanspruchnahme aller Erfahrungen, wissenschaftlicher wie alltäglicher, für didaktische Theoriebildung (vgl. auch SCHNEIDER 1987, S. 44 ff.). Der Bereich didaktischer Wirklichkeit ist so weit, die darin möglichen Aktivitäten sind so zahlreich, daß nur vielfältiges Bemühen vieler sie auch nur annäherungsweise erfassen und erhellen kann. Die »Totalerfassung« aller Vorgänge und Faktoren im didaktischen Feld ist zwar anzustreben, das verlangte schon HEIMANN (1965, S. 9), aber das ist nur durch gemeinsame Anstrengung aller daran Interessierten möglich.

Betrachtet man entsprechende Bemühungen auf der *pragmatischen Ebene*, so öffnet sich der Blick auf die vielen didaktischen Tätigkeiten: Unterrichtsplanung, Differenzierung, Leistungsbeurteilung, Beratung, um nur einige zu nennen. Didaktik hat sich zu lange bloß mit der Planung befaßt, es ist dringend an der Zeit, daß sie auch die übrigen Aufgaben in gleicher Weise aufgreift. Berichte, Vorschläge usw. hierzu liegen genügend vor, sie müssen bloß zusammengefaßt werden. Als guter strukturtheoretischer Ansatz hierfür bieten sich die auf das »Berliner Modell« zurückgehenden Bemühungen an, wo der jeweiligen Aufgabenperspektive nach einzelne Beiträge ausgewertet und die Perspektiven als einander ergänzend gebündelt werden (vgl. PETERSSEN 1973).

Für die *legitimatorische Ebene* wurde bereits festgestellt, daß zwar immer noch unterschiedliche Kategorien Verwendung finden, daß sie aber weitgehend dasselbe Verständnis implizieren. Der Bildungsbegriff, der Lernbegriff und der Emanzipationsbegriff werden in den didaktischen Ansätzen ähnlich begriffen. Für die Wahl des jeweiligen Kernbegriffs ist offensichtlich die Anbindung an die je besondere Wissenschaftsauffassung (paradigmatische Struktur) stärker bestimmend als die Ausrichtung auf die Praxis. Emanzipation, in der *kritisch-kommunikativen Didaktik* verwendet, ersetzt in der *kritisch-konstruktiven* durch die Kategorien Selbst-, Mitbestimmungs- und Solidaritätsfähigkeit und in der *lerntheoretischen* durch Kompetenz, Autonomie und Solidarität, ist der Maßstab, den alle gegenwärtigen Ansätze didaktischem Denken und Handeln setzen (vgl. WINKEL 1980, S. 79 ff.; KLAFKI 1985, S. 17; SCHULZ 1980, S. 39 ff.). Auf der legitimatorischen Ebene wird es darauf ankommen, nicht in den bereits aufgestellten Kategorien zu verharren, sondern sie unter Bezug auf die geschichtliche Gegenwart und unter Rückgriff auf alle an deren Erforschung beteiligten Disziplinen immer wieder neu mit Leben und existentieller Bedeutung zu füllen. Strukturtheoretisches Denken läßt das nicht nur zu, sondern erfordert es.

Im Bereich didaktischer Theoriebildung zumindest scheinen in der Gegenwart die Gräben zwischen verschiedenen möglichen paradigmatischen Positionen zugeschüttet. Was sich lange Zeit wegen der je ausschließlichen Bindung an geisteswissenschaftliche, positivistische und kritische Theoriebildung voneinander abgrenzte, begreift sich gegenwärtig als ergänzend, wenn es sich nicht sogar selbst für alle diese Positionen öffnet. Wenn auch nicht von jedem die Auffassung KLAFKIs vom immer und überall notwendigen Zusammengehen von Hermeneutik, Empirie und Kritik geteilt wird (vgl. KLAFKI 1985, S. 46 ff.), so hat sich doch die Auffassung durchgesetzt, daß die vielfältige didaktische Wirklichkeit zur Erforschung auf alle vorhandenen wissenschaftlichen Ansätze angewiesen ist. Die paradigmatische Struktur der Didaktik trägt alle Positionen. Es ist durchaus nicht nötig, daß ein didaktischer Ansatz, wie dies für den kritisch-konstruktiven nun einmal postuliert wird, alle paradigmatisch möglichen Positionen in sich enthält. Vollständig wird Didaktik auch durch ein spannungsreiches, zunächst getrenntes Zugreifen auf die Wirklichkeit, sofern die erzielten Ergebnisse als zusammenfaßbar betrachtet werden, und das setzt bereits gegenseitige Anerkennung der Positionen als berechtigt voraus. Strukturtheoretische Auffassung wirkt auch auf der paradigmatischen Ebene als integrierend auf das bisher vielfach als getrennt Gewertete. Solche Erwartung wird auch außerhalb der Didaktik für die Überwindung der Trennung in Geistes- und Naturwissenschaften vertreten (vgl. dazu WILD 1987, bes. S. 34 ff.). Das Strukturmodell in horizontaler Weise verwendet, erweist die Unmöglichkeit, daß ein didaktischer Ansatz für sich vollständig sein kann, läßt die einzelnen Ansätze – ob sie nun verschiedene Paradigmen haben oder sich innerhalb eines Paradigmas bloß in wesentlichen Momenten unterscheiden – als unterschiedliche wissenschaftliche Erfahrungsweisen gleichberechtigter Art einander zuordnen.

## Literatur

ADL-AMINI, Bijan: Ebenen didaktischer Theoriebildung. In: Enzyklopädie Erziehungswissenschaft. Bd. 3: Ziele und Inhalte der Erziehung und des Unterrichts. Hrsg. v. HALLER/ MEYER. Stuttgart 1986, S. 27–48

–: Grauzonen der Didaktik – Plädoyer für die Erforschung didaktischer Vermittlungsprozesse. In: ADL-AMINI/KÜNZLI (Hrsg.): Didaktische Modelle und Unterrichtsplanung. München 1980, S. 210–237

BECKER, Georg E.: Handlungsorientierte Didaktik. Weinheim/Basel 1991

BECKER, Helmut: Wieviel und welche Didaktik braucht ein Lehrer? In: päd. extra, 1977, H. 3, S. 20–22

–/ STUBENRAUCH, Herbert: Und noch ein paar Thesen zum Abschluß. In: päd. extra, 1977, H. 3, S. 33

BIERMANN, Rudolf: Aufgabe Unterrichtsplanung. Essen 1985

BLANKERTZ, Herwig: Theorien und Modelle der Didaktik. München 1969

BREZINKA, Wolfgang: Erziehungsziele, Erziehungsmittel, Erziehungserfolg. München 1976

BRIDGES, Edwin M.: The Incompetent Teacher. 2nd Ed. Philadelphia/London 1989

BRÜHL, Gisela: Hochschullehrer als Lehrende und Lernende. Frankfurt a. M. 1984

COMENIUS, Johann Amos: Große Didaktik. Übers. u. hrsg. v. A. FLITNER. 3. Aufl. Düsseldorf/München 1966

–: Pampaedia. Lat. Text und dt. Übersetzung. Hrsg. v. D. TSCHIŽEWSKIJ in Gemeinschaft mit H. GEISSLER und K. SCHALLER. Heidelberg 1960

CUBE, Felix von: Der kybernetische Ansatz in der Didaktik. In: didactica, 2, 1968, H. 2, S. 79–98

DERBOLAV, Josef: Versuch einer wissenschaftstheoretischen Grundlegung der Didaktik. In: Didaktik in der Lehrerbildung. Zeitschrift für Pädagogik, 2. Beiheft. Weinheim 1960, S. 17–45

DIEDERICH, Jürgen: Didaktisches Denken. Weinheim/München 1988

DILTHEY, Wilhelm: Ideen über eine beschreibende und zergliedernde Psychologie. In: Gesammelte Schriften. Bd. V. Leipzig/Berlin 1924, S. 139–240

DOLCH, Josef: Grundbegriffe der pädagogischen Fachsprache. 5. verb. Aufl. München 1965

DRERUP, Heiner: Rezeptologien in der Pädagogik. In: Bildung und Erziehung, 41. Jg. 1988, H. 1, S. 103–123

ELZER, Hans-Michael: Betrachtungen über die anthropologische Seite der Didaktik. In: ELZER, Hans-Michael/SCHEUERL, Hans (Hrsg.): Pädagogische und didaktische Reflexionen. Festschrift für Martin Rang. Frankfurt/M. u. a. 1966, S. 32–46

FRANK, Helmar: Zur Objektivierbarkeit der Didaktik. In: programmiertes lernen und programmierter unterricht, 4, 1967, H. 1, S. 1–5

FUHR, Reinhard/JUDITH, Heiko: Wissenschaftliche Didaktik in Anwendung. In: betrifft: erziehung, 10, 1977, H. 3, S. 54–60

GEISSLER, Harald: Erziehungswissenschaftliche Ratgeber und Orientierungshilfen. In: Westermanns Pädagogische Beiträge, 37. Jg. 1985, S. 366–370

GIRMES-STEIN, Renate: Grundlagen einer handlungsorientierten Wissenschaft von der Erziehung. Zur Thematisierung des Theorie/Praxis-Verhältnisses bei Erich Weniger. In: Zeitschrift für Pädagogik, 27. Jg. 1981, Nr. 1, S. 39–51

GROOTHOFF, Hans-Hermann: Über Aufgabe und Ort der Didaktik heute. In: PEEGE, Joachim (Hrsg.): Kontakte mit der Wirtschaftspädagogik. Festschrift für Walter Löbner. Neustadt/Aisch 1967, S. 74–85

HABERMAS, Jürgen: Theorie und Praxis. 4. erw. Aufl. Frankfurt a. M. 1971

–: Erkenntnis und Interesse. In: Merkur, 1965, H. 213, S. 1139–1153

–: Technik und Wissenschaft als »Ideologie«. Frankfurt a. M. 1968

HAUSMANN, Gottfried: Bemerkungen zur Didaktik als einer offenen Strukturtheorie des Lehrens und Lernens. In: Politik – Wissenschaft – Erziehung. Festschrift für Ernst Schütte (zum 65. Geburtstag). Frankfurt a. M. 1969, S. 98–103

HEHLMANN, Wilhelm: Wörterbuch der Pädagogik. 6. neubearb. Aufl. Stuttgart 1960

HEIMANN, Paul: Didaktik als Theorie und Lehre. In: Die Deutsche Schule, 54, 1962, S. 407 bis 427

–: Didaktik 1965. In: HEIMANN, Paul/OTTO, Gunter/SCHULZ, Wolfgang: Unterricht – Analyse und Planung. Hannover 1965, S. 7–12

HELMICH, Wilhelm: Didaktik als Wissenschaft. In: Zeitschrift für Pädagogik, 4, 1958, S. 141 bis 146

HENTIG, Hartmut von: Was ist Didaktik? In: DERS.: Spielraum und Ernstfall. Stuttgart 1969, S. 251–255

–: Vom Verkäufer zum Darsteller. In: BUSCH/WINTER/Hrsg.): Lehren und Lernen in der Lehrerausbildung. Oldenburg 1981, S. 101 ff.

HERBART, Johann Friedrich: Allgemeine Pädagogik aus dem Zweck der Erziehung abgeleitet. Hrsg. v. H. HOLSTEIN. Bochum o. J.

HEURSEN, G. (Hrsg.): Didaktik im Umbruch. Königstein/Ts. 1984

HOFFMANN, Walter: Von der Notwendigkeit und dem Nutzen didaktischer Theorie für die Schule. Frankfurt a. M./Bern/New York 1987

JANK, Werner/MEYER, Hilbert: Didaktische Modelle. Frankfurt a. M. 1991

KALLMANN, Wolfdietrich: Didaktik – Methodik. In: Neue Wege zur Unterrichtsgestaltung, 17, 1966, S. 81–85

KLAFKI, Wolfgang: Neue Studien zur Bildungstheorie und Didaktik. Weinheim 1985

–: Das Problem der Didaktik. In: DERS.: Studien zur Bildungstheorie und Didaktik. 3./4. durchges. Aufl. Weinheim 1964, S. 72–125

–: Erziehungswissenschaft als kritisch-konstruktive Theorie: Hermeneutik – Empirie – Ideologiekritik. In: Zeitschrift für Pädagogik, 17, 1971 a, S. 351–385

–: Didaktik. In: GROOTHOFF/STALLMANN (Hrsg.): Neues Pädagogisches Lexikon. Stuttgart 1971 b, Sp. 229–235

KNECHT, Ingbert: Theorie allgemeindidaktischer Modelle von Unterricht – Modelltheoretische Aspekte allgemeindidaktischer Theoriebildung. Habil.schrift. Bonn 1983

KNECHT-VON MARTIAL, Ingbert: Theorien allgemeindidaktischer Modelle. Köln/Wien 1986

–: Geschichte der Didaktik – Zur Geschichte des Begriffs und der didaktischen Paradigmen. Frankfurt 1985

KRON, Friedrich W.: Grundwissen Didaktik. München u. Basel 1993

KUHN, T. S.: Die Struktur wissenschaftlicher Revolutionen. 2. Aufl. Frankfurt 1976

–: Die Entstehung des Neuen. Frankfurt 1978

KRUEGER, Felix: Der Strukturbegriff in der Psychologie. In: Zur Philosophie und Psychologie der Ganzheit. Hrsg. v. E. HEUSS. Berlin/Göttingen/Heidelberg 1953. S. 125–145

LAHN, Werner: Ein Modell zur Didaktik: Das System der Lehrfunktionen. In: Die Deutsche Schule, 64, 1972, S. 565–578

LÜTGERT, Will: Was leisten die Modelle der allgemeinen Didaktik? In: Neue Sammlung, 21. Jg. 1981, S. 578–594

MESSNER, Rudolf: Was nützt im schulischen Alltag pädagogische Theorie? In: Die Deutsche Schule, 77. Jg. 1985, H. 3, S. 163–175

MEYER, Hilbert: Aneignungsschwierigkeiten didaktischen Theoriewissens. In: Westermanns Pädagogische Beiträge, 35. Jg. 1983, H. 2, S. 61–71

–: Trainingsprogramm zur Lernzielanalyse. Frankfurt 1974

–: Leitfaden zur Unterrichtsvorbereitung. Königstein 1980

–: Rezeptionsprobleme oder wie Lehrer lernen. In: ADL-AMINI/KÜNZLI (Hrsg.). a.a.O., S. 88–118 (1980 a)

MÜCKE, Rudolf: Der Grundschulunterricht. Bad Heilbrunn 1967

OEHLSCHLÄGER, Hans Jörg: Zur Praxisrelevanz pädagogischer Literatur. Stuttgart 1978

OPAHLE, Oswald: Bildungslehre. In: Lexikon der Pädagogik. Bd. 1. Freiburg 1952, Sp. 498 bis 500

42

PETERSEN, Peter: Führungslehre des Unterrichts. Braunschweig [7]1963

PETERSSEN, Wilhelm H.: Gegenwärtige Didaktik: Positionen, Entwürfe, Modelle. 2. überarb. Aufl. Ravensburg 1978

–: Didaktik als Strukturtheorie des Lehrens und Lernens. Ratingen/Kastellaun/Düsseldorf 1973

–: Grundlagen und Praxis des lernzielorientierten Unterrichts. Ravensburg 1974

–: Handbuch Unterrichtsplanung. 5., überarb. u. aktual. Aufl. München 1992

PLÖGER, Wilfried: Argumentationsebenen in didaktischen Theorien. In: Bildung und Erziehung, 41. Jg. 1988, H. 4, S. 445–457

PLÖGER, Wilfried: Allgemeine Didaktik und Fachdidaktik – Modelltheoretische Untersuchungen. Frankfurt a. M., Bern, New York, Paris 1992

PRANGE, Klaus: Bauformen des Unterrichts. Bad Heilbrunn 1983

RATKE, Wolfgang: Die neue Lehrart. Hrsg. v. G. HOHENDORF. Berlin 1957

REICHWEIN, Adolf: Schaffendes Schulvolk. 3. Aufl. Braunschweig 1951

REICHWEIN, Georg: Kritische Umrisse einer geisteswissenschaftlichen Bildungstheorie, Hrsg. v. G. HAUSMANN. Bad Heilbrunn 1963

REST, Walter: Didactica magna oder didactica parva. In: Didaktik in der Lehrerbildung. Zeitschrift für Pädagogik, 2. Beiheft. Weinheim 1960, S. 138–149

ROBINSOHN, Saul B.: Modell einer pädagogischen Fakultät. In: Die ZEIT Nr. 4 und 5 (Hamburg) 1968

ROTH, Heinrich: Pädagogische Psychologie des Lehrens und Lernens. 4. Aufl. Hannover 1960

SCHNEIDER, H. J.: »Erfahrung« in Wissenschaft und Alltag. In: Universitas, 42. Jg. 1987, S. 44–55

SCHULZ, Wolfgang: Die Wissenschaft vom Unterricht. In: DOHMEN, Günther/MAURER, Friedemann (Hrsg.): Unterricht – Aufbau und Kritik. München 1968, S. 11–24

–: Unterricht – Analyse und Planung. In: Unterricht – Analyse und Planung. Hrsg. v. HEIMANN/OTTO/SCHULZ. Hannover 1965, S. 13–47

–: Unterrichtsplanung. München 1980

SCHWAGER, K. H.: Allgemeine Unterrichtslehren. In: Zeitschrift für Pädagogik, 8. Jg. 1962, S. 420–428

SCHWERDT, Theodor: Kritische Didaktik. 14. Aufl. Paderborn o. J.

TERHART, Ewald: Unterrichtsmethode als Problem. Weinheim 1983

TOMASCHEWSKY, Karlheinz: Die Begriffe Unterricht und Didaktik. In: TOMASCHEWSKY/KLEIN u. a.: Didaktik. Berlin 1956, S. 9–17

WENIGER, Erich: Didaktik als Bildungslehre. Teil 1: Theorie der Bildungsinhalte und des Lehrplans. 6./8. Aufl. Weinheim 1965

WIATER, Werner: Unterrichten und lernen in der Schule. Donauwörth 1994

WILD, Wolfgang: Naturwissenschaften und Geisteswissenschaften – immer noch zwei getrennte Kulturen? In: Universitas, 42. Jg. 1987, S. 25–36

WILHELM, Theodor: Die erziehungswissenschaftliche Diskussion über die Aufgaben der Didaktik. In: Der Gymnasialunterricht, Reihe III, 1966, H. 6, S. 5–54

WILLMANN, Otto: Didaktik als Bildungslehre. 4. verb. Aufl. Braunschweig 1909

WINKEL, Rainer: Die kritisch-kommunikative Didaktik. In: Westermanns Pädagogische Beiträge, 32, 1980, H. 5, S. 200–204

ZABECK, Jürgen: Die didaktische Fragestellung in der Berufs- und Wirtschaftspädagogik. In: didactica, 2, 1968, S. 99–114

# 2 »Allgemeine« und »besondere« Didaktik

»Allgemeine« und »besondere« Didaktik werden hier zunächst – und das entspricht dem tradierten und verbreiteten Verständnis – lediglich nach dem Kriterium ihres jeweiligen Gegenstandsfeldes unterschieden (vgl. Kap. 1). Entsprechend wird *allgemeine Didaktik als ohne Einschränkungen auf das gesamte Feld des Lehrens und Lernens bezogen* aufgefaßt. Für solches Verständnis wird in der Regel die Definition von DOLCH herangezogen (1965, S. 45): Didaktik »ist die Wissenschaft (und Lehre) vom Lernen und Lehren überhaupt. Sie befaßt sich mit dem Lernen in allen Formen und dem Lehren aller Art auf allen Stufen ohne Besonderung auf den Lerninhalt«.

Als »besondere« Didaktik ist dann jeder Ansatz aufzufassen, der diese allgemeine, unbegrenzte Vorstellung zugunsten eines eingeengten, begrenzten Feldes aufgibt. Dabei kann die Eingrenzung unterschiedlich erfolgen:
- Nach *fachlichen Gesichtspunkten*, d. h., die didaktische Theoriebildung wird auf ein Fach bzw. eine Fächergruppe bezogen (z. B. Geschichte oder Sachunterricht); in diesem Fall wird von *Fachdidaktik* gesprochen.
- Nach *Bereichsgesichtspunkten*, d. h., die didaktische Theoriebildung wird auf einen bestimmten Lehr- und Lernbereich bezogen (z. B. Schulart oder Schulstufe); in diesem Fall wird von *Bereichsdidaktik* gesprochen.
- Nach *anderen spezifischen Gesichtspunkten*, etwa wenn die didaktische Theoriebildung auf einzelne Dimensionen oder Probleme des Lernens und Lehrens bezogen wird (z. B. die Medienfrage); in diesem Fall wird von *spezifischer Didaktik* gesprochen.

Von diesen Ansätzen besonderer didaktischer Theoriebildung hat die Fachdidaktik die längste Tradition; zwischen ihr und allgemeiner Didaktik hat es die meisten Gespräche und auch Auseinandersetzungen gegeben, so daß vor allem dieses Verhältnis im folgenden näher erörtert werden soll. Zuvor jedoch ist es notwendig, anerkannte Grundzüge gegenwärtiger allgemeiner Didaktik aufzuführen, die auch für die besondere Theoriebildung uneingeschränkt Geltung haben.

## 2.1 Grundzüge Allgemeiner Didaktik

Bei aller Unterschiedlichkeit hinsichtlich der Auffassungen über das je besondere beanspruchte Gegenstandsfeld und den je besonderen aufgenommenen Theoriebegriff in der gegenwärtigen allgemeinen didaktischen Theoriebildung weisen die zahlreichen Ansätze viele übereinstimmende Grundzüge auf.

*(a) Allgemeine Didaktik wird als eine Teildisziplin der Erziehungswissenschaft aufgefaßt.*

So hat beispielsweise schon Peter PETERSEN definiert (1963, S. 82): »Vielmehr entsteht innerhalb der Pädagogik wiederum das engere Problem der Didaktik, der Unterrichtslehre.« Und ähnlich bestimmt TOMASCHEWSKY (1956, S. 15): »Die allgemeine Theorie des Unterrichts wird Didaktik genannt. Sie erforscht als besondere Disziplin der Pädagogik die Gesetzmäßigkeiten des einheitlichen Prozesses der Bildung und Erziehung im Unterricht.« VON CUBE hält ausdrücklich die von ihm entwickelte »kybernetisch-informationstheoretische Didaktik (für) eine Teildisziplin der rationalen Erziehungswissenschaft« (1981, S. 57).

In der Regel wird die Auffassung, Didaktik habe als Teil einer umfassenderen Erziehungswissenschaft zu gelten, damit begründet, daß Didaktik sich auf einen Teilbereich des erziehungswissenschaftlichen Gegenstandsfeldes beziehe. Ob auf Unterricht, auf Bildungsvorgänge oder auf Lehren und Lernen bezogen, stets werden diese Felder als Teilbereiche von Erziehung schlechthin begriffen. Während Erziehungswissenschaft sich auf den umfassenden Erziehungsbereich bezieht, ist Didaktik als ihr integrierender Bestandteil nur auf einen engeren, klar abgegrenzten Teilbereich bezogen.

Hinsichtlich ihres Wissenschaftsverständnisses, d. h. ihres metatheoretischen Charakters, korrespondiert ein didaktischer Ansatz stets mit der zugehörigen Erziehungswissenschaft. WILHELM stellt fest (1966, S. 54): »Sie untersteht der Normativität der Allgemeinen Pädagogik.« In der oben zitierten Auffassung von VON CUBE brachte dieser deutlich zum Ausdruck, daß für ihn Didaktik Teil rationaler Erziehungswissenschaft sei, mithin selbst auch einem kritisch-rationalen Wissenschaftsverständnis verpflichtet sei. Und die kritisch-kommunikative Didaktik wird als Bestandteil einer kritisch-kommunikativen Erziehungswissenschaft begriffen. Aufgabe und Vorgehen einer Didaktik ergeben sich geradezu aus dem metatheoretischen Verständnis der übergeordneten Erziehungswissenschaft.

Didaktik lediglich als Bestandteil von Erziehungswissenschaft aufzufassen, ist unbedingt nötig, um nicht einer Desintegration pädagogischen Denkens Vorschub zu leisten. Nur wo der integrierende Charakter von Didaktik anerkannt und gewahrt wird, können deren Befunde und Ergebnisse sinnvoll für die Interpretation des Gesamtvorgangs Erziehung genutzt werden. Umgekehrt gewährleistet solche Auffassung, daß didaktische Theorie nicht unversehens bloß technologischen Charakter erhält, sondern dem Erziehungsgedanken verpflichtet bleibt und in ihrem Teilbereich nach Lösungen für Erziehungsprobleme sucht.

*(b) Allgemeine Didaktik wird als Wissenschaft aufgefaßt.*
Wie selbstverständlich ist bisher von der Wissenschaftlichkeit allgemeiner Didaktik gesprochen worden. Und tatsächlich gibt es in der gegenwärtigen Diskussion keinen Zweifel daran, daß Didaktik als eine Wissenschaft aufzufassen ist. Die besondere Betonung des wissenschaftlichen Charakters von Didaktik resultiert wohl auch daraus, daß der heute von Didaktik beanspruchte Bereich noch vor kurzer Zeit von den sogenannten »Unterrichtslehren« abgedeckt wurde. Die von ihnen entwickelten Handreichungen und konkreten Handlungsanweisungen für den Unterricht waren wissenschaftlich in keiner Weise abgesichert, sondern gründeten auf persönlicher Erfahrung, die zwar teilweise nach wissenschaftlich systematischen Regeln aufgearbeitet war, an die aber auch »Wesensbestimmungen« angehängt wurden (vgl. SCHWAGER 1962, S. 420 ff). Demgegenüber soll und will Didaktik heute durch systematisch gelenkte Erfahrung mit Hilfe wissenschaftlich erprobter Verfahren ihre Theorien entwickeln. Nur bei einer wissenschaftlich zustande gekommenen Theorie sieht man jenen Grad an Allgemeinheit und Intersubjektivität gegeben – in Verbindung mit Zutreffenheit und Zuverlässigkeit des Bezuges auf den Gegenstandsbereich –, der ihre Anwendbarkeit auf alle in Frage kommenden Situationen didaktischer Wirklichkeit gewährleistet. Durch die

Bindung an unterschiedliche wissenschaftliche Paradigmen kommen selbstverständlich auch in wissenschaftlicher Hinsicht völlig unterschiedlich strukturierte Theorien zustande. So ist die bildungstheoretische Didaktik wegen ihrer besonderen Wissenschaftsauffassung geisteswissenschaftlich strukturiert, die informationstheoretische Didaktik hingegen kritisch-rational geprägt.

Übereinstimmung besteht zwar in der Auffassung darüber, Didaktik habe wissenschaftlich zu sein, doch nicht alle gegenwärtig als didaktisch ausgegebenen Theorien sind tatsächlich nach strengen wissenschaftlichen Maßstäben zustande gekommen. Vor allem in der Praxis spielen »naive« Theorien – zumeist auf subjektiver Erfahrungsbasis entstanden – eine große Rolle. Solche »naiven« Theorien haben zwar für den einzelnen Praktiker und für die Bewältigung seiner Praxis Bedeutung, können aber nicht beanspruchen, ohne weiteres über solchen begrenzten Anwendungsbereich hinaus verallgemeinert zu werden.

*(c) Allgemeine Didaktik ist auf Totalerfassung des didaktischen Feldes aus.*

Für die allgemeindidaktische Theoriebildung formulierte wohl erstmals HEIMANN diese inzwischen von allen Seiten anerkannte Intention mit den Worten (1962, S. 9): »Einer solchen Theorie kommt es zu, alle im Unterricht auftretenden Erscheinungen unter wissenschaftliche Kontrolle zu bringen. Dabei ist grundsätzlich die Totalerfassung aller im Unterrichtsgeschehen wirksamen Faktoren angestrebt.«

Dies verlangt von der Didaktik die uneingeschränkte wissenschaftliche Erforschung und Aufklärung aller Vorgänge, Erscheinungen und Probleme in ihrem spezifischen Gegenstandsbereich. Und da dieser sehr komplex und vielschichtig ist, kann Didaktik auf keine der bekannten und erprobten wissenschaftlichen Zugriffsarten verzichten. Geisteswissenschaftlich-hermeneutische, empirisch-analytische und kritische Verfahren werden je nach den besonderen Erfordernissen der didaktischen Wirklichkeit zu deren Erforschung einzusetzen sein. Die Vertreter der bedeutendsten Positionen gegenwärtiger Didaktik haben diese Notwendigkeit zur Zusammenarbeit gesehen, und sie haben zum Ausdruck gebracht, daß sie ihre auf unterschiedlichen Wissenschaftsauffassungen fußenden Ansätze nicht als jeweils ausschließlich und sich gegenseitig ausschließend, sondern als einander ergänzend betrachten. Die Diskussion im Jahr 1980 machte diese Übereinstimmung besonders deutlich (vgl. GUDJONS/TESKE/WINKEL 1981). Vielfach sind die Einzelansätze in sich schon so strukturiert, daß sie Ansprüche verschiedener Wissenschaftsauffassungen nach Art von Mischtheorien in sich zu vereinigen trachten. So basiert z.B. die kritisch-konstruktive Didaktik KLAFKIs zwar vor allem noch auf geisteswissenschaftlichem Denken, sie hat aber inzwischen auch Elemente aus positivistischer und kritischer Wissenschaftstheorie in sich aufgenommen (vgl. die Einzeldarstellung auf S. 107 ff.).

Die Absicht zur Totalerfassung verlangt von didaktischer Theorie auch eine Offenheit nach außen, und zwar für alle in irgendeiner Weise auf die didaktische Wirklichkeit bezogenen Wissenschaften. Dazu gehören anthropologische wie soziologische Disziplinen ebenso wie philosophische, medizinische u.a. Didaktik wird gleichsam zur integrativen Wissenschaft für alle maßgeblichen Wissenschaften und deren Ergebnisse unter dem Gesichtspunkt des Lernens und Lehrens.

*(d) Allgemeine Didaktik ist immer Theorie und Lehre zugleich.*

Erstmals sprach WENIGER 1930 von der Notwendigkeit, wissenschaftliche Didaktik nie nur als Theorie, sondern immer zugleich als Lehre zu konzipieren. Er forderte damals von geisteswissenschaftlicher Didaktik, sie habe eine »Theorie des Handelns« zu entwickeln, die zur Grundlage der Praxisbewältigung werden könnte (vgl. WENIGER 1930, S. 3 ff.).

An diese Forderung zu Beginn ihrer neuzeitlichen Geschichte hat Didaktik sich immer gehalten. Wenn es auch einige Theorien bzw. Modelle von großer Praxisferne gibt, so gilt doch der Grundsatz, Didaktik habe Handlungswissenschaft zu sein, uneingeschränkt. Didaktik ist immer darauf aus, zur Bewältigung von Problemen alltäglicher Praxis des Lehrens und Lernens beizutragen. Die einzelnen Ansätze unterscheiden sich allerdings hinsichtlich des Grades ihrer Beziehung zu dieser Praxis. Es finden sich unmittelbar auf Praxisprobleme bezogene Theorien, wie z.B. die »Didaktische Analyse« in ihrer ursprünglichen Form; sie bietet dem Lehrer unmittelbare Hilfestellung bei der Auswahl von Lerninhalten (vgl. PETERSSEN, 1982). Es finden sich aber auch solche Entwürfe, die nur mittelbar auf die Lehr- und Lernpraxis Bezug nehmen, wie z.B. das »Berliner Modell«; es strukturiert das didaktische Denken beim Lehrer und darüber mittelbar auch die didaktische Praxis (vgl. hierzu Kap. 3).

Didaktik ist zur Berufswissenschaft von Lehrern geworden, ähnlich wie die Medizin zu jener von Ärzten. Und Lehrer messen die Bedeutung didaktischer Theorien daran, in welcher Weise sie ihnen bei ihrem täglichen Geschäft zu helfen vermögen. Die Erfahrung zeigt, daß Lehrer die Bedeutung aber nicht nur an der objektiven Relevanz didaktischer Theorien für die Praxis messen, sondern immer auch daran, wie sich eine Didaktik darstellt und vermittelt, wie sie also ihre Eigenforderung nach Lehrbarkeit einlöst.

Zusammenfassend läßt sich der heute feststellbare Grundkonsens über Didaktik wie folgt ausdrücken:

*Allgemeine Didaktik bezeichnet jene wissenschaftliche Disziplin, deren Gegenstandsfeld das Lehren und Lernen schlechthin ist, die aber als integrierende Teildisziplin der Erziehungswissenschaft das umfassendere gesamte Erziehungsgeschehen perspektivisch im Blick behält; als Berufswissenschaft vor allem von Lehrern erforscht sie ihr Feld mit wissenschaftlichen Mitteln und entwickelt Theorien des Handelns für die Lösung alltäglicher Lehr- und Lernprobleme; als auf Totalerfassung aller Erscheinungen und Faktoren im Felde des Lehrens und Lernens ausgerichtete Disziplin kann sie auf keine erprobte wissenschaftliche Methode und keinen bewährten Ansatz didaktischer Theoriebildung verzichten, sie integriert die maßgeblichen Ergebnisse aller in Frage kommenden Wissenschaften unter dem Gesichtspunkt ihres Beitrages für die Lösung von Lehr- und Lernproblemen.*

## 2.2 Allgemeine Didaktik und Fachdidaktik

Was für die Allgemeine Didaktik an Übereinstimmungen festgestellt wurde, gilt in entsprechender Weise auch für die Fachdidaktik. Wo die Allgemeine Didaktik ihren Auftrag allgemein und uneingeschränkt hat, da ist dieser für die Fachdidaktik durch das Verständnis von »Fach« eingeschränkt (vgl. ACHTENHAGEN 1981).

Fachdidaktiken gibt es für jedes in unseren Schulen vertretene Fach und auch für die meisten in unseren Schulen vertretenen Gegenstandsbereiche, wie z. B. Anfangsunterricht, Arbeit-Wirtschaft-Technik.

*(a) Fachdidaktik ist als ein integrierender Bestandteil der Didaktik schlechthin aufzufassen.*

Hier soll vor allem zum Ausdruck gebracht werden, daß Fachdidaktik eine *didaktische* und somit auch eine *erziehungswissenschaftliche* Disziplin ist. Sie kann nicht als wurmfortsatzähnlicher Anhang etablierter Fachwissenschaften (wie sie in der Universität organisiert sind) verstanden werden und lediglich die Funktion haben, das Problem der Lehr- und Lernbarkeit der von den Fachwissenschaften längst vorentschiedenen Inhalte zu lösen. Fachdidaktik ist in die Didaktik schlechthin integriert und nimmt deren Aufgaben unter ihrem besonderen, dem fachlichen Aspekt wahr. Ähnlich formuliert KERSTIENS (1972, S. 42):»Sie ist eine Theorie des Lernens und Lehrens in einem bestimmten Bereich, nicht eine Theorie des Gegenstandsbereichs, über den etwas gelehrt werden soll.«

*(b) Fachdidaktik ist in zweifacher Weise zu orientieren, an der Fachwissenschaft und am Schulfach.*

Die hier verwendete Kategorie »Fach« hat in der spezifischen Diskussion eine zweifache Bedeutung: einerseits im Zusammenhang»Fachwissenschaft«, andererseits im Zusammenhang »Schulfach«. Historisch hängen beide Bedeutungen zusammen. Schulfächer sind ihrem geschichtlichen Entstehen nach aus den Disziplinen der Universität, aus Fachwissenschaften entstanden. Systematisch und auf den gegenwärtigen Zustand hin betrachtet, muß man aber beide Bedeutungen voneinander unterscheiden.

Auf eine Orientierung der Fachdidaktik bloß an der entsprechenden Fachwissenschaft trifft man häufig. So definiert z.B. SCHRÖDER (1972, S. 116):»Im folgenden wird Fachdidaktik verstanden als wissenschaftliche Lehre von der selektiven Vermittlung fachwissenschaftlicher Inhalte.« So verstandene Fachdidaktik hat allenfalls die Aufgabe, ein Fach mit seinen besonderen Inhalten und Methoden zu tradieren. Gefragt wird vordergründig nur nach den notwendigen und wünschenswerten Lehr- und Lerninhalten und -verfahren, mit deren Hilfe eine Tradierung auch sicher gewährleistet wird. Allerdings kann eine so verstandene Fachdidaktik auch über das vordergründige Fragen hinausgehen, indem sie nach der besonderen Bildungsbedeutung des jeweiligen Faches fragt (z.B. nach dem Wert naturwissenschaftlicher Bildung gerade mit Hilfe biologischer Inhalte). Doch auch so wäre solche Fachdidaktik noch einäugig. Zwar würde der Schüler mit in den Blick genommen werden müssen, aber nur sekundär, als Adressat von Fachinhalten. Primär bliebe solche Fachdidaktik am Fach ausgerichtet, würde vom Fach her fragen, die Legitimation der Auswahl fachlicher Inhalte nur von dort her vornehmen.

Das der Fachwissenschaft entsprechende Schulfach erschiene bei solcher Orientierung bloß als ein schulisch notwendiges bzw. überkommenes Organisationsprinzip für die Lehre fachwissenschaftlicher Inhalte. Das Schulfach aber ist, auch auf Grund seiner historischen Genese, mehr als das. Ein Schulfach ist nicht nur Kopie einer universitären Disziplin, wobei die Schüler gleichsam zwangsläufig (weil sie die Empfänger sind) dazugehören und in den Blick genommen werden müssen. Schüler konstituieren – nach meinem Verständnis – Schulfächer allererst. Weil es Schüler gibt, muß es Schulfächer geben. Dabei erscheint mir die Tatsache, daß es sich um »Fächer« handelt, nur in zweiter Linie bedeutsam, bloß als Ausdruck eines geschichtlich gewachsenen Organisationsprinzips, das ja auch zunehmend häufiger von anderen Prinzipien durchbrochen wird, die offensichtlich pädagogisch wirkungsvoller sind (z.B. fächerübergreifendes Lehren und Lernen, Projektlernen). Schulfächer sind organisatorische Rahmen, in denen sich der schulische Erziehungsauftrag vollzieht. Fachdidaktik am Schulfach zu orientieren meint, ihr den Auftrag zu geben, vom Schüler her danach zu fragen, auf welche Weise gerade in diesem Fach seine Erziehung besonders gefördert werden kann. Leitende Kategorie für fachdidaktische Theoriebildung ist – wie bei Allgemeiner Didaktik – die Erziehung. Solcher Ansatz aber bringt die Notwendigkeit der gleichzeitigen Orientierung an der Fachwissenschaft mit sich, um dort nämlich gezielt zu fragen, welche besonderen Inhalte dem Erziehungsprozeß vor allem förderlich sind. Die zweifache Orientierung von Fachdidaktik folgt aus dem Prinzip des Primats des Erzieherischen, wie es durch die Einordnung in die Didaktik schlechthin gegeben ist (vgl. auch: BECKMANN/FISCHER 1990 u. KECK/SANDFUCHS 1990).

*(c) Fachdidaktik ist als Ergebnis wissenschaftsorganisatorischer Überlegungen und Vorgänge aufzufassen.*

Zwischen Vertretern der Allgemeinen Didaktik und der Fachdidaktik wird immer noch häufig über Unter-, Vor- und Nachordnungen gestritten, d.h. darüber, ob Fachdidaktik der Allgemeinen Didaktik nachgeordnet sei oder umgekehrt (wobei letztere Auffassung weniger vertreten wird). Unsere Auffassung dürfte nach der bisherigen Erörterung wohl klar sein: Von Über- und Unterordnung kann weder in der einen noch in der anderen Weise die Rede sein (vgl. auch ACHTENHAGEN 1981, S. 284 ff.).

Allgemeine Didaktik und Fachdidaktik gelten uns beide als integrierende Teile ein und derselben Didaktik als Teildisziplin der Erziehungswissenschaft. Sie sind einander auf Grund ihrer Bedeutung für die Lösung der aufgegebenen Lehr- und Lernfragen gleichgeordnet. In ihrem Vorgehen ergänzen sie einander, sind sie aufeinander angewiesen. Wo der eine Ansatz allgemein und ohne Ansehen von Fächern, Stufen usw. vorgeht, orientiert sich der andere an Schulfach und Fachwissenschaft. Keiner dieser beiden Ansätze muß warten, bis der andere ein Ergebnis vorlegt, um es dann zu übertragen, d.h. entweder auf das Besondere zuzuschneiden oder zu verallgemeinern. Beide haben den ursprünglichen Auftrag, auf ihre je besondere Weise nach Lösungen für didaktische Probleme zu suchen. Gegenseitiger Austausch von Ergebnissen findet statt, wie dies beispielsweise schon mit erheblichen Folgen für die Schulpraxis geschehen ist bei der Übernahme des »Berliner Modells« für die Unterrichtsplanung durch die Fachdidaktiken, aber auch bei der Übernahme des in den Naturwissenschaften entstandenen »exemplarischen Prinzips« durch die Allgemeine Didaktik. Allgemeine Didaktik und Fachdidaktik stehen in ständiger und unauflöslicher Korrespondenz miteinander.

Letzten Endes können Allgemeine und Fachdidaktik als Arbeitsteilung im Feld wissenschaftlicher Bearbeitung des Lehrens und Lernens begriffen werden. Es handelt sich demnach um wissenschaftsorganisatorische Gründe, die zur Unterscheidung geführt haben. Allgemeine Didaktik allein kann gegenwärtige Lehr- und Lernprobleme nicht hinreichend lösen, weil sich Lehren und Lernen an verschiedenen Orten und unter unterschiedlichsten Gesichtspunkten ereignet. Somit werden

»besondere« Didaktiken erforderlich. Da sich Lehren und Lernen in der Schule traditionell – und auch wohl noch lange – in Fächern vollzieht, ist Fachdidaktik erforderlich. Umgekehrt ist Fachdidaktik auf Allgemeine Didaktik angewiesen, weil fachliches Lehren und Lernen nur unter einheitlichen und den einzelnen Fächern übergeordneten Zielsetzungen sinnvoll ist.

Über die Erklärung, zwischen Allgemeiner und Fachdidaktik bestehe ein Verhältnis der Arbeitsteilung im Sinne »allgemeiner« und »besonderer« Theoriebildung, kommt auch KECK nicht hinaus. Allerdings fällt an seiner Auffassung als überholt – und wohl auch unreflektiert übernommen – auf, daß er immer noch eine Priorität der Allgemeinen Didaktik annimmt, wenn er als Grundsatzfrage zu klären sich vornimmt: »Ist Allgemeine Didaktik das, was sie begrifflich vorgibt zu sein, das vorgeordnete Allgemeine der fachdidaktisch-methodischen Entscheidung...?« (1990, S. 23). Dazu wäre zweierlei zu sagen: Erstens liegt im Begriff »allgemein« nicht zugleich auch ein Anspruch auf Vor-Ordnung. Arbeitsteilung zwischen »allgemein« und »besonders« kann auch in wechselndem Vorangehen bestehen. Zweitens haben reale Entwicklungen gezeigt, wie fruchtbar der Weg didaktischer Theoriebildung vom Besonderen zum Allgemeinen vor sich gehen kann, z. B. an WAGENSCHEINs Konzept vom »Exemplarischen«, das in den Naturwissenschaften entstand und – immer noch – auf dem Weg zur allgemeinen Konzeption ist (vgl. KECK 1990, bes. S. 22 ff.).

In einer neueren Untersuchung über modelltheoretisch ableitbare Beziehungen zwischen Allgemeiner und Fachdidaktik verweist auch PLÖGER auf die durchgängige Ergänzbarkeit und Ergänzungsnotwendigkeit beider Grundsätze hin. Allerdings fragt er (fast) ausschließlich aus Richtung der Allgemeinen auf die Fachdidaktik hin. Seine Schlußfolgerungen auf die Bedeutung allgemeindidaktischer Modellvorgaben für fachdidaktisches Denken und Handeln gehen über den allgemein bekannten und anerkannten Diskussionsstand nicht hinaus (PLÖGER, 1992).

Leider ist die Frage angemessener Organisation *innerhalb didaktischer Teilansätze* bisher nicht hinlänglich entschieden. Notwendig wäre wohl eine Organisationsform, die allen maßgeblichen wissenschaftlichen Disziplinen – Erziehungswissenschaft, Allgemeine Didaktik, Fachdidaktik, Fachwissenschaft – eine ständige Zusammenarbeit ermöglicht. Bedauerlich ist besonders die Entwicklung in vielen Universitäten, wo die Fachdidaktiken den Fachwissenschaften – und deren Fakultäten bzw. Fachbereichen – zugeordnet wurden. Nicht nur die Beziehung zu Erziehungswissenschaft und Didaktik geht so verloren, auch die eigenständige wissenschaftliche Fragestellung und Arbeit der Fachdidaktiken geraten gegenüber den etablierten Fachwissenschaften ins Hintertreffen, wie Erfahrungen zeigen. Der Anfang der 70er Jahre vielfach verfolgte Gedanke »didaktischer Zentren«, in denen Zusammenarbeit geleistet werden könnte, scheint untergegangen zu sein. Betrüblich sind die Folgen vor allem für Lehrer, die so an keiner Stelle ihrer Ausbildung die Zusammenarbeit erfahren, von denen aber in der Praxis die Zusammenschau aller Disziplinen und ihrer Aussagen erwartet wird.

## Literatur

ACHTENHAGEN, Frank: Theorie der Fachdidaktik. In: TWELLMANN, Walter (Hrsg.): Handbuch Schule und Unterricht. Bd. 5 Düsseldorf 1981, S. 275–294

ASELMEIER, Ulrich/EIGENBRODT, Karl-Wilhelm/KRON, Friedrich Wilhelm/VOGEL, Günther (Hrsg.): Fachdidaktik am Scheideweg. München 1985

BECKER, Helmut: Wieviel und welche Didaktik braucht ein Lehrer? In: päd. extra, 1977, H. 3, S. 20–22

–: STUBENRAUCH, Herbert: Und noch ein paar Thesen zum Abschluß. In: päd. extra, 1977, H. 3, S. 33

BECKMANN, Hans-Karl (Hrsg.): Schulpädagogik und Fachdidaktik. München 1981

BECKMANN, Hans-Karl/FISCHER, Walter Leonhard (Hrsg.): Herausforderung der Didaktik. Bad Heilbrunn 1990

BREZINKA, Wolfgang: Erziehungsziele, Erziehungsmittel, Erziehungserfolg. München 1976

CUBE, Felix von: Die kybernetisch-informationstheoretische Didaktik. In: GUDJONS/TESKE/WINKEL (Hrsg.): Didaktische Theorien. Braunschweig 1981

DOLCH, Josef: Grundbegriffe der pädagogischen Fachsprache. 5. verb. Aufl. München 1965

FUHR, Reinhard/JUDITH, Heiko: Wissenschaftliche Didaktik in Anwendung. In: betrifft: erziehung, 10, 1977, H. 3, S. 54–60

GUDJONS, Herbert/TESKE, Rita/WINKEL, Rainer (Hrsg.): Didaktische Theorien. Braunschweig 1981

HEIMANN, Paul: Didaktik als Theorie und Lehre. In: Die Deutsche Schule, 54, 1962, S. 407 bis 427

HOFFMANN, Walter: Von der Notwendigkeit und dem Nutzen didaktischer Theorie für die Schule. Frankfurt a. M./Bern/New York 1987

KECK, Rudolf W./SANDFUCHS, Uwe (Hrsg.): Fachdidaktik zwischen Allgemeiner Didaktik und Fachwissenschaft, Bestandsaufnahme und Analyse. Bad Heilbrunn 1990

KERSTIENS, Ludwig: Fragen der Zuordnung von Erziehungswissenschaft und Fachdidaktik. In: TIMMERMANN, Johannes (Hrsg.): Fachdidaktik in Forschung und Lehre. Hannover 1972, S. 36–45

PETERSEN, Peter: Führungslehre des Unterrichts. Braunschweig [7]1963

PETERSSEN, Wilhelm H.: Handbuch Unterrichtsplanung. Grundfragen, Modelle, Stufen, Dimensionen, 5., überarb. u. aktual. Aufl. München 1992

PLÖGER, Wilfried: Allgemeine Didaktik und Fachdidaktik – Modelltheoretische Untersuchungen. Frankfurt a. M., Bern, New York, Paris 1992

ROBINSOHN, Saul B.: Modell einer pädagogischen Fakultät. In: Die ZEIT Nr. 4 und 5 (Hamburg) 1968

SCHMIEL, Martin: Einführung in fachdidaktisches Denken. München 1978

SCHRÖDER, Kurt: Aufgaben der Fachdidaktik allgemein. In: TIMMERMANN, Johannes (Hrsg.): Fachdidaktik in Forschung und Lehre. Hannover 1972, S. 116 f.

SCHWAGER, Karl-Heinrich: Allgemeine Unterrichtslehren. In: Zeitschrift für Pädagogik, 8, 1962, S. 420–428

SCHWARTZE, Heinz: Mathematikunterricht. In: BECKMANN, Hans-Karl (Hrsg.): Schulpädagogik und Fachdidaktik. München 1981, S. 176–189

TIMMERMANN, Johannes (Hrsg.): Fachdidaktik in Forschung und Lehre. Hannover 1972

TOMASCHEWSKY, Karlheinz: Die Begriffe Unterricht und Didaktik. In: TOMASCHEWSKY/KLEIN u. a.: Didaktik. Berlin 1956, S. 9–17

WENIGER, Erich: Die Theorie der Bildungsinhalte. In: NOHL, Herman/PALLAT Ludwig (Hrsg.): Handbuch der Pädagogik. Bd. 3, Allgemeine Didaktik und Erziehungslehre. Langensalza 1930, S. 3–35

WILHELM, Theodor: Die erziehungswissenschaftliche Diskussion über die Aufgaben der Didaktik. In: Der Gymnasialunterricht, Reihe III, 1966, H. 6, S. 5–54

WINKEL, Rainer: Die kritisch-kommunikative Didaktik. In: Westermanns Pädagogische Beiträge, 32, 1980, H. 5, S. 200–204

# 3 Feiertagsdidaktik versus Alltagsdidaktik

»Feiertagsdidaktik« – so lautet ein in der letzten Zeit häufig erhobener Vorwurf gegen die etablierten didaktischen Theorien. So stellt beispielsweise MEYER (der übrigens seinerzeit in seinem verbreiteten Buch über alltägliche Unterrichtsvorbereitung Didaktik auf eben die Theorie der Unterrichtsvorbereitung verkürzte) kurzerhand die These auf: »Die gängigen didaktischen Konzepte der Unterrichtsvorbereitung müssen im Blick auf ihren Stellenwert in der späteren Berufspraxis als *Feiertagsdidaktiken* bezeichnet werden.« (1980a, S. 181) Obwohl der Begriff viele inhaltliche Komponenten hat, ja inzwischen geradezu schillernd geworden ist, soll »Feiertagsdidaktik« vor allem ausdrücken, daß die Theoriebildung sich nicht dem gesamten Lehr- und Lerngeschehen und nicht seinen alltäglichen Erscheinungen zuwendet, sondern nur ausgewählten Vorgängen, und deshalb nur an ausgewählten Tagen – eben Feiertagen – zur Wirkung kommt. MEYER war es auch, der in einer »Schwachstellenanalyse« genannten Erörterung der Diskussion dieses Problems eine mögliche Struktur vorgab. Er sieht vor allem drei Defizite gegenwärtiger Konzeptionen (1980a, S. 181 f.):
– »Die gängigen didaktischen Konzepte berücksichtigen die *Arbeitsplatzstruktur* des Lehrers nur ansatzweise.«
– »Ein zweites Defizit sehe ich darin, daß der *Theoriecharakter* dieser Feiertagsdidaktiken *ungenügend geklärt* worden ist.«
– »Ein drittes, entscheidendes Defizit sehe ich in der *Vernachlässigung des Schüleraspekts.*«
Die von MEYER aufgeführten drei Schwachstellen sollen auch für uns Ansatzpunkte zur Entfaltung und Erörterung werden, so daß wir folgende Fragen zu stellen haben:
– Sind die gegenwärtigen didaktischen Theorien auf den Berufsalltag des Lehrers bezogen?
– Sind die gegenwärtigen didaktischen Theorien ausschließlich lehrerzentriert angelegt?
– Um welche Art von Theorien handelt es sich bei der Didaktik?
Im Rahmen dieses Buches soll dabei nur auf einige besonders auffällige Aspekte eingegangen werden. Eine Diskussion der Gesamtproblematik, wie sie in der Erziehungswissenschaft unter dem Etikett »Alltagswende« seinerzeit intensiv geführt wird, kann und soll hier nicht geleistet werden.

Auch heute noch wird der Feiertags-Vorwurf immer wieder aufgegriffen und wiederholt, so u.a. in einer etwas wirren und gedrängten Kritik aus der Hochschul- und Lehrerausbildungspraxis durch KLOSE (KLOSE 1994). Eine ganz lustige, doch letzten Endes unzutreffende Metapher für den Sachverhalt, daß didaktische Theorie oftmals stark von der Realität – der Objekte wie der Erwartungen der Adressaten – abweicht, findet BÄTZ. Er spricht von »Wormold-Didaktik« (BÄTZ 1994, S. 252 ff.). Wormold, so muß man allerdings wissen, um diese Bezeichnung verstehen zu können, ist realiter ein Staubsaugervertreter auf Kuba, der ohne sein Dazutun zum Spitzenagenten aufgebaut wird, geschaffen von GRAHAM GREENE in seinem Roman »Unser Mann in Havanna«. Als er immer dringender ersucht wird, Anschauliches über angebliche neue Waffensysteme auf

Kuba zu berichten, zeichnet er in seiner Verzweiflung futuristisch verfremdete Bilder seiner Staubsaugermodelle und meldet diese nach London. Wer in der Rolle von Wormold den unvergleichlichen Alec Guinness gesehen hat, wird nun zwar BÄTZ' Metapher eher begreifen, doch überzeugt das nicht zugleich auch von seiner Kritik. Denn Wormold hat, zwar aus Verzweiflung, doch unzweifelhaft auch absichtlich *gelogen*. Und einen solchen Vorwurf den Theoriebildnern in der Allgemeinen Didaktik zu machen, dürfte nicht nur überzogen sein, sondern ist geradezu unverschämt.

## 3.1 Lehreralltag und didaktische Theorie

Sind die didaktischen Theorien tatsächlich nur auf »Feiertage« im Leben eines Lehrers bezogen? Setzen sie voraus, was im Lehreralltag gar nicht anzutreffen ist? Rechnen sie, wie MEYER behauptet, mit einem »Maximum an verfügbarer Zeit«, mit »einer sehr hohen Motivation des Lehrers«, mit »einer sehr hohen theoretischen und praktischen Handlungskompetenz des Lehrers«, mit »einer breiten Palette verfügbaren empirischen Wissens« (1980a, S. 180)? Und ist dies in der Regel gar nicht vorhanden? Sind solche Voraussetzungen, die MEYER für eine Umsetzung didaktischer Theorie in entsprechende Praxis als unbedingt notwendig ansieht, nur in Ausnahmesituationen anzutreffen bzw. zu schaffen? Also nur zu Prüfungen und bei Schulratsbesuchen? Bringen Lehrer nur zu solchen »Feiertagen« die Zeit und die Motivation auf, die Kompetenz und das Wissen ein, um die Forderungen didaktischer Theorie in entsprechende Realität umzusetzen?

Eine erste Antwort muß wohl zustimmend ausfallen, wenn man etwa die ständigen Nörgeleien der Lehrer an didaktischer Theorie bedenkt, wie sie in Gesprächen spontan vorgetragen werden. Doch man sollte dem ein wenig nachgehen, indem man Symptome des Lehreralltags erörtert.

Eine starke Reaktion auf MEYERs Vorwurf erfolgte aus dem berufsbildenden Bereich. Als GRÜNER (1980, S. 693 ff.) den Vorwurf am Beispiel der Unterrichtsvorbereitung zur Diskussion stellte, zeigte ein sehr großer Teil der Antworten, daß die Praxis Auswüchse aufweist, die man auf theoretische Forderungen zurückzuführen sucht. Es wurde berichtet von einem 36seitigen Unterrichtsentwurf für eine 45-Minuten-Stunde. Und wohl jeder erfährt, daß Unterrichtsentwürfe zunehmend umfangreicher werden. Zugegeben, wer seinen Unterricht in enger Anlehnung an die von der didaktischen Theorie entwickelten Modelle vorbereitet, kann dies wegen der zeitlich aufwendigen Verfahren nicht für jede Unterrichtsstunde tun, sondern nur in Ausnahmesituationen. Dies gilt vor allem bei schriftlich dokumentierenden Vorbereitungsformen, d. h. dort, wo Entwürfe vorgelegt werden. Aber die quantitativen Auswüchse (MEYER erwähnt einen 80 Seiten langen, schreibmaschinengeschriebenen Entwurf) liegen mit Sicherheit nicht in den Theorien und den von ihnen vorgestellten Modellen begründet. Sie haben ihre Gründe vorwiegend in falschem Verständnis und verkehrender Inanspruchnahme von Theorien und Modellen, wobei die Palette der Ursachen hier wiederum überaus vielfältig ist; da kann die Vermittlung der Theorie unzulänglich gewesen sein, da kann der Konkurrenzdruck aus gegenwärtigen Einstellungschancen für Lehrer sich unmittelbar auswirken usw.

Wenn einerseits die didaktischen Theorien und ihre Modelle nicht unmittelbare Ursache für derartige Auswüchse sind, so muß andererseits aber festgestellt werden, daß sie solche Auswüchse bisher weitgehend ignoriert haben. Die Didaktik ist aufgrund ihres Selbstverständnisses als Berufswissenschaft der Lehrer vorwiegend an diesen orientiert, ist durchaus als lehrerzentriert zu beschreiben, aber die reale Berücksichtigung ihrer Adressaten sucht man größtenteils vergebens. Die Aufnahme von Lehrerdaten, von *Lehr*voraussetzungen also, in ihre Modelle ist bisher weitgehend unterblieben. Selbst ein so sehr aus Aufgaben der Lehrerbildung erwachsenes Modell wie das »Berliner Modell« der lerntheoretischen Didaktik weist in seinen Strukturvorschlägen hierbei eine Lücke auf; zwar fordert es zur Berücksichtigung von *Lern*voraussetzungen auf, nicht aber ausdrücklich auch von Lehrvoraussetzungen. Der Lehrer wird in didaktischen Modellen allenfalls als Stereotyp berücksichtigt. Dies führt bei MEYER zu der beredten Klage, daß die Didaktik nicht zwischen »Anfängern« und »Routiniers« unterscheidet, ja von der Subjektivität didaktischen Handelns ganz und gar absehe (vgl. MEYER 1980a, S. 179ff.)

Didaktische Theorie ignoriert nicht nur Auswüchse im Gebrauch ihrer Modelle, kümmert sich also nicht nur nicht um ihre Verwertung. Didaktische Theorie kümmert sich auch nicht darum, wie sie von ihren Adressaten, den Lehrern also, aufgenommen wird. So hat beispielsweise OEHLSCHLÄGER in seiner Untersuchung über das Rezeptionsverhalten von Lehrern gegenüber allgemeindidaktischer Literatur aufgedeckt, daß die Lektüre unmittelbar nach Abschluß der Berufsausbildung rapide nachläßt. Muß man also annehmen, daß neue allgemeindidaktische Theorie überhaupt nicht mehr an Lehrer herankommt? Ganz so verfahren ist die Lage nicht: Allgemeindidaktische Theorie kommt wegen des Leseverhaltens von Lehrern zwar nicht mehr unmittelbar an diese heran, aber immer noch mittelbar, und zwar über »vorgefertigte Materialien«, also Schulbücher, Lehrerhandbücher u. ä., die dem Lehrer sein tägliches Geschäft erleichtern bzw. dies vorgeben (vgl. OEHLSCHLÄGER 1978, bes. S. 368ff.). Unterstützt wird die Aussage OEHL-SCHLÄGERs noch durch Einsichten, die BOOS-NÜNNING über das Fortbildungsverhalten von Lehrern gewann. Eine jüngere Lehrergeneration ist zur Fortbildung nur noch in eingeschränktem Maß bereit, und – was in unserem Zusammenhang noch schwerer wiegt – sie weist eine zusehends geringere »Berufsorientierung« auf, d. h., »daß der Beruf keinen entscheidenden Stellenwert mehr in der persönlichen Lebensgestaltung einnimmt« und dementsprechend berufliche Aktivitäten aller Art nachlassen (BOOS-NÜNNING 1979, bes. S. 174ff.). Dies gilt auch für Einstellungen zur Bedeutung und Aufnahme von allgemeindidaktischer Theorie.

Zusammenfassend läßt sich feststellen: Didaktische Theorie ignoriert bisher weitgehend ihre Aufnahme und Verwertung durch die Lehrer. Sie führt bisher keine Kontrolle ihrer eigenen Wirksamkeit durch. Um der nicht gewünschten Verwendung als bloßer »Feiertagsdidaktik« zu entgehen, müßte sie alle diese Aspekte mit aufgreifen. Sie müßte vor allem die Vermittlungsproblematik systematisch durcharbeiten, d. h., ihre eigene Vermittlung an Lehrer in den Blick nehmen. Hier im Übergang aus der Theoriebildung in die Praxis bestehen noch ungeklärte »Grauzonen« (vgl. ADL-AMINI 1980, S. 210ff.). Das Problem sprach HERBART schon Anfang des 19. Jahrhunderts an, als er sich über den »pädagogischen Takt«

als Bindeglied zwischen Theorie und Praxis äußerte. Und daß auch führende Vertreter gegenwärtiger didaktischer Theoriebildung das Problem sehen – nur eben noch nicht ihm auch nachgehen –, geht beispielsweise aus einer Bemerkung KLAFKIs hervor (1977, S. 65 bzw. 63): »Die Fähigkeit, das eigene didaktische Reflexionsniveau in pädagogisches Handeln übersetzen zu können, muß in spezifischen Lernprozessen des Lehrers entwickelt werden«; ». . . das hier angesprochene Problem ist ein Ausbildungsproblem«. Ob der richtige Weg dazu über eine engere, ständige Gesprächsführung der Allgemeinen Didaktik mit der Fachdidaktik führt, wie wohl BLANKERTZ favorisiert (1977, bes. S. 64), oder ob, wie MEYER meint, das Alltagsbewußtsein von Lehrern – nicht der Alltag in seinen realen Erscheinungen, sondern seine Wahrnehmung und Verarbeitung durch den Lehrer – zum Ausgangspunkt der Theoriebildung gemacht wird (1980b, S. 88 ff.), soll hier nicht erörtert werden. Es ist an der didaktischen Theoriebildung selbst, sich als auf den Alltag bezogen darzustellen – sofern sie es wirklich ist – und zu vermitteln. Vor allem der Vermittlungsprozeß der Theorie kann künftig von ihrem Entstehungsprozeß nicht mehr abgekoppelt werden (vgl. auch MEYER 1983, S. 61 ff.; ebenfalls bei PLÖGER 1993, S. 373 ff.).

Bei einer selbst als »polemisch« bezeichneten Auseinandersetzung mit der Bedeutung allgemeindidaktischer Theorien für die Praxis geht auch LÜTGERT auf den hier zuvor erörterten Bezugspunkt näher ein. Seine Aussagen sollen folgend bloß kurz referiert werden. Differenzen zwischen wissenschaftlich zustande gekommenen didaktischen Theorien und dem in alltäglicher »didaktischer Subkultur« für das unmittelbare Handeln maßgebenden Denken führt er zurück auf (vgl. 1981):

– Lehrer konzentrieren ihre didaktischen Fragen auf »Was unterrichte ich?« und »Wie unterrichte ich?«; alles übrige ist für sie von geringem Interesse.
– Allgemeine Didaktik als rationale Theorie geriert sich zunehmend weniger pragmatisch, statt dessen aber immer stärker legitimatorisch, d. h., sie kümmert sich immer mehr bloß um sich selbst und ihre Berechtigung bzw. die Berechtigung ihrer Aussagen statt um erwartete Antworten auf die Fragen ihrer Adressaten.
– Allgemeine Didaktik untersucht nicht nur die Bedingungen von Unterricht schlechthin, sondern stellt Bedingungen für »guten« Unterricht auf, die sie dann postulativ vorgibt, und zwar schraubt sie derartige Bedingungen qualitativ immer höher, wobei sie die Realisierung ganz den Lehrern überläßt.
– Allgemeine Didaktik kennt offensichtlich die tatsächliche Situation der Unterrichtsplanung von Lehrern gar nicht so gut, wie sie tut. Sie übersieht beispielsweise die dort wirksame Medienorientierung und nimmt ganz einfach die ihr genehme – und gerechtfertigt erscheinende – Zielorientierung als auch tatsächlich gegeben an.

## 3.2 Zur Berücksichtigung des Schülers in der Didaktik

MEYER sieht eine klare »Vernachlässigung des Schüleraspekts« in der gegenwärtigen Didaktik und erläutert seinen Vorwurf knapp: »Alle Feiertagsdidaktiken schieben einseitig die Entscheidungskalküle des Lehrers in den Vordergrund. Sie lösen den Anspruch, eine Analyse von Unterricht zu leisten, in dem Lehrer und

Schüler mit unterschiedlichen Strategien, Bedürfnissen und Interessen handeln, nicht ein.« (1980a, S. 182) Was MEYER aussagen will, ist, daß sich didaktische Theorien und Modelle weder der Schüler in angemessener Weise annehmen noch sich an sie wenden und sie ansprechen. Denn daß Schüler selbstverständlich in didaktischer Theoriebildung berücksichtigt werden, ist ihm klar.

Schüler haben in den meisten Theorien tatsächlich bloß den Stellenwert von Objekten (vgl. hierzu ADAM 1988). Hier liegt gewiß ein Paradoxon bisheriger Didaktik: Erklärtes Ziel aller didaktischen Ansätze ist die Grundlegung eines Unterrichts, in dem Schüler zu selbstverantwortlich und selbständig Handelnden werden können, so kann man verkürzt sagen; aber, um dieses Ziel zu verwirklichen, wird eine Zeit offensichtlicher Abhängigkeit von Schülern in Kauf genommen. Im Grunde ist dies das Dilemma der Erziehung schlechthin, aus dem sie nie herauskommen wird. Für auf Erziehung bezogene Theorien aber, und dazu zählt Didaktik, stellt sich die Frage, ob und wie sie dies berücksichtigen, vor allem wie sie versuchen, den Schülern während des Erziehungsprozesses einen höchstmöglichen Grad an Selbständigkeit zu gewährleisten. Die von MEYER ins Auge gefaßten Theorien weisen hier tatsächlich ein großes Defizit auf; Schüler sind für sie lediglich Objekte, mit denen man umgeht, die behandelt werden usw. HEINZE/LOSER/THIEMANN sprechen daher durchaus treffend von der »Erzeugungsdidaktik« (1981, S. 13).

Verstärkt wird dieser Zug der Didaktik noch dadurch, daß sie als ihre Adressaten ausschließlich die Lehrer ansieht. Allerdings wird die starke Lehrerorientiertheit der Didaktik durchaus gesehen, und in der didaktischen Theoriebildung selbst ist einiges in Bewegung gesetzt worden, um diesen zunehmend als unbefriedigend empfundenen Zustand zu überwinden. So spricht beispielsweise FLECHSIG von der Notwendigkeit, von »der Lehrerdidaktik zur Lernerdidaktik« zu gelangen (1978, S. 120 ff.). Und er fordert von dieser: »Der wichtigste Handlungsträger ist für mich dabei der Lernende selbst. Je bewußter er die didaktischen Entscheidungen selbst nachvollziehen und mitbestimmen kann, . . . um so höher ist nach meinem Verständnis die Qualität von Unterricht« (S. 124). In der »kritisch-kommunikativen« Didaktik hat sich ein Ansatz gebildet, der den Schüler zum Handelnden machen will. Und dieser Gedanke ist inzwischen auch für die Neufassungen der bildungstheoretischen (der kritisch-konstruktiven) und der lerntheoretischen Didaktik (dem »Hamburger Modell«) aufgenommen worden. Den Weg allerdings, den MEYER selbst gehen will, für den er von »konkreter Utopie« spricht und in der Unterrichtsplanung die Berücksichtigung vermutlicher Schülerinteressen für die Schaffung von Handlungssituationen verlangt (1980a, S. 189 ff.), halte ich wiederum für eine Verschleierung des erzieherischen Dilemmas.

Solange didaktische Theorien die Probleme von Schülern mit Unterricht völlig aus ihrer Betrachtung ausblenden, können sie nicht hinreichend dem didaktischen Alltag entsprechen, trifft sie mithin auch der Vorwurf »Feiertagsdidaktik«.

### 3.3 Zum Theoriecharakter

Wenn MEYER »den Theoriecharakter dieser Feiertagsdidaktiken« für »ungenügend geklärt« hält (1980a, S. 182), dann stecken in dieser Aussage drei Vorwürfe:
– der Charakter dieser Theorien ist tatsächlich unklar;

- die Theorien sind unvollständig;
- die Theorien beziehen sich nicht auf den Alltag von Lehrern und Schülern.
Während dem letzten Vorwurf bereits nachgegangen wurde, wird der zweitgenannte an anderer Stelle (vgl. die Darstellung der einzelnen Positionen) kurz im Zusammenhang mit dem ersten erörtert werden.

Noch einmal sei betont: MEYER behauptet nicht, die Theorien seien falsch, sondern sie seien hinsichtlich ihrer Art bisher ungeklärt. Selbst in der internen Diskussion zwischen den unterscheidbaren Ansätzen in der didaktischen Theoriebildung wird gegenwärtig nicht mehr von »richtig« oder »falsch« gesprochen – mit Ausnahme bei VON CUBE, der ausschließlich den von ihm vertretenen informationstheoretisch-kybernetischen Ansatz als angemessen betrachtet. Es ist auch kein Alleinvertretungsanspruch mehr feststellbar, man spricht vielmehr von notwendiger gegenseitiger Ergänzung, wie beispielhaft aus WINKELs Erklärung hervorgeht (1980, S. 204):»Nicht bildungstheoretische oder lehrtheoretische, informationstheoretische oder curriculare Didaktik (zu ergänzen wäre: oder kritisch-kommunikative Didaktik – W. H. P.) lautet von daher die Frage, sondern: An welchen Stellen des didaktischen Handelns sind Klafkis Analysefragen unumgänglich? Die Schulzschen Raster hilfreich? Lernzielsequenzierungen und -operationalisierungen legitim? Regelungsmodelle effektiv?« Mögen auch die theoretischen Implikationen unterschiedlich, die Aussagen verschieden sein, unter dem Gesichtspunkt ihrer Verwertbarkeit in der Praxis gestehen die gegenwärtigen didaktischen Theorien ihre Ergänzungsbedürftigkeit und Ergänzungsfähigkeit offen ein.

Das von MEYER angeschnittene Problem liegt woanders. Es zeigt sich uns, wenn wir die per se praxisbezogenen Theorien auf die Art ihres Bezuges bzw. ihrer Entfernung zur Praxis hin betrachten. Unter diesem Gesichtspunkt betrachtet, bewegen sich die Theorien auf unterschiedlichen Ebenen: in vielem sind sie gar nicht Theorien, sondern *Metatheorien* (vgl. auch unten).

## Exkurs: Theorie/Metatheorie – Didaktisches Denken/Didaktisches Handeln

Verkürzend und vergröbernd läßt sich sagen, daß Theorie und Praxis zwei – unterschiedliche, aber unmittelbar aufeinander bezogene – Seiten ein und desselben sind. Die Praxis ist hier jenes Stück der Wirklichkeit, in dem sich Lern- und Lehrvorgänge ereignen. Die Theorie zu diesem Stück Wirklichkeit kann darin bestehen, zu erklären, wie diese Wirklichkeit denn nun ist und was sich darin und warum es sich so abspielt. Theorie kann aber auch aus Forderungen bestehen, wie diese Wirklichkeit aussehen, was sich darin und wie es sich abspielen sollte. Mit anderen Worten: Theorie ist unmittelbar auf die Praxis bezogen, erklärt diese oder sagt, wie Praxis sein kann oder sein sollte. Z. B. zum Wirklichkeitsausschnitt »Leistungsfeststellung und -beurteilung« in der Schule: Die didaktische Theorie erklärt u. a. – durch empirisch angelegte Untersuchungen –, daß und in welcher Weise vom Lehrer subjektive Merkmale in die Benotung eingehen. Sie entwickelt daraus zugleich aber auch die Forderung nach Überwindung solcher Subjektivität und schlägt möglicherweise sogar Verfahren dafür vor. Der in der Praxis stehende Lehrer erhält so aus dieser Theorie unmittelbare Hinweise auf und für seine Praxis: Diese wird als subjektiv in den und jenen Punkten aufgeklärt; diese und jene Verfahren soll er einsetzen zur Überwindung solcher Subjektivität usw.

Einen ganz anderen Bezug zur Praxis hat hingegen die Metatheorie. Sie bezieht sich bloß mittelbar auf die Praxis, sie erklärt wie die Theorie ist, oder sie sagt, wie die Theorie sein kann oder sein sollte. Sie bezieht sich über die Theorie auf die Praxis. In der didaktischen Theoriebildung hat auch Metatheorie einen Bezugspunkt in der Praxis, d. h., nur ihr gegenüber legitimiert sich eine Metatheorie. Greifen wir unser Beispiel wieder auf: Auf der metatheoretischen Ebene im Bereich der Didaktik wird etwa festgestellt, daß die Aussagen über weitgehende Subjektivität aller Notengebung den Regeln empirisch überprüfbarer Theoriebildung entsprechen bzw. nicht entsprechen. In der Metatheorie kann auch darüber gestritten werden, ob solche Aussagen grundsätzlich empirisch überprüfbar sein sollten, und dann können daraus Forderungen an die Theorie abgeleitet und gestellt werden.

Anders ausgedrückt: Die Metatheorie der Didaktik stellt fest, was didaktische Theorien leisten können und sollen bzw. wie sie beschaffen sein können und sollen; die Theorie der Didaktik stellt fest, was didaktische Praxis leisten kann und soll bzw. wie sie beschaffen sein kann und sollte. Es versteht sich, daß die Beschaffenheit didaktischer Theorien unterschiedlich sein kann, je nach dahinter stehenden metatheoretischen Überlegungen, daß es nicht eine, sondern viele mögliche didaktische Theorien gibt. Daß die gegenwärtig unterscheidbaren sich als einander ergänzend und nicht etwa ausschließend begreifen, darauf wurde weiter vorne schon hingewiesen.

Wonach sich die didaktischen Theorien unterscheiden lassen, ist mit einem Blick in die Metatheorie festzustellen. In der Metatheorie gibt es verschiedene Positionen, und von jeder aus ergehen andere Interpretationen, Hinweise usw. an die Theoriebildung. Man hat sich in den letzten Jahrzehnten daran gewöhnt, die hauptsächlichen Positionen in der Metatheorie nach HABERMAS zu unterscheiden (vgl. HABERMAS 1968). Dieser spricht von »geisteswissenschaftlicher«, »empirisch-analytischer« bzw. »positivistischer« und von »kritischer« Theoriebildung. Zu solcher Unterscheidung gelangte er vor allem dadurch, daß er ein grundsätzliches »erkenntnisleitendes Interesse« in allen Theoriebildungen (= Wissenschaften) annahm und durch Untersuchungen erkannte, daß in der Regel drei verschiedene erkenntnisleitende Interessen eine Rolle spielen: das »praktische« bei den Geisteswissenschaften, das »technische« bei den analytischen und das »emanzipatorische« bei den kritischen Wissenschaften. Zusätzlich erkannte er, daß den Positionen nicht nur ein je besonderes Erkenntnisinteresse unterlag, sondern daß sie auch mit je besonderer Methode zur Erkenntnisgewinnung vorgehen, eine je besondere Zugriffsart auf die Wirklichkeit entwickelt haben: die »Hermeneutik« bei den Geisteswissenschaften, die »Empirie« bei den analytischen und die »Ideologiekritik« bei den kritischen Wissenschaften. Legen wir diesen Raster auf die gegenwärtige Didaktik an, so lassen sich z. B. zuordnen:
– der geisteswissenschaftlich orientierten Theoriebildung die ursprüngliche bildungstheoretische Didaktik (der »frühere« KLAFKI);
– der positivistisch orientierten Theoriebildung
   die ursprüngliche lerntheoretische Didaktik im Sinne HEIMANNs,
   die informationstheoretisch-kybernetische Didaktik;
– der kritisch orientierten Theoriebildung
   die kritisch-kommunikative Didaktik, die lerntheoretische Didaktik im Sinne

von SCHULZ, mit Abstrichen die kritisch-konstruktive Spielart bildungstheoretischer Didaktik.

Wenn die gegenwärtige Didaktik mit ihren unterschiedlichen Ausprägungen in vielem gar nicht Theorie, sondern Metatheorie ist, wie wir zuvor sagten, dann heißt das, daß sie nicht unmittelbar, sondern bloß mittelbar – nämlich über Theorien – auf die Praxis des Lernens und Lehrens bezogen ist. Dementsprechend hat sie auch keine unmittelbare, sondern bloß mittelbare Bedeutung für das didaktische Handeln des Lehrers. Während dies allerdings z. B. in HEIMANNs lerntheoretischer Didaktik beabsichtigt ist, muß man für KLAFKIs bildungstheoretische Konzeptionen eher annehmen, daß dieses Problem gar nicht als solches wahrgenommen wird, also ungewollte Folge aus unzulänglicher Systematik darstellt.

HEIMANN hat sehr deutlich gemacht, daß sein aus der Lehrerausbildungssituation heraus entstandenes »Berliner Modell« dem Lehrer keine Theorie vermitteln soll, sondern ihn zu eigener Theoriebildung instand setzen soll. Es wird bewußt nicht auf die Praxis, sondern auf die Theoriebildung im Alltag eines Lehrers bezogen. Es setzt Maßstäbe dafür, didaktische Theorien bilden zu können, die ihrerseits dann wieder zu Grundlagen des praktischen Handelns werden. Für HEIMANN war der Verzicht der Didaktik auf die Vorgabe von Theorien an den Lehrer Konsequenz aus seiner Annahme, daß aller Unterricht situativ geprägt ist, mithin zahllose Situationen denkbar sind und keine dieser Situationen mit einer anderen vergleichbar ist. Deshalb sah er die Aufgabe der Didaktik darin, den Lehrer zu befähigen, selbst Theorien bilden zu können – wie er es ausdrückte: »theoretische Äquivalente« zu den praktischen Vorgängen bilden zu können. Statt theoretischer gab eine lerntheoretische Didaktik demgemäß metatheoretische Kategorien und diese verbunden zu einem Strukturmodell – eben dem »Berliner Modell« – vor.

HEIMANN war sich wohl bewußt, was dies für den Lehrer an besonderer Aufgabe bedeutete: Der Lehrer muß, um zu eigener systematischer Erfassung der je situativ-besonderen Wirklichkeit und zu entsprechender Theoriebildung fähig zu sein, u. a. über ein ungeheuer großes Maß an empirischem Wissen über sein Tätigkeitsfeld verfügen. Denn er hat es nicht mit Theorien im üblichen Sinne zu tun, in die aus der Erfahrung gewonnene und an ihr überprüfbare Erkenntnisse eingegangen sind, sondern bloß mit Kategoriensystemen formaler Art. Zumindest für den Lehrer sind sie – wenn er sie im Vergleich zu seiner Praxis stellt – bloß formal, sie fordern ihn zum Handeln auf, geben ihm aber keine konkreten und positiven Hinweise, was und wie er denn nun handeln solle. Allenfalls haben diese Kategorien für seine handlungsbezogenen Entscheidungen einen negativ ausschließenden Charakter, d. h., ein Lehrer kann feststellen, ob seine Handlungsabsichten, auch seine vollzogenen Handlungen, dem Anspruch der vorgegebenen didaktischen Kategorie entsprechen (Entspricht z. B. seine Absicht, hier und nun eine Geschichte zu erzählen, dem kategorialen Anspruch kritisch-kommunikativer Didaktik auf Humanisierung und Demokratisierung des Unterrichts?).

Es tut sich an dieser Stelle der Argumentation natürlich ein ganzes Bündel von Gedankengängen auf, denen gefolgt werden könnte. Wir beschränken uns ausdrücklich auf jenen, der mit dem Vorwurf »Feiertagsdidaktik« verbunden ist. Dem Lehrer erscheinen die didaktischen Theorien, die ja, wie gesehen, Metatheorien sind, formal und leer und bedeutungslos für seine tägliche Praxis. Da er keine unmittelbaren Lösungshilfen für seinen Berufsalltag bei ihnen findet, greift er notgedrungen – weil das so erwartet wird! – nur noch an sogenannten »Feiertagen« zu ihnen. Hierin hat MEYER also durchaus recht mit seinem Vorwurf.

Es stellt sich die Frage, wie dieses Problem zu überwinden ist, ob sich etwa der Theoriecharakter der Didaktik zu ändern hat. Dies würde bedeuten, daß Didaktik sich in tatsächlichen Theorien ausdrückt, d. h. in Systemen überprüfbarer Annahmen, die sich unmittelbar auf didaktisches Handeln beziehen, so daß sie dem Lehrer auch unmittelbar Hilfestellung böten. Zumindest KLAFKI hat diese Frage, ohne sich allerdings um wissenschaftstheoretische Argumentation zu bemühen, dahingehend beantwortet, daß Didaktik immer nur mittelbaren Bezug zur Praxis haben könne:»Die bildungstheoretische wie auch die Berliner Didaktik sind keine Lösungsraster, sondern Problematisierungsraster.« Und mit Blick auf Lehrer fährt er fort:»Viele Lehrer suchen nach Rezepten und interpretieren dann Entwürfe, die dieses Bedürfnis gar nicht zu befriedigen gedenken, doch letzten Endes in diesem Sinne.« (KLAFKI 1977, S. 63) Diese Aussagen KLAFKIs lassen zwei Fragen erkennen, denen wir nachgehen müssen. (a) Muß Didaktik tatsächlich so bleiben, wie sie ist, und metatheoretischer Art sein? (b) Worin liegt die Ursache dafür, daß Lehrer Didaktik offensichtlich falsch in Anspruch nehmen?

Es gibt im Bereich der Didaktik zahlreiche tatsächliche Theorien, z. B. über Hausaufgaben, über Methodenwirksamkeiten usw. Aber das sind Theorien über Teilbereiche aus der gesamten didaktischen Wirklichkeit. Auf den Gesamtbereich dieser Wirklichkeit beziehen sich angeblich jedoch jene als didaktische Theorien bekannten Konzeptionen, über deren metatheoretischen Charakter wir hier sprechen. Und solche Theorien können m. E. gar keinen anderen Charakter haben, wenn sie primär ihren Anspruch, auf alle didaktischen Vorgänge zutreffen zu wollen, einlösen wollen. Die Realität didaktischer Vorgänge ist derart komplex und von derart vielen Faktoren bestimmt (vgl. z. B. WINNEFELD), daß jede didaktische Situation, jedes didaktische Problem seine je eigene und besondere Konstellation aufweist. Zur Bewältigung einer didaktischen Situation, zur Lösung eines didaktischen Problems ist – um mit HEIMANN zu reden – jeweils ein ganz besonderes theoretisches Äquivalent erforderlich. Kein Lehrer kann auf seine Berufsaufgaben so vorbereitet werden, daß ihm für jede nur denkbare Situation, jedes Problem eine passende Theorie mit auf den Weg gegeben wird. Darin ist HEIMANN zuzustimmen: Anstelle von Theorien ist das Theoretisieren zu lehren, und das heißt nichts anderes, als daß Lehrer metatheoretische Kenntnisse haben müssen. Didaktik am eigenen Adressaten orientiert, am Lehrer also, muß zwangsläufig Metatheorie sein.

Etwas einfacher läßt sich – vor allem unter Bezug auf HEIMANNs Auffassung – ein häufiger Verständnisfehler auf seiten der Lehrer darstellen. Didaktische Praxis, auf die sich didaktische Theorie nach Lehrerforderung möglichst unmittelbar beziehen sollte, ist nicht, was Lehrer in der Mehrzahl darunter verstehen. Didaktische Praxis ist nicht nur Geschehen, schon gar nicht bloß Lehrerhandeln, sondern umgreift immer auch das maßgebliche Denken. Didaktische Praxis beim Lehrer umfaßt stets beides:

```
┌─────────────────────────────────┐
│         Didaktisches Denken     │
│     ─────────────────────       │
│         Didaktisches Handeln    │
└─────────────────────────────────┘
```

*Abb.: Didaktische Praxis als Bezugsfeld didaktischer Theorie*

Zum didaktischen Denken zählen alle Überlegungen, die auf Unterricht, Lehren, Lernen usw. bezogen werden, also beispielsweise gedankliche Recherchen, Schlußfolgerungen, Entscheidungen. Zum didaktischen Handeln zählen Vollzüge jeder Art, wahrnehmbare Tätigkeiten und Vorgänge usw. Und auf letzteres kann sich – darin ist HEIMANN zuzustimmen – didaktische Theorie unmöglich beziehen. Ja, sie darf es auch gar nicht, weil einzig und allein Lehrende vor Ort, die in der Situation stehen und alleine imstande sind, sie in ihrer Faktorenkomplexion zu durchschauen, den Erziehungs- und Lehrauftrag adäquat umsetzen können. Das theoretische Äquivalent zu jeder Situation zu bilden, ist ebenfalls bloß Lehrern möglich. Aus metatheoretischer Warte gleichsam versucht didaktische Theorie Hilfen für solche Äquivalenzbestrebungen zur Verfügung zu stellen, versucht sie didaktisches Denken in richtige Bahnen zu lenken, um so maßgebliches didaktisches Handeln zu begründen.

Lehrer sollten einsehen, daß Didaktik sich wesentlich auf ihr Denken richtet, nicht unmittelbar auf ihr Handeln. Ja, wo sich vorgebliche Didaktik unmittelbar an Handeln richtet, da sollten Lehrer vorsichtig sein und sich fragen, warum wohl ihr Denken übergangen wird. Wo Didaktik Planungsmodelle für Unterricht entwickelt, da wendet sie sich an die Planungspraxis von Lehrenden, und zwar an deren Planungs*denken*, das sie zu strukturieren sucht, um es nach jeweils besonderen Prämissen – pädagogischen, wissenschaftstheoretischen u. a. – als der Praxis angemessen abzusichern.

Warum dann aber, so unsere zweite Frage, kommt es bei Lehrern zu Mißverständnissen? Einmal ganz sicher deshalb, weil die Vertreter der didaktischen Konzeptionen sich oftmals über den Theoriecharakter ihrer Konzeptionen selbst nicht ganz klar sind, da sie diese Frage weitgehend ausklammern und gar nicht merken, auf welcher Ebene sie sich bewegen. Klar scheinen sich die Vertreter dieser Konzeptionen auch nicht darüber zu sein, daß ihre Ansätze nur angeblich den Gesamtbereich des Didaktischen abdecken. Ich denke hier nicht an Einschränkungen, wie sie durch Abgrenzung des Gegenstandsfeldes mit Formeln wie Bildung, Lehren und Lernen, Bildungsinhalte usw. vorgenommen werden. Ich meine vielmehr die unüberlegt vorgenommene und durch nichts begründete Gleichsetzung von didaktischer Theorie mit Unterrichtsplanung (vgl. z. B. die Diskussion in: Westermanns Pädagogische Beiträge, 1980, Heft 1 ff.). Planung ist doch wohl nur ein Ausschnitt aus dem möglichen didaktischen Handlungsbereich von Lehrern. Daß aber in den Konzeptionen nicht bloß Planungsentscheidungen behandelt werden, zeigt sich schon daran, welcher Wert der Erörterung des Bereichs »Lernziele« beigemessen wird, wo über Inhalte von Zielsetzungen gesprochen wird. Hier soll nur noch einmal die weitere Unklarheit hinsichtlich der eigenen Theoriebildung festgehalten werden: Allgemeindidaktische Ansprüche stehen unreflektiert neben planungstheoretischen – ein Grund, der sicher zur Verwirrung bei Lehrern beiträgt.

Zum anderen – und selbstverständlich mit dem ersteren Grund, dem unklaren Selbstverständnis, zusammenhängend – stimmt der Vermittlungsprozeß der Didaktik nicht. Nicht auf allgemeine Fragen der Lehrerbildung soll hier abgehoben werden. Vielmehr geht es um die schlichte Tatsache, daß Didaktik sich um ihre eigene Vermittlung – und auch spätere Verwertung – herzlich wenig kümmert. Didaktik befaßt sich mit dem Lernen und Lehren, läßt aber ihre eigene Lern- und Lehrbarkeit völlig aus dem Blick (abgesehen von dem inzwischen wohl in Vergessenheit geratenen Versuch HEIMANNs in Berlin). Unsere Argumentation gelangt hier noch einmal in dasselbe Gleis, das schon im ersten Abschnitt unseres Kapitels begangen wurde.

Halten wir fest: Eine Allgemeine Didaktik muß zwangsläufig weitgehend metatheoretischen Charakter haben. Sie muß sich vor allem – ohne daß dies ihrer ausdrücklichen Praxisausrichtung widerspräche – an das didaktische Denken der Lehrenden richten und über diese das didaktische Handeln strukturieren. Allerdings muß sie dies in ihrem Selbstvermittlungsprozeß den Adressaten auch verdeutlichen; sie kann nicht darauf setzen, daß dies gleichsam von selbst eingesehen wird. Diese beiden Aspekte deutlicher als bisher darzustellen, ist notwendig, um falschen Erwartungen bei den Lehrern vorzubeugen und so möglicherweise auch falschen Inanspruchnahmen zuvorzukommen. Vor allem aber muß Didaktik ihre eigene Vermittlung systematisch erforschen und aufarbeiten sowie ihre Verwertung in der Praxis kontrollieren. Didaktik ist nur zu leicht und zu oft ein unverbindliches Spiel mit Kategorien und Formeln gewesen. Didaktik darf sich nicht weiterhin nur an sich selbst, an der logischen Stringenz, sondern muß sich an der didaktischen Realität messen. Nur so gelangt sie aus der Reichweite des Vorwurfs, bloß eine »Feiertagsdidaktik« zu sein.

Sogar als bloßen »Scheingegensatz« stellen SALZMANN/KOHLBERG den von »Alltags-« und »Feiertagsdidaktik« heraus. In einer kurzen modelltheoretischen Untersuchung stellen sie Merkmale von Unterrichtsmodellen zusammen und ziehen dann u. a. daraus den Schluß, daß Unterrichtsmodelle immer bloß Pläne sind, die noch flexibel und situationsadäquat realisiert werden müssen. Didaktische Modelle haben also gleichsam zwangsläufig »Feiertags«-Charakter, sofern diese Bezeichnung überhaupt zutrifft, und müssen in »Alltags«-Wirklichkeit übersetzt werden: »Damit stellt sich der … Gegensatz von Sonntags- und Alltagsdidaktik als Scheingegensatz heraus. Auch in Zukunft bedürfen wir orientierender Muster, die, für sich betrachtet, vielleicht als Ausdruck einer Sonntagsdidaktik erscheinen mögen, die aber eben als *Modelle* für die Aufnahme jeder Alltagssituation offen sind, ohne allerdings in die Ebene der Gleichgültigkeit und Beliebigkeit abzugleiten.« (1983, S. 945; vgl. auch KNECHT 1983)

# Literatur

ADAM, Erik: Das Subjekt in der Didaktik. Weinheim 1988

ADL-AMINI, Bijan: Grauzonen der Didaktik – Plädoyer für die Erforschung didaktischer Vermittlungsprozesse. In: ADL-AMINI/KÜNZLI (Hrsg.): Didaktische Modelle und Unterrichtsplanung. München 1980, S. 210–237

BÄTZ, Roland: Wormold-Didaktik?! Eine Skizze didaktischer Wissenschaft und Praxis. In Pädagogik und Alltag, 49. Jg. 1994, H. 2, S. 252–260

BECKMANN, Hans-Karl: Über die Grenzen der Allgemeinen Didaktik und die Notwendigkeit einer Schulpädagogik. In: BECKMANN (Hrsg.): Schulpädagogik und Fachdidaktik. München 1981, S. 87–109

BLANKERTZ, Herwig: Gespräch mit Blankertz und Klafki über Probleme und Perspektiven der Didaktik. Didaktik, Theorie für oder gegen die Schule? In: betrifft: erziehung, 10, 1977, H. 3, S. 61 ff.

BOOS-NÜNNING, Ursula: Professionelle Orientierung, Berufszufriedenheit, Fortbildungsbereitschaft – Eine empirische Untersuchung bei Grund- und Hauptschullehrern. Meisenheim 1979

BRÜHL, Gisela: Hochschullehrer als Lehrende und Lernende. Frankfurt a. M. 1984

DIDAKTIK in der Schule, oder: Wie bringe ich meine Stunde rum. In: päd. extra, 1977, H. 3, S. 19 ff.

FLECHSIG, Karl-Heinz: Von der Lehrerdidaktik zur Lernerdidaktik. In: BORN/OTTO (Hrsg.): Didaktische Trends. München 1978, S. 117–149

GEISSLER, Erich E.: Wird das Allgemeine »feiertäglich«, bleibt der Alltag leer. In: Pädagogische Rundschau, 39. Jg. 1985, H. 1, S. 29–42

GEISSLER, Harald: Erziehungswissenschaftliche Ratgeber und Orientierungshilfen. In: Westermanns Pädagogische Beiträge, 37. Jg. 1985, H. 7/8, S. 366–370

GRÜNER, Gustav: Feiertagsdidaktiken. In: Die berufsbildende Schule, 1980, H. 12, S. 693 f.

HABERMAS, Jürgen: Technik und Wissenschaft als »Ideologie«. Frankfurt a. M. 1968

HEINZE, Thomas/LOSER, Fritz W./THIEMANN, Friedrich: Praxisforschung. Wie Alltagshandeln und Reflexion zusammengebracht werden können. München 1981

HELLER, Agnes: Das Alltagsleben. Versuch einer Erklärung der individuellen Reproduktion. Frankfurt a. M. 1978

KLAFKI, Wolfgang: Gespräch mit Blankertz und Klafki über Probleme und Perspektiven der Didaktik. Didaktik, Theorie für oder gegen die Schule? In: betrifft: erziehung, 10, 1977, H. 3, S. 61 ff.

KLOSE, Peter: Bemerkungen zur Situation und Aufgabe der Allgemeinen Didaktik. In: Pädagogik und Schulalltag, 49. Jg. 1994, H. 2, S. 233–241

LEFÈBVRE, Henri: Das Alltagsleben in der modernen Welt. Frankfurt a. M. 1972

–: Kritik des Alltagslebens. Bd. 1–3. München 1975/76

LEITHÄUSER, Thomas: Formen des Alltagsbewußtseins. Frankfurt a. M./New York 1976

LÜTGERT, Will: Was leisten die Modelle der allgemeinen Didaktik? Sechs polemische Thesen und ein Vorschlag. In: Neue Sammlung, 21 Jg. 1981, S. 578–594

MESSNER, Rudolf: Was nützt im schulischen Alltag pädagogische Theorie? In: Die Deutsche Schule, 77. Jg. 1985, H. 3, S. 163–175

MEYER, Hilbert L.: Leitfaden zur Unterrichtsvorbereitung. Kronberg/Ts. 1980a

–: Rezeptionsprobleme der Didaktik oder wie Lehrer lernen. In: ADL-AMINI/KÜNZLI (Hrsg.): Didaktische Modelle und Unterrichtsplanung. München 1980 b

–: Aneignungsschwierigkeiten didaktischen Theoriewissens. In: Westermanns Pädagogische Beiträge, 35, 1983, H. 2, S. 61–71

OEHLSCHLÄGER, Heinz-Jürgen: Zur Praxisrelevanz pädagogischer Literatur. Strukturen und Trends der Literaturrezeption praktizierender Lehrer. Stuttgart 1978

PLÖGER, Wilfried: Feiertagsdidaktik versus Alltagsdidaktik. In: Die Realschule, 1993, H. 9, S. 373–375

PRANGE, Klaus: Bauformen von Unterricht. Bad Heilbrunn 1983

SALZMANN, Christian / KOHLBERG, Wolf-Dieter: Modellunterricht und Unterrichtsmodell. In: Zeitschrift für Pädagogik, 29. Jg. 1983, H. 6, S. 930–946

SCHULZ, Wolfgang: Alltagspraxis und Wissenschaftspraxis in Unterricht und Schule. In: KÖNIG/SCHIER/VOLAND (Hrsg.): Diskussion Unterrichtsvorbereitung – Verfahren und Modelle. München 1980, S. 45–77

–: Wozu rät die Ratgeber-Literatur? Gegenkritische Bemerkungen zum Anspruch didaktischer Rezeptologien. In: Pädagogische Rundschau, 39. Jg. 1985, H. 1, S. 43–59; auch in: Westermanns Pädagogische Beiträge, 37. Jg. 1985, H. 4, S. 172–177

THIERSCH, Hans: Die hermeneutisch-pragmatische Tradition der Erziehungswissenschaft. In: THIERSCH/RUPRECHT/HERRMANN: Die Entwicklung der Erziehungswissenschaft. München 1978, S. 11–108

WINKEL, Rainer: Die kritisch-kommunikative Didaktik. In: Westermanns Pädagogische Beiträge, 32, 1980, H. 5, S. 200–204

# 4 Allgemeine Didaktik in Vergangenheit und Gegenwart – eine Übersicht

Die Allgemeine Didaktik weist kein einheitliches Bild auf; sowohl die Geschichte als auch die Gegenwart allgemeindidaktischer Theoriebildung tritt uns mit zahlreichen Varianten entgegen. Neben jenen Ansätzen in der Geschichte, die unvergessen bleiben, und jenen der Gegenwart, die sich nachhaltig durchsetzen konnten, gibt es viele weitere, die in Vergessenheit gerieten oder weitgehend unbeachtet blieben. Im folgenden soll eine Übersicht gegeben werden, ohne die Einzelansätze tiefergehend zu erörtern. Für die bedeutsamsten Ansätze der Gegenwart geschieht dies in den dann folgenden Kapiteln.

Der Beginn gegenwärtiger Didaktikdiskussion kann auf den Zeitpunkt datiert werden, an dem die geisteswissenschaftliche Pädagogik ihren Höhepunkt hatte, auf die 20er Jahre unseres Jahrhunderts. In den damaligen Überlegungen haben die gegenwärtigen Entwürfe ihren Ursprung; die geisteswissenschaftlichen Bemühungen um wissenschaftliche Grundlegung der Pädagogik schließen auch historische Ansätze zur didaktischen Theoriebildung ab.

## 4.1 Historische Ansätze

Der Beginn allgemeindidaktischer Theoriebildung liegt im 17. Jahrhundert. Der dort erstmals für klar umreißbare Ansätze verwendete Didaktikbegriff hat seinen Ursprung in der griechischen Sprache, wo er als διδασκειν vielschichtige Bedeutungen hatte: *lehren, unterrichten, belehren; lernen, belehrt, unterrichtet werden; Lehre, Belehrung, Unterricht.* Obwohl er sich mit pädagogischer Bedeutung auch schon im Mittelalter findet, wie beispielsweise bei HUGO VON ST. VICTOR (1096–1141) in Formen wie *»Eruditio didascalia«* und *»Didascalicon«*, wird er zur Bezeichnung einer pädagogischen Disziplin erst im 17. Jahrhundert gezielt aufgegriffen.

Gründliche historisch-etymologische Aufarbeitung versucht KRON, der die Jahrhunderte der Pädagogik auch auf didaktische Modellbildungen hin durchsiebt (vgl. KRON 1993, bes. S. 57 ff.).

Der Beginn allgemeindidaktischer Theoriebildung ist mit den Namen RATKE und COMENIUS verknüpft. Und für ihre Geschichte lassen sich von dort her vier aufeinander folgende (nicht aber: aufbauende) Ansätze unterscheiden:

- *Didaktik als Lehrkunst,* wie sie bei RATKE und COMENIUS entwickelt wurde;
- *Didaktik als Unterrichtslehre,* wie sie vor allem von HERBART vertreten wurde, wie sie sich aber auch bei seinen Schülern (HERBARTIANER) sowie bei NIEMEYER und MILDE findet;
- *Didaktik als Bildungslehre,* wie sie mit dem Namen von WILLMANN verbunden ist;
- *Didaktik als Programm,* wie sie in verschiedenen Ausprägungen bei den REFORMPÄDAGOGEN vertreten wurde.

#### 4.1.1 Didaktik als Lehrkunst

Wolfgang RATKE (1571–1635) und Johann Amos COMENIUS (1592–1670) behaupten von der von ihnen entwickelten Lehrkunst besonders dreierlei:
– Es handelt sich um eine völlig neue Lehrkunst.
– Diese Lehrkunst gründet in der Natur.
– Diese Lehrkunst gewährleistet, daß alle alles lernen können.

Über RATKEs Didaktik erfahren wir nicht so sehr etwas von ihm selber, sondern durch die bekannt gewordenen Berichte der Professoren Christoph HELWIG und Joachim JUNGE aus Gießen (1614) sowie von einer Professorengruppe aus Jena. HELWIG und JUNGE verwenden auch im Titel ihres Berichtes die Bezeichnung »*Lehrkunst*«, die sich von diesem Zeitpunkt an einbürgert (in: STÖTZNER 1892, S. 59):
– »*Kurtzer Bericht/Von der Didactica, oder/LehrKunst/Wolfgangi Ratichii* ...«
COMENIUS veröffentlicht 1657 seine berühmte Darstellung (hier: Neuausgabe 1960):
– »*Didactica Magna*«, die »*Große Didaktik*«.

*Neu* ist diese Lehrkunst gegenüber den vorausgehenden mittelalterlichen Vorstellungen in der Tat. Während die Art der Lehre im Mittelalter ausschließlich an den Lehrinhalten, an der Sache, und der ihnen durch die zugehörigen Wissenschaften verliehenen Systematik orientiert war, gerät nunmehr auch der Lernende in den Blick (vgl. SCHWAGER, bes. S. 5 ff.; S. 114 ff.). Die einzelnen Artikel der neuen Lehrkunst werden mit Blick auf Sache und Lernenden zugleich entwickelt. Neu ist im Grunde genommen aber auch schon die Einsicht, daß überhaupt eine Lehr*kunst* notwendig ist, daß Lehre nicht bloße Fortsetzung der Wissenschaft und ihrer Gegenstände und Erkenntnisse sein kann. Wie es bei HELWIG und JUNGE heißt (in: STÖTZNER 1892, S. 62ff.): »... so ist vor allen dingen zumercken/das der/so einen andern lehren wil/nicht gnug daran hat/das er die SprachKunst oder Wissenschafft/welche er zulehren gedencket gründlich vund fertig wisse/sondern es gehöret auch dieses darzu/das er wisse/welcher gestalt er solches seinem Discipel oder Lehrjünger auffs bequemste könne fürtragen vnd einpflantzen . . . Darumb ist Notwendig/das eine besondere Kunst sey/darnach sich ein jeder/der Lehren wil/ richten und halten könne . . .«

Die Hoffnung, zu *natürlichen* Regeln für die neue Lehrart zu finden, drückt COMENIUS aus: »Erstes und letztes Ziel unserer Didaktik soll es sein, die Unterrichtspraxis aufzuspüren und zu erkunden, bei welcher die Lehrer weniger zu lehren brauchen, die Schüler dennoch mehr lernen.« (1960, S. 9) *Aufspüren* und *erkunden* will er die Regeln hierfür, nicht sie konstruieren. Er hält sie für vorgegeben, sie sind »a priori . . ., aus der eigenen und unveränderlichen Natur der Dinge, die Regeln der Lehrkunst abzuleiten und das Haus der Didaktik entsprechend dem ihm in der Ordnung des Universums vorgezeichneten Plan zu entwerfen und auch zu errichten« (1960, S. 11). Die gesamte Lehre soll auf aus der Natur abgeleiteten Regeln beruhen und in sich dadurch selbst natürlich werden, wie auch der ratichianische Artikel offenbart: »Alles nach Ordnung oder Lauff der Natur« (vgl. STÖTZNER 1892, S. 110ff.; 1893, S. 16).

*Natürliches Lernen* durch natürliche Lehre verspricht diese Didaktik. Und sie verspricht darüber hinaus, auf solche Weise eine uneingeschränkt erfolgreiche Lehrkunst zu sein: »Große Didaktik – die vollständige Kunst, alle Menschen alles zu lehren« (COMENIUS 1960, S. 9). COMENIUS gibt sich so optimistisch, anzunehmen, daß »mit dieser unfehlbaren Methode aus jedem Schüler – ein größerer oder kleinerer – Gelehrter werden kann« (S. 25).

Die »Große Didaktik« des COMENIUS, ergänzt durch weitere Schriften, entwirft ein alle Lehrfragen umfassendes Regelwerk und versucht dies auf alle Lehrvorgänge – von der »Schola ingeniturae« bis zur »Schola mortis« – anzuwenden. Gemessen an unserem heutigen Didaktikbegriff ist die comenianische Didaktik eine umgreifende Pädagogik; Pädagogik und Didaktik sind bei ihm identisch.

### 4.1.2 Didaktik als Unterrichtslehre

Auf einen weiteren bedeutsamen Ansatz der Didaktik stoßen wir bei Johann Friedrich HERBART (1776–1848). Er traf offensichtlich bei seinen Reflexionen und Vorlesungen über Pädagogik auf einen seinerzeit allgemein geläufigen Didaktikbegriff, und zwar vor allem auch in dem von ihm benutzten Lehrbuch August Hermann NIEMEYERs: »Grundsätze der Erziehung und des Unterrichts« (3. Auflage, 1799). Auf dieses Lehrbuch zurückgreifend, kündigte HERBART (1835) ohne weitere Erläuterungen seinen Studenten an: »Dann folgt die Lehre vom Unterricht, die sogenannte Didaktik.« (HERBART 1957, S. 17 f.)

HERBART begreift Didaktik als Unterrichtslehre. Und als Lehre vom Unterricht ist sie eingeordnet in die umgreifendere Pädagogik, in die Lehre der Erziehung. Auch wenn HERBART den Didaktikbegriff und seinen Bezug auf das Feld Unterricht bloß aus der seinerzeitigen Verwendung übernimmt und über diese Abgrenzung in keiner Weise mehr handelt, so entwickelt er andererseits doch eigene inhaltliche Vorstellungen zu dieser Didaktik als Unterrichtslehre.

HERBART entwickelt seine berühmt gewordene Lehre vom *erziehenden Unterricht.* Erziehung vollzieht sich nach seiner Auffassung in verschiedenen Formen: der *Regierung,* der *Zucht* und eben auch dem *Unterricht.* Was die besondere Erziehungsform Unterricht von den übrigen unterscheidet, ist, daß im Unterricht Erziehung sich nicht in der unmittelbaren Beziehung zwischen Erzieher und Zögling vollzieht, sondern Erzieher und Zögling in ein *mittelbares Verhältnis* zueinander treten. Zwischen sie treten die *Unterrichtsgegenstände*\*. Als drittes Moment treten sie zu Erzieher und Zögling hinzu: »So etwas heißt unterrichten; das Dritte ist der Gegenstand, *worin* unterrichtet wird; der hierhergehörige Teil der Erziehungslehre ist die Didaktik« (HERBART 1913, S. 222).

Das Augenmerk der Didaktik richtet sich somit besonders auf das Problem der Unterrichtsgegenstände. Fragen ihrer Auswahl, ihrer Ordnung und Anordnung, ihrer Behandlung usw. sind von der Didaktik zu klären. Entsprechend zum einen seiner Setzung, daß Moralität oberstes Ziel der Erziehung sei (»das Gute zu wollen, das Böse zu verwerfen«), und zum andern seiner Annahme, daß dieses Ziel im Unterricht durch die Auseinandersetzung mit Gegenständen gefördert werde (über die »Vielseitigkeit des Interesses« als Voraussetzung für moralisches Verhalten), entwickelt HERBART spezifische Vorstellungen über Unterricht. Am bekanntesten geworden ist wohl seine Vorstellung über die notwendige *Artikulation allen*

---

\* Man darf wohl annehmen, daß hier das berühmte didaktische Dreieck seinen Ursprung hat:

STOFF

SCHÜLER    LEHRER

Lehrens und Lernens, die dann späterhin durch die unberechtigte Übertragung auf die *Unterrichtsstunde,* die Lektion, zur verhängnisvollen Stereotypisierung schulischen Unterrichts führte. Verantwortlich für diese Übertragung sind Schüler HERBARTs, die sogenannten »Herbartianer«, wie z. B. ZILLER und REIN. Didaktik als Teil der Pädagogik und als solcher für die Fragen der Erziehung im/ durch Unterricht zuständig – so bietet sie sich bei HERBART und seinen Nachfolgern: als ein »integrierender Bestandteil der Pädagogik als Lehre vom erziehenden Unterricht« (REIN 1904, S. 206).

### 4.1.3 Didaktik als Bildungslehre
Obwohl Otto WILLMANN (1839–1920) zu den »Herbartianern« gehört, entwickelt er von ihnen abweichende, neuartige Vorstellungen über Didaktik. Er besinnt sich dazu ausdrücklich auf den Sprachgebrauch im 17. Jahrhundert und fühlt sich als Erneuerer des damaligen Didaktikbegriffs. Allerdings will er Didaktik nach seinen eigenen Worten »nicht mit Lehrkunst, Lehrkunde, Unterrichtslehre wiedergeben, sondern mit *Bildungslehre*« (WILLMANN 1912, S. 5). Der Titel seines Hauptwerkes lautet dann auch: »Didaktik als Bildungslehre« (1909, S. 27): »Didaktik ist die Lehre vom Bildungserwerb, wie er *auf* Grund und *als* Grund des Bildungswesens von Individuen vollzogen und vermittelt wird.«

Dieser zweifache Ansatz der didaktischen Lehre eröffnet der Didaktik ein umfassendes Tätigkeitsfeld. Ihr Inhalt ist das Bildungswesen in seiner historischen und sozialen Gestaltung, jeder organisierte und freie Bildungserwerb, die Inhalte der Bildung wie die an ihr beteiligten Personen, und sie ist als »wissenschaftliche Bildungslehre« offen für die Ergebnisse aller anderen Wissenschaften, sie besitzt »eine *Mehrheit von Eingängen*« (WILLMANN 1912, S. 12). Entsprechend untersucht WILLMANN die historischen Typen des Bildungswesens, die Bildungsmotive, die Bildungsinhalte, die Bildungsarbeit und das Bildungswesen seiner Zeit.

Von der Pädagogik unterscheidet WILLMANN die Didaktik durch ihren besonderen Bezugsbereich: Pädagogik befaßt sich mit dem Erziehungs-, Didaktik mit dem Bildungsgeschehen, wobei Erziehung als »*sittliche«,* Bildung als »*geistige Assimilation*« aufgefaßt wird. Für den Bildungsbereich erstellt die WILLMANN-sche Didaktik nicht bloß ein System formaler Regeln – für didaktische Organisation, Lehrplangestaltung, Formgebung, Lehrgangsgestaltung, Technik, Lehrverfahren –, sondern unterlegt diesen zugleich feste, an *christlichem* und *patriotischem* Verhalten orientierte Vorstellungen.

### 4.1.4 Didaktik als Programm
Nachdem WILLMANN seine systematische Erörterung der Didaktik als einer eigenständigen Disziplin abgeschlossen hat, findet sich lange Zeit keine entsprechende ausdrückliche Behandlung der Didaktik mehr. Erst die *geisteswissenschaftlich orientierten Pädagogen in den 20er Jahren unseres Jahrhunderts* beginnen wieder, über den Begriff »Didaktik« sowie eine entsprechende wissenschaftliche Disziplin nachzudenken. Zwischen diesen beiden Zeitpunkten kommt es allerdings zu einer für den deutschsprachigen Raum bis dahin nicht gekannten – und bis heute auch nicht wieder aufgetretenen – Phase intensivster gedanklicher und praktischer Auseinandersetzungen über Fragen von Erziehung und Unterricht. Es handelt sich um die als *»pädagogische Bewegung«* (NOHL) bekannt gewordene Phase der

Pädagogik. Diese Phase erstreckt sich von etwa 1900 bis 1933. Gekennzeichnet ist sie durch eine Vielzahl und Vielfalt pädagogischer Gedanken und Handlungen ohne Beispiel. Die Bewegung richtet sich als *Reformpädagogik* besonders gegen das überkommene pädagogische Denken und vor allem auf die aus diesem Denken hervorgegangene Organisation von Schule und Unterricht, demnach insonderheit auch gegen die herbartianische Pädagogik.

Uns interessiert in diesem Zusammenhang die Behandlung von Didaktik. Und hier ist festzustellen, daß die reformpädagogische Bewegung zwar eine Vielzahl von didaktischen Plänen, Entwürfen und Modellen hervorgebracht hat, daß aber eine metatheoretische Erörterung über Funktion und Struktur einer Didaktik als wissenschaftlicher Disziplin nicht stattfindet. Der Didaktikbegriff wird in seiner von WILLMANN geprägten Bedeutung als »Bildungslehre« übernommen, wie u.a. bei GAUDIG deutlich wird: »Didaktik (der Bildungslehre)« (1909, Vorwort). Und es werden Bildungslehren entwickelt, Lehren, die in umgreifender Weise alle Bildungsfragen zu klären versuchen, von den Bildungszielen bis hin zur Bildungsorganisation. Bezeichnend ist die innere Lückenlosigkeit dieser Lehren und deren Geschlossenheit nach außen, verbunden mit einem programmatischen Anspruch, mit dem sie an die Öffentlichkeit getragen wurden. Als Bildungsprogramme gerieten sie auch in – teilweise harte und erbitterte – Auseinandersetzungen untereinander, die Programme der »Arbeitsschule«, des »Gesamtunterrichts«, der »Lebensgemeinschaftsschule«, der »Landerziehungsheimbewegung« und der »Kunsterziehungsbewegung«.

## 4.2 Gegenwärtige Ansätze

Die Geschichte der Didaktik hat *kein einheitliches Verständnis über den Begriff und die Disziplin der Didaktik* entwickelt und überliefert. Die gegenwärtige didaktische Theoriebildung hat somit einerseits zwar keine lückenlose Anschlußmöglichkeit vorgefunden, ist andererseits aber auch von der Verpflichtung auf ein bestimmtes Erbe entbunden. Diese Chance hat am Anfang der gegenwärtigen Theoriebildung die geisteswissenschaftliche Pädagogik wahrgenommen. Von DILTHEY über NOHL zu WENIGER hat sie eine Auffassung von Didaktik neu entwickelt, die viele Jahrzehnte für die Theoriebildung im deutschsprachigen Raum bestimmend gewesen ist und dies m.E. heute immer noch ist bzw. wieder stärker wird. Diese Entwicklung – innerhalb der geisteswissenschaftlichen Pädagogik am Anfang unserer Gegenwart – wird im Rahmen der Ursprünge bildungstheoretischer Didaktik dargestellt (vgl. S. 89 ff.). Ausführlich dargestellt und erörtert werden an anderer Stelle auch die fünf wohl bekanntesten und bedeutendsten Ansätze gegenwärtiger Didaktik, die deshalb hier nur zu nennen sind:*
– *Bildungstheoretische Didaktik*
   mit ihrem
   früheren Ansatz: Didaktik in engerem Sinne
   aktuellen Ansatz: kritisch-konstruktive Didaktik

---

* Die angedeuteten Wandlungstendenzen in der gegenwärtigen Didaktik werden in den Kapiteln 6 bis 10 noch einmal gesondert dargestellt.

- *Lerntheoretische Didaktik*
  mit ihrem
  früheren Ansatz: Berliner Modell
  aktuellen Ansatz: Hamburger Modell
- *Informationstheoretisch-kybernetische Didaktik*
- *Kritisch-kommunikative Didaktik*
- *Curriculare Bewegung*

Darüber hinaus gibt es in der gegenwärtigen Allgemeinen Didaktik noch zahlreiche weitere vereinzelte Ansätze und Entwürfe, von denen aber keiner die große Bedeutung der fünf genannten erlangen konnte. Unter diesen weiteren Ansätzen usw. finden sich solche, die zwar allgemein bekannt geworden sind, die aber keine breite praktische Umsetzung erfahren haben; solche, die den engeren Wirkungskreis der jeweiligen Verfasser nicht überschritten haben, die also allenfalls durch persönliche Lehre an »Schüler« weitergegeben wurden; schließlich solche, die wegen ihres nur kurzzeitigen Bekanntwerdens gleichsam als didaktische »Eintagsfliegen« aufgefaßt werden können und keinerlei Bedeutung haben. Ohne sie im einzelnen eingehender zu verfolgen, sollen diese Ansätze im folgenden kurz vorgestellt werden. Unmittelbar zugeordnete Literaturhinweise können zu eigenem Weiterstudium genutzt werden.

*Didaktik als Grundlegung erziehenden Unterrichts.* GEISSLER beansprucht, mit seiner »Allgemeinen Didaktik« eine – im Unterschied zu den oft metatheoretischen Selbstreflexionen der meisten anderen Entwürfe – auf der inhaltlichen Bestimmung von Bildung und Erziehung fußende Theorie erziehenden Unterrichts vorzulegen. Letzten Endes gelangt aber auch diese Theorie über eine – zwar umfassende, und sorgfältig recherchierende und abwägende – Darstellung formaler Prinzipien und Kategorien unterrichtlichen Handelns nicht hinaus. Im Unterschied zum »Berliner Modell« z.B. werden zahlreiche problematische Aspekte eingebracht und erörtert, an entsprechenden Stellen wird Hypothesenwissen eingearbeitet.

GEISSLER, Erich E.: Allgemeine Didaktik. Grundlegung eines erziehenden Unterrichts. Stuttgart 1981

*Didaktik als Dramaturgie des Unterrichts.* HAUSMANN erschließt durch einen intensiven und oft eigenwilligen Vergleich von Dramaturgie und Didaktik wertvolle Einsichten der Dramaturgie in die Gestaltung des Dramas für die didaktische Gestaltung des Unterrichts.

HAUSMANN, Gottfried: Didaktik als Dramaturgie des Unterrichts. Heidelberg 1959. – DERS.: Die dramatische Struktur des Bildungsprozesses im Unterricht. In: STRUNZ, K. (Hrsg.): Pädagogisch-psychologische Praxis an höheren Schulen. München/Basel 1963, S. 150–163

*Systemtheoretische Didaktik.* Mit dieser Bezeichnung lassen sich mehrere unterschiedliche Versuche didaktischer Theoriebildung zusammenfassen. Im Entwurf von KÖNIG/RIEDEL wird unter Verwendung von systemtheoretischen Prinzipien, Verfahren und Kategorien ein didaktisches System entwickelt.

CUBE, Felix von: Zum Begriff der Didaktik. In: Die Deutsche Schule, 60, 1968, S. 391–400. – DERS.: Der kybernetische Ansatz in der Didaktik. In: didactica, 2, 1968, S. 79–98

FLECHSIG, Karl-Heinz/HALLER Dieter: Einführung in didaktisches Handeln. Stuttgart 1975

FRANK, Helmar: Zur Objektivierbarkeit der Didaktik. In: programmiertes lernen und programmierter unterricht, 4, 1967, S. 1–5. – DERS.: Ein Ansatz zu einer kybernetisch–pädagogischen Lehrplanungstheorie. In: Neue Unterrichtspraxis, 1974, S. 340–347

KÖNIG, Ernst/RIEDEL, Harald: Unterrichtsplanung als Konstruktion. Weinheim 1970. – DIES.: Systemtheoretische Didaktik. Weinheim/Basel 1973. – DIES.: Unterrichtsplanung. Bd. I: Konstruktionsgrundlagen und -kriterien. Bd. II: Konstrukionsverfahren. Weinheim/Basel 1975

RIEDEL, Harald (Hrsg.): Standort und Anwendung der Systemtheoretischen Didaktik. München 1979

*Konstruktive Didaktik.* Diese sich zutiefst als politische Konzeption verstehende Didaktik versucht HILLER zu entwickeln, und zwar »als Theorie einer kritischen Rekonstruktion gesellschaftlicher Wirklichkeit durch Unterricht«.
HILLER, Gotthilf Gerhard: Konstruktive Didaktik. Düsseldorf 1973

*Psychologische Didaktik.* AEBLI nimmt eine Auswertung der Psychologie von PIAGET für schulisch organisiertes Lehren und Lernen vor.
AEBLI, Hans: Psychologische Didaktik. Stuttgart 1963

*Skeptische Didaktik.* BALLAUFF strebt keine eigene Theorie an, sondern möchte in einem »nachdenklichen Gedankengang« die Didaktik zu ständiger Selbstkritik anhalten.
BALLAUFF, Theodor: Skeptische Didaktik. Heidelberg 1970

*Adressatenorientierte Didaktik.* BÖNSCH stellt die Bedürfnisse von Lernenden in den Vordergrund seiner Forderung nach neuen didaktischen Bemühungen.
BÖNSCH, Manfred: Adressatenorientierte Didaktik. In: Schulpraxis, 1981, H. 2, S. 32–35

*Kategoriale Didaktik.* DAUENHAUER leistet bloß eine verwirrende Bestandsaufnahme der seinerzeitigen Didaktik.
DAUENHAUER, Erich: Kategoriale Didaktik. Rinteln/München 1969

*Strukturtheoretische Didaktik.* PETERSSEN strebt einen umgreifenden Begriff von Didaktik an und versucht darauf aufbauend eine Integration der seinerzeit sich gegeneinander abschottenden didaktischen Ansätze.
PETERSSEN, Wilhelm H.: Didaktik als Strukturtheorie des Lehrens und Lernens. Ratingen/Kastellaun/Düsseldorf 1973

*Didaktik der Lehrfunktion.* LAHN und SCHRÖTER versuchen je für sich die Struktur der Lehre aufzudecken und sie zur Grundlage systematischen didaktischen Denkens zu machen.
LAHN, Werner: Ein Modell zur Didaktik: Das System der Lehrfunktionen. In: Die Deutsche Schule, 64, 1972, H. 9, S. 565–578

SCHRÖTER, Gerhard: Didaktik als Struktur der Lehrfunktionen. In: aula, 5, 1972, H. 4, S. 369-347. – DERS.: Didaktik als Struktur der Lehrfunktionen. Düsseldorf 1972. – DERS.: Strömungen der Gegenwartsdidaktik. Düsseldorf 1980

*Kritische Didaktik.* Nicht im aktuellen Sinne kritisch, sondern als ständige Besinnung auf sich selbst soll Didaktik nach SCHWERDT kritisch sein.
SCHWERDT, Theodor: Kritische Didaktik. (14. Aufl.) Paderborn o. J.


## Literatur

*Zu RATKE und COMENIUS*

STÖTZNER, Paul (Hrsg.): Ratichianische Schriften. I. Neudrucke pädagogischer Schriften. Hrsg. v. A. RICHTER. Leipzig 1892; II. Neudrucke pädagogischer Schriften. Hrsg. v. A. RICHTER. Leipzig 1893
HOHENDORF, G. (Hrsg.): Wolfgang Ratke. Die neue Lehrart. Berlin 1957
ISING, Erika: Wolfgang Ratkes Schriften zur deutschen Grammatik (1612–1630). Berlin 1959
KLAFKI, Wolfgang: Das Problem der Didaktik. In: Studien zur Bildungstheorie und Didaktik. 3./4. durchges. Aufl. Weinheim 1964, S. 72–125
SCHWAGER, Karl Heinrich: Wesen und Form des Lehrgangs im Schulunterricht. Weinheim o. J.
COMENIUS, Johann Amos: Große Didaktik. Übers. u. hrsg. v. A. FLITNER. 2. neubearb. Aufl. Düsseldorf/München 1960
–: Pampaedia. Lat. Text und dt. Übersetzung. Hrsg. v. D. TSCHIŽEWSKIJ in Gemeinschaft mit H. GEISSLER U. K. SCHALLER. Heidelberg 1960
SCHALLER, Klaus: Die Pädagogik des Johann Amos Comenius und die Anfänge des pädagogischen Realismus im 17. Jahrhundert. Heidelberg 1962
SWIEBOCKI, Aleksander: Die Entwicklung der Didaktik im 17. Jahrhundert mit spezieller Berücksichtigung des Wirkens von J. A. Comenius. Diss. Zürich 1946

*Zu HERBART und den HERBARTIANERN*

HERBART, Johann Friedrich: Umriß pädagogischer Vorlesungen. Hrsg. und besorgt von J. ESTERHUES. Paderborn 1957
–: Pädagogische Schriften. 3 Bde. Hrsg. v. W. ASMUS. Düsseldorf/München 1964/1965
–: Über meinen Streit mit der Modephilosophie. In: Pädagogische Schriften. Hrsg. v. O. WILLMANN/Th. FRITZSCH. 3. Ausgabe. Bd. I. Osterwieck/Harz 1913
–: Allgemeine Pädagogik aus dem Zweck der Erziehung abgeleitet. Hrsg. v. H. HOLSTEIN. Bochum o. J. (ca. 1965)
ZILLER, Tuiskon: Vorlesungen über Allgemeine Pädagogik. Hrsg. v. Fr. FÖRSTER-PRENZLAU. Leipzig/Berlin o. J.
–: Grundlegung zur Lehre vom erziehenden Unterricht. Hrsg. v. Th. VOGT. Leipzig ²1884
REIN, Wilhelm: Pädagogik im Grundriß. Berlin/Leipzig ⁶1927
–: Didaktik. In: Encyklopädisches Handbuch der Pädagogik. Bd. 2. Hrsg. v. W. REIN. Langensalza 1904
NIEMEYER, August Hermann: Grundsätze der Erziehung und des Unterrichts. I. Teil, 3. verb. und stark vermehrte Ausgabe. Halle 1799
MILDE, Vincenz Eduard: Lehrbuch der allgemeinen Erziehungskunde. Besorgt v. K. G. FISCHER. Paderborn 1965

*Zu WILLMANN und den REFORMPÄDAGOGEN*

WILLMANN, Otto: Didaktik als Bildungslehre. 4., verb. Aufl. Braunschweig 1909
–: Aus Hörsaal und Schulstube. 2., stark vermehrte Aufl. Freiburg 1912

GAUDIG, Hugo: Didaktische Ketzereien. Leipzig/Berlin 1904
–: Didaktische Präludien. Leipzig/Berlin 1909
KERSCHENSTEINER, Georg: Begriff der Arbeitsschule. Leipzig/Berlin [8]1930
–: Das einheitliche deutsche Schulsystem – sein Aufbau, seine Erziehungsaufgaben. 2., erw.
Aufl. Leipzig/Berlin 1922
KRON, Friedrich W.: Grundwissen Didaktik. München/Basel 1993
MÜLLER, Lotte (Hrsg.): Die Schule der Selbsttätigkeit. Bad Heilbrunn 1963
NOHL, Herman: Die pädagogische Bewegung in Deutschland und ihre Theorie. Frankfurt a. M.
[5]1961
WEHLE, Gerhard: Theorie und Praxis im Lebenswerk Georg Kerschensteiners. 2., neubearb.
Aufl. Weinheim 1964
WILHELM, Theodor: Die Pädagogik Kerschensteiners. Stuttgart 1957

## Zur Unterscheidung gegenwärtiger Ansätze

BÖNSCH, Manfred: Die vernachlässigten Didaktiken. Teil I u. II. In: Schweizer Schule, 72. Jg.
1985, Nr. 1, S. 21–28 u. S. 33–43; auch in: Handbuch Schule und Unterricht. Hrsg. v. W.
TWELLMANN. Bd. 8.1, Bildung/Frieden. Zur Didaktik und Methodik schulischen Unterrichts.
Düsseldorf 1986, S. 85–106
–: Unterrichtskonzepte. Baltmannsweiler 1986
KNECHT - VON MARTIAL, Ingbert: Geschichte der Didaktik – Zur Geschichte des Begriffs und
der didaktischen Paradigmen. Frankfurt 1985
PETERSSEN, Wilhelm H.: Handbuch Unterrichtsplanung. 3., erw. u. aktual. Aufl. München
1988

# 5 Zum Wandel in der gegenwärtigen Didaktik – ein erster Überblick

Kennzeichnendstes Merkmal gegenwärtiger Didaktik ist der tiefgreifende Wandel, in dem sich die einzelnen Positionen befinden, wobei sich vor allem einerseits ihre inneren Strukturen, andererseits ihre gegenseitigen Beziehungen wandeln. In diesem Kapitel soll ein erster Überblick über den Wandel gegeben werden, dessen Einzelheiten und Feinbewegungen später ausführlich dargestellt und erörtert werden (vgl. dazu die Darstellung der einzelnen Positionen).

Wenn einzelne Positionen in der Didaktik unterschieden werden, dann geht man zumeist von der didaktischen Landschaft der sechziger Jahre aus. Diese ist in den siebziger Jahren aber in Bewegung geraten, und zwar so stark, daß ihre Erscheinung in den 80er Jahren trotz einiger überkommener Züge deutlich verändert ist. Der einmal eingeleitete Wandlungsprozeß ist noch keineswegs beendet, sondern er setzt sich offensichtlich weiter fort.

## 5.1 Didaktik der sechziger Jahre

Die Einzelpositionen der Didaktik gegen Ausgang der 60er Jahre werden in der Regel nach der von BLANKERTZ in seiner sehr bekannt gewordenen Darstellung vorgeschlagenen Terminologie bezeichnet (BLANKERTZ 1969). Übrigens scheint gerade die engagierte und kritische Darstellung von BLANKERTZ, in der die

| Bildungstheoretische Didaktik | Lerntheoretische Didaktik | Informationstheoretische Didaktik | Kommunikative Didaktik |
|---|---|---|---|
| Bildungsbegriff | Lernbegriff | Informationsbegriff | Kommunikations-/ Interaktionsbegriff |
| geisteswissenschaftliche Orientierung mit praktischem Erkenntnisinteresse | positivistische Orientierung mit technischem Erkenntnisinteresse | (wie lerntheoretische Didaktik) | kritische Orientierung mit emanzipatorischem Erkenntnisinteresse |
| hermeneutische Verfahren | empirisch-analytische Verfahren | (wie lerntheoretische Didaktik) | ideologiekritische Verfahren |
| Didaktik »im engeren Sinne« | Didaktik »im weiteren Sinne« | ............... | ............... |
| These vom Primat der Inhalte | These von der Interdependenz | ............... | ............... |
| Didaktische Analyse | Berliner Modell | Regelkreis | ............... |

*Positionen der Didaktik 1960/70*

74

einzelnen Ansätze je für sich, vor allem auch hinsichtlich ihrer Schwachstellen ausgeleuchtet wurden, einen spürbaren Anstoß für die rege Diskussion und Bewegung der siebziger Jahre gegeben zu haben.

Die Situation der 60er Jahre war dadurch gekennzeichnet, daß sich die unterscheidbaren Positionen gegeneinander abschotteten und daß geradezu Positionskämpfe (allerdings weniger zwischen den hervorragenden Vertretern als vielmehr zwischen den Epigonen der Einzeltheorien) ausgetragen wurden.

*Bildungstheoretische Didaktik* (ausführlich S. 89 ff.).
Die bildungstheoretische Didaktik wurde besonders von KLAFKI auf der Grundlage geisteswissenschaftlichen Denkens entwickelt (vgl. KLAFKI 1964, S. 72 ff.). Zentraler Begriff dieses Ansatzes ist der Bildungsbegriff, von dem her auch die Bezeichnung bildungstheoretische Didaktik geprägt wurde. In enger Verbindung zur Bildungstheorie suchte diese Didaktik Voraussetzungen bildungswirksamen Unterrichts zu klären. Als wichtigste Voraussetzung wurde die Wahl von Inhalten betrachtet, weil allein in der Begegnung mit ihnen sich Bildung vollziehen könne. Entsprechend konzentrierte sich diese Theorie auf die Frage, wie bildungswirksame Inhalte auszusehen hätten und wie man sie auswählen könne. Sie grenzte sich somit ausdrücklich als eine Didaktik »im engeren Sinne« ein. Als in die Praxis hineinreichendes Modell für die Auswahl von Inhalten wurde die *Didaktische Analyse* erstellt (KLAFKI 1964, S. 126 ff.; erstmals 1958).

*Lerntheoretische Didaktik* (ausführlich S. 125 ff.).
Die lerntheoretische Didaktik ist von HEIMANN ausdrücklich gegen bildungstheoretische Ansätze konzipiert worden. HEIMANN stellte den Lernbegriff in den Mittelpunkt dieser Didaktik und führte 1962 ein Modell der unterrichtlichen Entscheidungen vor, das als »Berliner Modell« bekannt wurde (HEIMANN 1962, S. 407 ff.). Die Theorie entstand in enger Anlehnung an empirisch-analytische Wissenschaftsauffassungen, wie sie in den 50er Jahren verstärkt in den sozialwissenschaftlichen und auch den erziehungswissenschaftlichen Bereich eindrangen. Ihr Gegenstandsfeld sah diese Theorie im Lehren und Lernen schlechthin, vornehmlich dem schulischen; sie war also eine Didaktik »im weiteren Sinne«.

*Informationstheoretische Didaktik* (ausführlich S. 149 ff.).
Die informationstheoretische Didaktik faßt didaktisch zu steuernde Vorgänge als solche der Information auf und hält es deshalb für möglich und sinnvoll, Aussagen und Vorstellungen aus der Informationstheorie auf Lehr-Lern-Vorgänge zu übertragen. Bekannt geworden ist vor allem der Versuch VON CUBEs, den aus der Kybernetik entlehnten Regelkreis auf den Lehr-Lern-Prozeß anzuwenden (VON CUBE 1968, S. 391 ff.). Die didaktische Frage wird eingeengt auf die nach der optimalen Strategie und Steuerung, wobei vorgegebene Zielsetzungen angenommen und als nicht mehr hinterfragbar begriffen werden.

Zu diesen drei traditionellen Theorieansätzen in der deutschsprachigen Didaktik, die auch BLANKERTZ als hauptsächliche ansah, kamen Ende der 60er, Anfang der 70er Jahre die »kommunikative Didaktik« und die »curriculare Bewegung« hinzu. Wenn hier – anders als bei manchen anderen Autoren – nicht von »curricularer Didaktik«, sondern von »Bewegung« die Rede ist, dann soll damit lediglich der Tatsache Rechnung getragen werden, daß diese Konzeption weder aus der überkommenen deutschsprachigen Didaktik erwachsen ist, noch von ihren Vertretern der Anspruch erhoben wurde, eine neuartige didaktische Position neben die übrigen gestellt zu haben.

*Kommunikative Didaktik* (ausführlich S. 164 ff.).

Diese in den 70er Jahren erstmals vor allem von SCHÄFER und SCHALLER umrissene Position der Didaktik ist von Anfang an einem kritischen Wissenschaftsverständnis verpflichtet (SCHÄFER/SCHALLER 1973). Die Aufgabe didaktischer Theorie wird in der Erhellung der Bedingungen der Möglichkeit dafür gesehen, emanzipatorisch wirksamen Unterricht in der Schule zu begründen. Der Weg zu solchem Unterricht wird ganz allgemein mit »Kommunikation« umschrieben, so daß didaktische Suche vor allem auf emanzipationsförderliche Formen von Kommunikation gerichtet ist.

*Curriculare Bewegung* (ausführlich S. 179 ff.).

Die curriculare Bewegung ist als durch und durch pragmatisch im anglo-amerikanischen Raum entstanden. Den Weg in die deutschsprachige Didaktik fanden ihre Aussagen, Modellvorstellung usw. über die Ansätze einer von innen versuchten Schulreform, d. h. über die Reform der Lehrpläne. Das hat als einer der ersten ROBINSOHN beschrieben (1967). Didaktisch in einem engeren Sinne konkretisierte sich diese Bewegung in Strategien nicht nur für die Erstellung von Lehrplänen/Curricula (vgl. z. B. WHEELER 1974; FREY 1972; ZIECHMANN 1979), sondern auch für die Unterrichtsplanung, wobei letztere unter dem Begriff des lernzielorientierten Unterrichts bekannt wurde (vgl. u. a. MÖLLER 1976; PETERSSEN 1978; MEYER 1976; MAGER 1977). Ein über weite Strecken zweckrationales Unterrichtskonzept wurde entwickelt, das auf strenge Überprüfbarkeit des Unterrichts angelegt war.

Zunächst die erstgenannten drei, später alle vier bzw. fünf Positionen didaktischen Denkens standen sich – wie man rückblickend sagen kann – unversöhnlich gegenüber. In vielfach gebrauchten Schlagworten (die zumeist der Wissenschaftstheorie entnommen wurden) ausgedrückt

– stand die geisteswissenschaftliche bildungstheoretische Didaktik der empirisch-analytisch lerntheoretischen und informationstheoretischen sowie der kritisch kommunikativen Didaktik gegenüber;
– lag das pragmatische Erkenntnisinteresse der bildungstheoretischen mit dem technischen der lerntheoretischen und informationstheoretischen sowie dem emanzipatorischen der kommunikativen Didaktik in Streit;
– konkurrierten die Hermeneutik (bildungstheoretische Didaktik), die Empirie (lerntheoretische und informationstheoretische Didaktik) und die Ideologiekritik (kommunikative Didaktik) als Methoden miteinander;
– machten der Bildungs-, der Lern-, der Informations- und der Kommunikationsbegriff sich den Vorrang streitig;
– wurde um die Abgrenzung des Gegenstandsfeldes didaktischer Theorie gerungen: im engeren Sinne (bloß auf Inhalte bezogen)? im weiteren Sinne (auf alle Probleme bezogen)? auf Lehren und Lernen bezogen? auf Bildung? auf Unterricht?

## 5.2 Didaktik im Wandel (siebziger Jahre)

Verbunden mit dem Wandel sind die Aufgabe der strikten gegenseitigen Abgrenzung und eine zunehmende Annäherung der Positionen. Die Möglichkeit zu solcher Annäherung wird schon recht frühzeitig von außen (NIPKOW; BLANKERTZ; PETERSSEN) erkannt, die Bereitschaft dazu von innen (KLAFKI; SCHULZ) signalisiert. Das heutige Verhältnis geht schon weit über eine bloße Annäherung hinaus, streckenweise kann Übereinstimmung zwischen einzelnen didaktischen Theorien festgestellt werden. Die hier angedeuteten Trends sollen im folgenden nur kurz konkretisiert werden, in der ausführlichen Darstellung der Positionen finden sich die näheren Einzelheiten.

Schon 1968 weist NIPKOW darauf hin, daß die beiden großen Ansätze der Didaktik, die bildungstheoretische der »Göttinger« und die lerntheoretische der »Berliner Schule«, einander durchaus nicht wie zwei feindliche Brüder gegenüberstehen müssen (NIPKOW 1968, S. 335 ff.). Er stellt in einem akribischen Vergleich fest, daß einerseits in vielen Punkten von einer »Abbildbarkeit beider aufeinander« (S. 352 ff.), andererseits hinsichtlich einiger Momente von einer »Ergänzungsbedürftigkeit beider« (S. 354 ff.) gesprochen werden könne.

BLANKERTZ führt in seiner Darstellung von 1969 zwar die unterschiedlichen Strukturen der seinerzeitigen didaktischen Ansätze vor Augen, weist aber auf die seiner Meinung nach wesentliche Tatsache hin, daß man die Ansätze als einander ergänzende »Aspektverschiedenheiten« begreifen müsse: »Wer indessen die didaktische Diskussion der letzten zwei Jahrzehnte aufmerksam und unvoreingenommen verfolgt hat, wird immer mehr eine Aspektverschiedenheit in dem Sinne annehmen, daß der heute mögliche und notwendige Problemhorizont der Didaktik sich erst in der Verschränkung und Überlagerung verschiedener Ansätze eröffnet.« (BLANKERTZ 1969, S. 17) Für ihn erweisen sich die Ansätze wegen ihrer seinerzeit engen und ausschließlichen Bindung an jeweils eine metatheoretische Position (geisteswissenschaftliche, empirisch-analytische und kritische) als verschiedenartige Zugriffe auf ein und denselben Problembereich. Ohne die gegensätzliche Grundstruktur negieren zu wollen, ja sie sogar betonend, möchte BLANKERTZ sie als aufeinander angewiesen gewertet wissen: »Meine These ist die, daß die drei Grundpositionen gegenwärtiger Didaktik nur scheinbar miteinander konkurrieren, daß sie sich vielmehr in fruchtbarer Kritik und dauerndem Problembewußtsein halten oder jedenfalls halten könnten.« (S. 7)

Am Rande sei vermerkt: Aufgrund erster Rückmeldungen meinte BLANKERTZ 1969 noch sagen zu müssen: »Insofern ist mir klar, daß ich zwischen den Stühlen sitze.« (S. 8). Heute würde er das nicht mehr behaupten können. Nicht nur seine Forderung nach ständiger Gesprächsbereitschaft der Vertreter der Einzelansätze ist weitgehend erfüllt worden, sondern auch seine Annahme, daß vor allem die Geisteswissenschaft sich im didaktischen Bereich für andere Ansätze zu öffnen habe, wenn sie nicht hoffnungslos zurückbleiben wolle. Gerade die geisteswissenschaftlich geprägte bildungstheoretische Didaktik hat sich in der Person KLAFKIs am weitesten und konsequentesten geöffnet, wie an entsprechender Stelle näher darzustellen sein wird.

In ähnlicher Weise wie BLANKERTZ wurden die didaktischen Einzelentwürfe von PETERSSEN als »unterschiedliche Perspektiven« gedeutet (PETERSSEN

1973, erstmals 1971): »Dabei handelt es sich nicht um gegensätzliche und unvereinbare Interpretationen, sondern um verschiedene Schnittebenen durch die Entwürfe. . . . Die didaktischen Theorien der Gegenwart als »Perspektiven« einer Strukturtheorie aufzufassen bedeutet, sie hinsichtlich ihrer Betrachtungs*winkel* zu unterscheiden, unter denen sie didaktische Vorgänge zu erfassen suchen. ›Perspektiven‹ werden nicht aus einer wissenschaftstheoretischen Systematik, sondern vom Gegenstand der Didaktik her bestimmt.« (S. 83 f.) PETERSSEN weist die Einzelentwürfe als wegen der Komplexität der didaktischen Wirklichkeit für deren annäherungsweise Gesamterfassung notwendige Ergänzungen aus.

Neben diesen Einschätzungen von außen finden sich recht frühzeitig auch solche von innen, d. h. bei den Vertretern der einzelnen Entwürfe. Durch gleiche Fragen zur Äußerung aufgerufen, stellte KLAFKI 1967 fest: »Der Ansatz Wenigers und einiger seiner Schüler einerseits und der Ansatz der Berliner Didaktik stehen m. E. im Verhältnis notwendiger Ergänzungen zueinander. Eine umfassende Didaktik muß in Zukunft beide Aspekte (und ggf. weitere) berücksichtigen bzw. weiterführen.« (KLAFKI 1967, S. 134) Und SCHULZ meint aus Sicht der lerntheoretischen Didaktiker: »Eine Annäherung der Standpunkte scheint mir am ehesten zwischen den mit den Namen Klafki und Heimann verbundenen Ansätzen möglich und teilweise in der Praxis schon vollzogen zu sein.« (SCHULZ 1967, S. 142 f.) In der Tat haben diese beiden Ansätze – der bildungstheoretische nach KLAFKI und der lerntheoretische nach SCHULZ – sich bis heute am weitesten aufeinander zubewegt, genauer: KLAFKI hat seine Auffassung von Didaktik so verändert, daß sie sich weitestgehend mit jener von SCHULZ deckt. Das sagt 1980 KLAFKI in einer Diskussion auch selbst: »Irgendwelche prinzipiellen oder wesentlichen Unterschiede zu der Position von Wolfgang Schulz sehe ich schon seit langem nicht mehr und nach den neuen Aufsätzen (von 1980 – W. H. P.) schon gar nicht« (1980 d, S. 247). Vom Standpunkt der »kritisch-kommunikativen« Didaktik her bestätigt auch WINKEL, daß 1980 die Zeit der Abschottungen und Positionskämpfe als überwunden gelten muß: »Nicht bildungstheoretische *oder* lehrtheoretische, informationstheoretische *oder* curriculare Didaktik lautet daher die Frage, sondern: An welchen Stellen des didaktischen Handelns sind Klafkis Analysefragen unumgänglich? Die Schulzschen Raster hilfreich? Lernzielsequenzierungen und -operationalisierung legitim? Regelungsmodelle effektiv?« (1980, S. 204). WINKEL argumentiert hier also ganz und gar pragmatisch, von möglichen Erfordernissen der didaktischen Praxis her.

Wie es zur weitgehenden Übereinstimmung der Entwürfe von KLAFKI und SCHULZ und zu einer – fast – generellen Annäherung kommen konnte, soll in der nachfolgenden Tendenzskizze angedeutet werden.

Die Skizze soll zum Ausdruck bringen,
– daß die *bildungstheoretische Didaktik* gegenüber der lerntheoretischen und kommunikativen Didaktik sowie der curricularen Bewegung geöffnet wurde und viele von deren Vorstellungen und Vorschlägen in sich aufnahm, und zwar in solchem Umfang, daß KLAFKI es für notwendig hält, heute von einer »kritisch-konstruktiven« Theorie zu sprechen;
– daß die *lerntheoretische Didaktik* Vorstellungen aus der kommunikativen Didaktik und der curricularen Bewegung übernommen und aufgearbeitet hat, und zwar

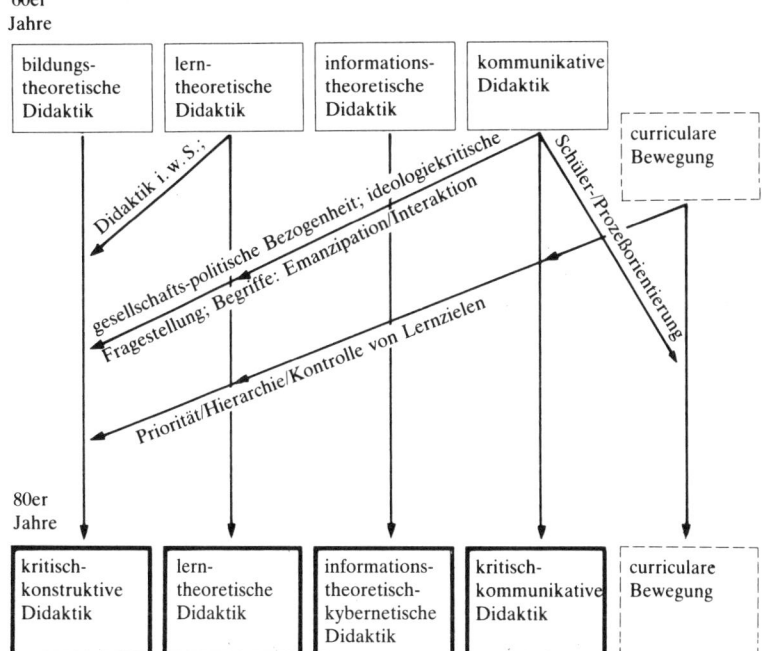

*Hauptlinien gegenseitiger Beeinflussung didaktischer Positionen 1970–1980*

in solchem Maße, daß SCHULZ neuerdings von einem »Hamburger Modell« statt von einem »Berliner Modell« spricht;
– daß die *informationstheoretisch-kybernetische Didaktik* sich in ihrer Grundstruktur gar nicht geändert hat:
– daß die *kommunikative Didaktik* aus ihren ersten Ansätzen zu einer tragfähigen »kritisch-kommunikativen« Didaktik entwickelt wurde, die außer zu Selbstreflexionen inzwischen auch zu praxisrelevanten Aussagen imstande ist;
– daß die *curriculare Bewegung* immer noch fortbesteht und als an keine didaktische Tradition gebundene pragmatische Bewegung ständig auf die didaktischen Positionen einwirken kann, selbst aber auch Forderungen aus der didaktischen Diskussion übernommen hat.

## 5.3 Didaktik der achtziger Jahre

Obwohl ersichtlich wurde, daß die didaktische Landschaft sich seit langem und verhältnismäßig stetig verändert hat, kann von einer »neuen« didaktischen Landschaft der 80er Jahre durchaus die Rede sein. In der öffentlichen Diskussion stellt das Jahr 1980 einen Höhepunkt dar. 1980 hat die pädagogische Fachzeitschrift »Westermanns Pädagogische Beiträge« den Hauptvertretern der bekannten didaktischen Positionen Gelegenheit gegeben, ihr aktuelles Denken über Didaktik zunächst in je einem Aufsatz, danach in einem gemeinsamen Gespräch vorzustellen. Außerdem wurden didaktische Neubesinnungen 1980 in zwei Sammelbänden zu Problemen der Unterrichtsplanung veröffentlicht, wobei vor allem KLAFKI und SCHULZ, letzterer auch durch eine Eigenveröffentlichung, zu Wort kamen (KLAFKI 1980 b/c; SCHULZ 1980 b/c/d). Die neue Fassung der bildungstheoretischen Didaktik wird umfassend und demonstrativ endgültig 1985 von KLAFKI vorgestellt (1985).

Zur Situation der Didaktik 1980 bleibt nach dem Blick in den Wandlungsprozeß an dieser Stelle nicht mehr viel zu sagen. Zur Verdeutlichung soll aber noch einmal ein kurzer Überblick gegeben werden.

| kritisch-konstruktive Didaktik | lern-theoretische Didaktik | informations-theoretisch-kybernetische Didaktik | kritisch-kommunikative Didaktik | curriculare Bewegung |
|---|---|---|---|---|

neu

| | | | | |
|---|---|---|---|---|
| Bildung als Emanzipation | Lernen als emanzipationsfördernd | ——————— | Emanzipation als Erziehungsziel | Veränderungen in Richtung auf: – offene Curricula – prozeßorientierte Planung usw. |
| Mischtheorie mit geisteswissenschaftlich praktischer Grundstruktur und kritischer Tendenz | Mischtheorie mit kritischer Tendenz, aber ohne Anerkennung wissenschaftlichen »Monopolanspruchs« | ——————— | an kritischer Theorie orientiert, aber Anerkennung aller didaktischen Ansätze als einander ergänzend | |
| Didaktik i. w. S. ——————— | ——————— | ——————— | ——————— | |
| These vom Primat der Zielsetzung | Interdependenzthese mit Favorisierung der Ziel-Thema-Dimension | ——————— | | |
| Bildungsvorgang als Interaktion | Lehren und Lernen als Handeln | ——————— | Lehren und Lernen als Kommunikation/Interaktion | |
| Perspektivenschema zur Unterrichtsplanung | Hamburger Modell | ——————— | Störungsabbau-Modell | |

*Positionen der Didaktik 1980*

Es sind immer noch vier Positionen zu unterscheiden, aber die grundlegenden Unterschiede sind aufgelöst bzw. befinden sich in einem Auflösungsprozeß. Drei der Ansätze (der bildungstheoretische, lerntheoretische und kritisch-kommunikative) stimmen in grundsätzlichen Fragen überein. Unterschiede zeigen sich vor allem in den für die Praxisbewältigung entworfenen Modellen und Strategien. Kurz angedeutet: KLAFKI hat aus seiner bekannten *didaktischen Analyse* als Kern der Unterrichtsvorbereitung ein umfassendes »Perspektivenschema« für die gesamte Unterrichtsplanung entwickelt und vorgestellt (1980 a/b/c); SCHULZ hat aus dem »Berliner Modell« ein »Hamburger Modell« mit unterschiedlichen Planungsebenen und veränderten Rastern entwickelt (1980 a/b/d); WINKEL hat seine didaktische »Entstörungstheorie« zu einem Planungsmodell fortgeschrieben (1980). Unverändert geblieben – von kleinen terminologischen Bedeutungen abgesehen – ist die informationstheoretisch-kybernetische Position VON CUBEs. Sie steht im Gegensatz zu den übrigen Positionen und wird von diesen auch so empfunden. Es verstärkt sich der Eindruck, daß VON CUBE selber ab Mitte der 80er Jahre von dieser Position abzurücken beginnt; zumindest hört man seit dieser Zeit keine Äußerungen mehr über diesen Ansatz. Und die »curriculare Bewegung« besteht nach wie vor, wobei sie im Inneren allerdings veränderte Konzeptionen favorisiert, charakterisierbar mit der Formel einer Wendung von *geschlossener* zu *offener* Unterrichtsplanung.

Gemessen an den didaktischen Positionen der 50er und 60er Jahre einerseits, an wissenschaftstheoretischer Kategorisierung andererseits, treten die didaktischen Ansätze 1980 kaum noch »rein« auf. Sie stellen, bis auf den informationstheoretisch-kybernetischen Ansatz, mehr oder minder Mischtheorien dar. In die als kritisch-konstruktive Theorie bezeichnete bildungstheoretische Didaktik beispielsweise sind Elemente geisteswissenschaftlicher ebenso wie empirisch-analytischer und auch kritischer Theoriebildung eingegangen.

Die starke Abschottung didaktischer Theorien gegeneinander, wie sie kennzeichnend für die Situation vergangener Jahrzehnte war, ist aufgegeben worden. Zum einen ist gegenwärtig eine geradezu respektvolle gegenseitige Anerkennung spürbar (die sich auch in Worten ausgedrückt findet), wobei die gegenseitige Ergänzungsbedürftigkeit und Ergänzbarkeit eingestanden wird. Zum anderen ist eine Öffnung der Theorien für den Austausch als bewährt erkannter oder empfundener Momente der jeweils anderen Theorien feststellbar. Die Veränderung der didaktischen Landschaft hat begonnen, sie hat auch schon neuartige Formationen bewirkt, sie darf aber noch keineswegs als abgeschlossen betrachtet werden.

Möglicherweise spielt sich hier ab, worauf in der amerikanischen Pädagogik vor allem SHULMAN in seiner Studie über Paradigmenwechsel betont hingewiesen hat. Auf amerikanische Verhältnisse zurückgehend, ohne die bei uns bestehenden Paradigmenvorstellungen heranzuziehen, erörtert SHULMAN, ob bei vorherrschenden unterschiedlichen Paradigmen sich eher eine Art »Koexistenz« oder eher eine Art »Komplimentarität« zwischen ihnen einstelle. Er hält eher eine Komplimentarität für eintretbar (vgl. SHULMAN 1986 und bes. auch die darauf bezogene Darstellung von PATRY 1992, S. 213 ff.). Und wenn man die Argumente deutschsprachiger Didaktiker betrachtet, so könnte für ihre gegenseitige Öffnung m. E. wohl auch eher von Komplementarität gesprochen werden. Es scheint weder eine vollständige Überwindung der Gegensätze eingetreten zu sein – wohl auch kaum möglich zu sein – noch wird in schweigsamer Duldung nebeneinander gewerkelt; statt dessen finden Gespräche statt, in denen mit unterschiedlichen Argumenten die gegenseitige Ergänzbarkeit eingestanden wird.

## 5.4 Didaktik der neunziger Jahre

Seit den großen Entwürfen der lern-, bildungs-, informations- und kommunikationstheoretischen sowie curricularen Didaktik in den fünfziger und sechziger Jahren, ihren Abschottungen und Auseinandersetzungen in den siebziger Jahren, ihren zunächst zaghaften, dann herzhafteren Bewegungen aufeinander zu in den achtziger Jahren, wobei diese Bewegungen zugleich von inneren Modifikationen und Weiterentwicklungen begleitet wurden (*Berliner* zur *Hamburger* Didaktik, Didaktik *im engeren Sinne* zur *kritisch-konstruktiven, kommunikative* zur *kritisch-kommunikativen* Didaktik), lassen sich große Bewegungen derzeit gar nicht mehr ausmachen. Es stellt sich die Frage, ob wir es in den neunziger Jahren mit einem *Stillstand* oder mit einer *Konsolidierung* in der allgemeindidaktischen Theoriebildung zu tun haben.

Eine Verstummung bereits seit Beginn der achtziger Jahre meint WIATER feststellen zu können: »Die Theoriediskussion in der Allgemeinen Didaktik ist seit Anfang der 80er Jahre weitgehend verstummt. Ein Blick in neuere Publikationen zur Unterrichtsplanung und zum didaktischen Grundwissen beweist die Stagnation« (1994, S. 402).

Er meint aber zugleich auch eine besondere Erscheinung in der Didaktik festmachen zu können: »Neu ist in der Didaktik der letzten Jahre nur der Renouveau der ›Reformpädagogischen Bewegung‹, der zu einer Fülle von Praxisvorschlägen für Freie Arbeit, Wochenplanarbeit und den sogenannten offenen Unterricht sowie zur Forderung nach mehr Handlungsorientierung im Regelschulunterricht geführt hat, ohne aber den theoretischen Anspruch und Rang eines Didaktikmodells erreichen zu können. Gleiches gilt für die jüngst propagierte Öffnung der Didaktik für interkulturelle Problemstellungen, zum ›didaktischen Handeln in interkulturellen Kontexten‹; auch sie genügt nicht den Anforderungen einer allgemeinen und umfassenden Didaktiktheorie« (ebenda, S. 402).

Man muß WIATER in seiner Interpretation der Lage der gegenwärtigen didaktischen Theoriebildung zustimmen: Zum einen werden zahlreiche Einzelaktivitäten sichtbar, wird eine große Zahl von Teilkonzepten in den Vordergrund der theoretischen Erörterung gestellt und in die Praxis hineingetragen; zum anderen herrscht weitgehend Ruhe in der allgemeindidaktischen Theorie, d.h. für jenen Bereich der Theoriebildung und jene Entwürfe, für die seit Jahrzehnten in geradezu stillschweigender Übereinkunft von *Allgemeiner Didaktik* gesprochen wird.

Welche Ursachen gibt es für diese Ruhe, die man als Stillstand werten könnte? Erstens gründet sie wohl darin, daß die Überwindung der gegenseitigen Abschottung, die Anerkennung gegenseitiger Ergänzungsnotwendigkeit und Ergänzbarkeit den Zwang zu ständiger Selbstdarstellung und innerer Ausstrukturierung in sich zusammenfallen ließ. Und so wie die Notwendigkeit, sich immer wieder auf die innere Theoriediskussion einzulassen, gegen konkurrierende Auffassungen zu wehren und sich selbst neu zu definieren, geschwunden ist, so scheint mir auch eine Art äußerer Notwendigkeit geschwunden zu sein. Lehrende scheinen trotz gelegentlicher kritischer Äußerungen mit den derzeit verbreiteten allgemeindidaktischen Konzepten ganz gut auskommen zu können. Von ihnen jedenfalls werden kaum Forderungen an die Didaktik und ihre Weiterentwicklung laut. Zweitens sehe ich einen weiteren Grund: eine Art Rückzug aus der allgemeindidaktischen Theorieentwicklung. Und zwar hängt sie m. E. damit zusammen, daß diese Theorie von den Schulpädagogen getragen wird. Diese aber haben sich nachweisbar seit Ende der achtziger Jahre einem anderen Feld ihres Faches zugewandt, der *Theorie der Schule*. Und zwar befassen sie sich intensiv mit der Frage nach *guter*

*Schule* und *Schulqualität* (vgl. bes. STEFFENS/BARGEL, 1993; dort umfassende Literaturangaben zum Thema Schulqualität). Von vielen wird diese Frage auch als – zumindest weitgehend – identisch mit der allgemeindidaktischen angesehen, so daß oft gar nicht bemerkt wurde, daß die spezifisch didaktische Diskussion erlahmte. Von dieser Feststellung auszunehmen ist ausdrücklich KLAFKI; dieser trägt, was die erwähnten Fragestellungen angeht, auf zwei Schultern. Er geht sowohl der Frage nach der guten Schule nach wie auch weiterhin der allgemeindidaktischen.

Gerade KLAFKI ist es, den wohl WIATER meint, wenn er auf die Erörterung von Fragen interkultureller Erziehung in der Didaktik verweist. Die interkulturelle Fragestellung ist zunächst aus der Tatsache erwachsen, daß die Pädagogik und Didaktik sich genötigt sahen, sich der besonderen Erziehungs- und Bildungsprobleme von Kindern ausländischer Arbeitnehmer in der Bundesrepublik Deutschland anzunehmen. Doch wurde das Problem bald auf seine globalen Dimensionen hin erweitert betrachtet, eine Erziehung über den eigenen Kultur- und Gesellschaftskreis hinaus als notwendig erachtet. Und KLAFKI spann den Faden seiner didaktischen Konzepte bis in diese globale Sicht hinein weiter, indem er vor allem von seinem Allgemeinbildungskonzept und deren Kernkategorie *Schlüsselprobleme* aus didaktische Forderungen für den hiesigen Schulalltag erstellte (KLAFKI, 1994, S. 135 ff.).

Führt also mit KLAFKI wenigstens einer der bekannten Allgemeindidaktiker seinen Ansatz in eine besondere inhaltliche Richtung weiter, so ist das für andere nicht feststellbar. Die zur Zeit zahlreichen Vorschläge für eine veränderte Schulpraxis – Projekte, Freiarbeit, offener Unterricht, Wochenplanarbeit, fächerverbindender Unterricht usw. – werden je für sich als Einzelkonzepte vorgestellt, und zwar in der Regel – und darin ist WIATER wieder zuzustimmen – ohne die für eine Allgemeine Didaktik gebotene Absicherung und theoretische Legitimation. Nur in wenigen Fällen findet eine umfassende Begründung statt, wie z. B. für das Konzept des *praktischen Lernens* von FLITNER, FAUSER u. a. (1991). An Vorschlägen für die Gestaltung der Schul- und Unterrichtspraxis fehlt es derzeit nicht, mögen manche von ihnen auch bereits erstmals in der reformpädagogischen Bewegung geäußert worden sein. Neben diesen reformpädagogischen Ideen aber finden sich auch andere, jüngere in der didaktischen Diskussion wieder. Und zwar oftmals solche, die außerhalb jeder Didaktik entstanden sind, die aus der Therapie stammen, wie z. B. die *themenzentrierte Interaktion* nach COHN, oder aus der Gestaltpsychologie, wie der Gedanke des *ganzheitlichen Lernens*. Von solchen außerhalb von Schule und Unterricht entwickelten Konzepten geht offenbar eine geradezu faszinierende Wirkung aus. Die Übertragung in den schulischen Alltag ist oftmals geradezu mit einer Art Heilserwartung verbunden. Von diesen, zunächst außerdidaktischen Konzepten wird die Lösung einzelner aktueller Schul- und Erziehungsprobleme erwartet. Die Art, wie sie diskutiert, präsentiert und implementiert werden, wird den Anforderungen an eine wissenschaftliche Theorieentwicklung in den meisten Fällen nicht gerecht. Auf jeden Fall aber ist festzuhalten, daß die didaktische Szene durchaus noch in Bewegung ist, daß diese aber weder aus dem Inneren der Allgemeinen Didaktik stammt, sondern vielmehr aus Einzelansätzen von außen in die Szene hineingetragen wird, noch den Postulaten der wissenschaftlichen Didaktik entspricht. Möglicherweise kann sich die Allgemeine Didaktik dieser Ansätze künftig auf ihre Weise annehmen und sie aufbereiten. Solange sie das nicht tut, schmälert sie selbst ihren Einfluß und entläßt Lehrende in die Einflußsphäre solcher – gelegentlich auch überaus obskurer – Außenkonzepte.

Einige wenige Versuche zu allgemeindidaktischer Theoriebildung sind aber auch gegenwärtig zu registrieren. Dies kann zum einen exemplarisch an Freiburger Bemühungen gezeigt werden. So u. a. die dortigen Versuche zu einer Neurodidaktik (vgl. PREISS, 1993, FRIEDRICH, 1994). Doch auch hier wird ein von außen kommender Grundgedanke – in diesem Fall die Relevanz neurologisch erfaßter Bedingungen menschlichen Lernens – verarbeitet, noch dazu einer, der eine umfassende Allgemeindidaktik nicht ermöglicht. Eine grundlegende Legitimation didaktischen Handelns fehlt hier, sie kann aus neurologischen Befunden auch gar nicht abgeleitet werden; hier geht es mehr um Beachtung von Bedingungen für menschliches Lernen. Ebenfalls in Freiburg unternimmt KÖSEL den Versuch zu einer *Subjektiven Didaktik*, wie er sie nennt (1993). Aus vielen und unterschiedlichen gegenwärtig kursierenden Ansätzen zu menschlicher Existenz und menschlichem Leben, u. a. Transaktionsanalyse, Neurolinguistische Programmierung, Themenzentrierte Interaktion, destilliert er unter Bezug auf u. a. Systemtheorie, Habitustheorie eine in meinen Augen überaus artifizielle Didaktik, die zwar von Gedankenspielereien huldigenden Theoretikern aufgenommen werden mag, sicherlich aber keine Folgen für die Praxis hat. Dazu ist sie nicht weit genug auf die Praxis hin entwickelt worden und entwickelt zudem ein übermäßig schwer verständliches Modell didaktischen Handelns, das mit übermäßig vielen und schwer verständlichen Kategorien arbeitet.

Zum anderen werden Bemühungen einer bewußten Ausklinkung aus der *Mainstream*-Didaktik sichtbar. So bemühen sich beispielsweise BERG und SCHULZE in Marburg um eine Wiederbelebung der Grundgedanken *exemplarischen Lehrens und Lernens*, wie sie WAGENSCHEIN in die seinerzeitige Diskussion einbrachte. Dafür greifen sie auf die comenianische Bezeichnung für Didaktik zurück, sie begreifen *Didaktik als Lehrkunst* (BERG/SCHULZE, 1995). Doch bleibt es bei der Begriffsübernahme, eine erneute rationale Didaktik nach Art des COMENIUS streben sie keineswegs an. In den Mittelpunkt ihrer pragmatischen Vorschläge stellen sie das »Lehrstück«. Darunter verstehen sie: »Ein Lehrstück ist eine dramaturgisch gestaltete Vorlage für eine begrenzte, in sich zusammenhängende und selbständige Unterrichtseinheit mit einer besonderen, konzept- und bereichserschließenden Thematik« (ebenda, S. 361). Im Unterricht sollen solche ›Lehrstücke‹ – als dramaturgisch arrangierte Möglichkeiten zur Begegnung von Lernenden und Sachen – Situationen schaffen, in denen sich Bildung ereignen kann. Zweifellos liegt solchem Verständnis von bildungswirksamem Unterricht die Überzeugung der Unverfügbarkeit von Bildung zugrunde, zugleich aber auch die Hoffnung, daß exemplarische besser geeignet sind als bloß singuläre Begegnungen, die notwendige »doppelseitige Erschließung«, von der KLAFKI sprach, auszulösen und so Bildung zu begründen. Leider finden sich keine überzeugenden Eigenbeispiele für entsprechend arrangierten Unterricht; statt dessen werden zahlreiche aus der pädagogischen Literatur bekannte Unterrichtsbeispiele als Belege angeführt, so u. a. die *Primzahlen* von WAGENSCHEIN, die *Kerze* von FARADAY, der *Dorfteich* von JUNGE.

Eine in meinen Augen bisher erfolglose Wiederbelebung der didaktischen Diskussion wurde in Kiel versucht (vgl. HOPMANN u. RIQUARTS, 1995). Die allgemeindidaktische Theoriebildung zugleich mit der Curriculumtheorie aufgreifend, brachten sie Erziehungswissenschaftler aus verschiedenen Ländern zusammen, so u. a. aus Schweden und den USA, um in Gesprächen u. ä. feststellen zu lassen, ob es in der Tat auch außerhalb des deutschsprachigen Raumes der didaktischen gleiche oder wenigstens verwandte Theorieansätze gibt. Mir erscheint sowohl die Auswahl der Gesprächsteilnehmer als auch die eingeschlagene systematische Betrachtungsweise für das Vorhaben ungeeignet zu sein. Ein Ausgehen von »heimischen« Begriffen, wie das die geisteswissenschaftliche Pädagogik fordert, wäre sicher aussichtsreicher gewesen.

Noch sind die neunziger Jahre nicht zu Ende; noch kann Didaktik ihr eigenes Gesicht für diese Dekade formen. Doch im Moment bleibt nur festzustellen, daß Didaktik gegenüber dem letzten Jahrzehnt keine eigenständige Weiterentwicklung vorgenommen hat. Eines bleibt hier noch nachzuholen: Der lange Zeit konkurrierend neben den übrigen Grundpositionen Allgemeiner Didaktik betriebene Ansatz *informationstheoretisch-kybernetischer* Didaktik scheint von seinen Hauptvertretern, bes. VON CUBE, aufgegeben worden zu sein.

## Literatur

BERG, Hans Christoph/SCHULZE, Theodor: Lehrkunst, Lehrbuch der Didaktik, Neuwied u. Kriftel u. Berlin 1995

–: Suchlinien, Studien zur Lehrkunst und Schulvielfalt, Neuwied u. Kriftel u. Berlin 1993

–: Schulvielfalt, Neuwied u. Kriftel u. Berlin 1994

BLANKERTZ, Herwig: Theorien und Modelle der Didaktik. München 1969

CUBE, Felix von: Zum Begriff der Didaktik. In: Die Deutsche Schule, 60, 1968, S. 391–400

CUBE, Felix von: Die kybernetisch-informationstheoretische Didaktik, in: Westermanns Pädagogische Beiträge, 32, 1980, H. 3, S. 120–124

FAUSER, P./FINTELMANN, K.-J./FLITNER, A. (Hrsg.): Lernen mit Kopf und Hand, 2. überarb. u. erg. Aufl., Weinheim 1991

FREY, Karl: Theorien des Curriculums. Weinheim [2]1972

FRIEDRICH, Gerhard: Die Praktikabilität der Neurodidaktik, Päd. Diss., Pädagogische Hochschule Freiburg 1994

HEIMANN, Paul: Didaktik als Theorie und Lehre. In: Die Deutsche Schule, 54, 1962, S. 407–427

HOPMANN, Stefan/RIQUARTS, Kurt (Hrsg.): Didaktik und/oder Curriculum, Grundprobleme einer international vergleichenden Didaktik, Zweitschrift für Pädagogik, Beiheft Nr. 33, Weinheim u. Basel 1995

KLAFKI, Wolfgang: Studien zur Bildungstheorie und Didaktik. Weinheim [3/4]1964; darin: Das Problem der Didaktik, S. 72–125; Didaktische Analyse als Kern der Unterrichtsvorbereitung, S. 126–153

–: Zur Diskussion über Probleme der Didaktik. In: Rundgespräch, 1967, H. 3/4, S. 131–140

–: Die bildungstheoretische Didaktik im Rahmen kritisch-konstruktiver Erziehungswissenschaft. In: Westermanns Pädagogische Beiträge, 32, 1980a, H. 1, S. 32–37

–: Zur Unterrichtsplanung im Sinne kritisch-konstruktiver Didaktik. In: ADL-AMINI/KÜNZLI (Hrsg.): Didaktische Modelle und Unterrichtsplanung. München 1980b, S. 11–48

–: Zur Unterrichtsplanung im Sinne kritisch-konstruktiver Didaktik. In: KÖNIG/SCHIER/VOHLAND (Hrsg.): Diskussion Unterrichtsvorbereitung – Verfahren und Modelle. München 1980c, S. 13–44

– (u. a.): Didaktisches Forum: Abschlußdiskussion. In: Westermanns Pädagogische Beiträge, 32, 1980, S. 242–248 (1980 d)

–: Neue Studien zur Bildungstheorie und Didaktik. Weinheim/Basel 1985; 2., erw. Aufl. 1991

–: Schlüsselprobleme als inhaltlicher Kern internationaler Erziehung, in: SEIBERT, Norbert/ SERVE, Helmut (Hrsg.), Bildung und Erziehung an der Schwelle zum dritten Jahrtausend, München 1994, S. 135–161

KÖSEL, Edmund: Die Modellierung von Lernwelten. Ein Handbuch zur Subjektiven Didaktik, Elztal-Dallau 1993

MAGER, Robert F.: Lernziele und Unterricht. Völlig überarb. Neuausgabe Weinheim 1977

MEYER, Hilbert L.: Trainingsprogramm zur Lernzielanalyse. Königstein/Ts. ⁵1976

MÖLLER, Christine: Technik der Lernplanung. Weinheim ⁵1976

NIPKOW, Karl-Ernst: Allgemeindidaktische Theorien der Gegenwart – Gegenstandsfeld und Theoriebegriff. In: Zeitschrift für Pädagogik, 14, 1968, H. 4, S. 335–365

PATRY, Jean-Luc: Didaktik und Curriculum, Konfrontation – Koexistenz – Komplementarität. In: Bildung und Erziehung, 45. Jg. 1992, S. 213–223

PETERSSEN, Wilhelm H.: Die Strukturtheorie der Didaktik. (Phil. Diss.) Hamburg 1971

–: Didaktik als Strukturtheorie des Lehrens und Lernens. Ratingen/Wuppertal/Kastellaun 1973

–: Grundlagen und Praxis des lernzielorientierten Unterrichts. Ravensburg ³1978

–: Die didaktische Theoriebildung der Gegenwart. Positionen und Strukturen. In: Bildung real, 26, 1982, H. 1/2, S. 26–35

PREISS, Gerhard: Neurodidaktik – Ein notwendiger Beitrag zur Didaktik für das Jahr 2000, in: Lehren und Lernen, 19. Jg. 1993, H. 6

ROBINSOHN, Saul B.: Bildungsreform als Revision des Curriculum. Neuwied ⁵1975 (erstmals 1967)

SCHÄFER, Karl-Hermann/SCHALLER, Klaus: Kritische Erziehungswissenschaft und kommunikative Didaktik. 2., verb. u. erw. Aufl. Heidelberg 1973

SCHULZ, Wolfgang: Zur Diskussion über Probleme der Didaktik. In: Rundgespräch, 1967, H. 3/4, S. 141–144

–: Die lerntheoretische Didaktik – Oder: Didaktisches Handeln im Schulfeld – Modellskizze einer professionellen Tätigkeit. In: Westermanns Pädagogische Beiträge, 32, 1980 a, H. 2, S. 80–85

–: Ein Hamburger Modell der Unterrichtsplanung – seine Funktionen in der Alltagspraxis. In: ADL-AMINI/KÜNZLI (Hrsg.): Didaktische Modelle und Unterrichtsplanung. München 1980 b, S. 49–87

–: Alltagspraxis und Wissenschaftspraxis in Unterricht und Schule. In: KÖNIG/SCHIER/VOHLAND (Hrsg.): Diskussion Unterrichtsvorbereitung – Verfahren und Modelle. München 1980 c, S. 45–77

–: Unterrichtsplanung. München 1980 d

SHULMAN, L. S., Paradigms and research programs in the study of teaching: A contemporary perspective. In: WITTROCK, M. C. (Ed.): Handbook of research of teaching, 3 rd ed.. New York 1986, S. 3–36

STEFFENS, Ulrich/BARGEL, Tino: Erkundungen zur Qualität von Schule, Neuwied 1993

WHEELER, D. K.: Phasen und Probleme des Curriculum-Prozesses. Ravensburg 1974

WIATER, Werner: Die ästhetisch-interaktionistische Didaktik, Ein neues Didaktik-Modell?, in: Pädagogische Welt, 48 Jg. 1994, H. 9, S. 402–407

WINKEL, Rainer: Die kritisch-kommunikative Didaktik. In: Westermanns Pädagogische Beiträge, 32, 1980, H. 5, S. 200–204

ZIECHMANN, Jürgen: Curriculum-Diskussion und Unterrichtspraxis. Stuttgart 1979

Zweiter Teil:

# Positionen und Strukturen
# gegenwärtiger Didaktik

# 6 Bildungstheoretische Didaktik

Von allen gegenwärtigen Ansätzen in der Allgemeinen Didaktik hat wohl der bildungstheoretische die längste Tradition und wohl auch die größte Wirksamkeit aufzuweisen. Seine große Wirksamkeit ist einerseits auf die unmittelbare Weitergabe in der Lehre – besonders in der Lehrerbildung – und andererseits auf die mittelbare Weitergabe zurückzuführen, wie sie in breiter Verästelung über besondere und fachdidaktische Ansätze erfolgte. Noch vor kurzer Zeit – bis zu den sechziger Jahren – beherrschte die bildungstheoretische Didaktik allein das Feld didaktischer Theoriebildung und didaktischer Praxis.

Ihre *unmittelbaren* Wurzeln hat diese Theorie in der geisteswissenschaftlichen Pädagogik zu Beginn unseres Jahrhunderts, ihre mittelbaren reichen über diese geisteswissenschaftliche Grundlegung und deren grundsätzlich hermeneutische Art mit ihrem besonderen historisch-systematischen Vorgehen allerdings weit in die Anfänge dokumentierten pädagogischen Denkens zurück.

Keine allgemeindidaktische Bewegung hat sich so flexibel gezeigt wie die bildungstheoretische, die sich Jahrzehnte hindurch immer wieder den aktuellgeschichtlichen Strömungen und Bedürfnissen gut anpassen konnte. So wundert es auch nicht, daß sie gegenwärtig wieder dabei ist, sich ein neues, zeitgemäßes Gewand zu schneidern und eine neuartige, tragende Struktur zuzulegen. Diese Position der Allgemeinen Didaktik sieht wie keine andere die aus ihrer geisteswissenschaftlichen Herkunft resultierende Notwendigkeit, sich mit zeitgeschichtlichen Strömungen auseinanderzusetzen und sie für didaktische Theorie und Praxis aufzuarbeiten. Hier liegt – unabhängig von ihrer besonderen Bedeutung – ihre einzigartige Kraft auch für die Gegenwart und die Zukunft didaktischen Denkens und Handelns. Ich bin überzeugt, daß dieser Ansatz auch weiterhin die didaktische Diskussion und die alltägliche Praxis nachhaltig beeinflussen wird.

## 6.1 Ursprünge bildungstheoretischer Didaktik

Nicht auf bildungstheoretisch ausgerichtete Entwürfe vergangener Jahrhunderte – wie z. B. bei WILLMANN – soll hier eingegangen werden, sondern auf Ursprünge, die in der geisteswissenschaftlichen Pädagogik aufzusuchen sind und unmittelbar auf die didaktische Diskussion der jüngsten Vergangenheit (und auch noch der Gegenwart) einwirkten. Das gesamte didaktische Denken der geisteswissenschaftlichen Pädagogik ist bildungstheoretisch orientiert. In diesem Denken ist der Bildungsbegriff die zentrale Kategorie. Er ist hier, um mit BLANKERTZ zu sprechen, der »Maßstab«, »mit dem die Didaktik die ihr gestellten Aufgaben zu lösen hat« (BLANKERTZ 1969, S. 33). Didaktisches und bildungstheoretisches Denken sind unauflöslich miteinander verbunden.

Bildung wird als ein Vorgang der Begegnung des Schülers mit der kulturellen Umwelt verstanden, in die er eingeführt wird und die er zu seinem geistigen Besitz machen soll. Das Feld der Didaktik wird nach den Worten WENIGERs in diesem Vorgang der »bildenden Begegnung zwischen dem Nachwuchs und der geistigen Welt« gesehen (WENIGER 1963, S. 16). Da nach der geisteswissenschaftlichen

Vorstellung Bildung nur in der Begegnung mit Objekten der kulturellen Umwelt erworben werden kann, gewinnt vor allem die Frage an Bedeutung, mit welchen Objekten der Schüler konfrontiert werden soll. Aus diesem Grund richtet die bildungstheoretische Didaktik ihr besonderes Augenmerk auf das *Inhalts*problem des Unterrichts. In der Entwicklung der geisteswissenschaftlich begründeten Didaktik wird deren inhaltsbezogene Fragestellung zunehmend präzisiert.

DILTHEY weist der Didaktik die Aufgabe zu, die »Unterrichtsgegenstände« nach pädagogischen Prinzipien zu behandeln. Vier Einzelaufgaben werden der didaktischen Theorie gestellt:
- erstens die Zusammenfassung von Unterrichtsgegenständen in thematischen Gruppen,
- zweitens die Analyse der Unterrichtsgegenstände im Hinblick auf ihren Erziehungswert,
- drittens die Ordnung von Unterrichtsgegenständen in Lehrgängen und
- viertens die Entwicklung von adäquaten Methoden für die ausgewählten und geordneten Unterrichtsgegenstände (DILTHEY 1934, S. 218ff).

DILTHEYs Ausführungen zur Didaktik beschränken sich darauf, diese vier Einzelaufgaben als notwendige Vollzüge des didaktischen Denkens aufzuweisen, die dem didaktischen Handeln vorausgehen müssen.

NOHL knüpft in seiner pädagogischen Gedankenführung an DILTHEY an und beruft sich auch bei seiner Bestimmung des Standortes und der Aufgabe einer Didaktik auf DILTHEY (vgl. BARTELS 1968). Im Unterschied zu DILTHEY hat die Didaktik bei NOHL aber nicht nur die *eine* Blickrichtung von der Pädagogik auf die Unterrichtsgegenstände. NOHL siedelt die Didaktik vielmehr *zwischen* Pädagogik und Fachwissenschaft an, so daß sie gleichzeitig in zwei Richtungen blickt: »Es ist aber gar keine Frage, daß hier gerade die entscheidende Brücke zwischen Fachwissenschaft und Pädagogik geschlagen wird.« (NOHL 1929, S. 187.) Die Aufgabe der Didaktik besteht vor allem darin, das Problem der »Transposition« der Gegenstände von Wissenschaften in den Raum der schulmäßigen Bildung zu lösen. In NOHLs Standortbestimmung kommt deutlich zum Ausdruck, daß die didaktische Theorie diesen Auftrag nur ausführen kann, wenn sie sich zugleich nach zwei Seiten orientiert. Die Frage der Auswahl von Inhalten für Bildungsprozesse ist weder einseitig vom pädagogischen noch einseitig vom fachwissenschaftlichen Aspekt her zu beantworten. Der Didaktik ist vielmehr aufgetragen, die pädagogischen Forderungen mit der Eigengesetzlichkeit der aus den Wissenschaften entnommenen Inhalte in Einklang zu bringen.

NOHL verweist lediglich auf diese doppelte Bedingtheit von Bildungsinhalten, ohne selbst schon zu klären, worin sie im einzelnen besteht. Im Anschluß an NOHLs Bestimmung der Didaktik entwirft WENIGER die entscheidende Formel für die geistenswissenschaftlich begründete Didaktik: Didaktik ist die »Theorie der Bildungsinhalte« und befaßt sich mit dem Problem der »Auswahl und Konzentration« von Inhalten für den schulischen Bildungsprozeß (WENIGER 1930; Zitat: 1963, S. 22).

Mit dieser Formel ist das Gegenstandsfeld der Didaktik auf das Inhaltsproblem didaktischer Prozesse eingegrenzt. WENIGER stellt auch klar, daß die von ihm beabsichtigte Theorie eine »Theorie des Handelns« sein soll (S. 6). Sie soll zur Klärung der Voraussetzungen des didaktischen Handelns beitragen und Grundsätze für die didaktische Praxis aufstellen. »Analysierend *und* stellungnehmend bereitet sie die praktische Bewältigung der Aufgaben vor«, wie DAHMER feststellt (DAHMER/KLAFKI 1968, S. 62). Zwei wesentliche Gesichtspunkte bestimmen diese didaktische Theorie; erstens nimmt sie ihren *Ausgang von der Bildungswirklichkeit*, zweitens wird sie *geschichtlich* verstanden.

Wie die von DILTHEY begründete geisteswissenschaftliche Pädagogik ihren Ausgang nicht von axiomatisch gesetzten Prinzipien, sondern von der pädagogischen Wirklichkeit nimmt, so geht auch die geisteswissenschaftliche Didaktik von der Bildungswirklichkeit aus. Entsprechend der Forderung DILTHEYs, das System der Pädagogik durch »Einsicht in die Struktur der pädagogischen Wirklichkeit« zu gewinnen, bestimmt WENIGER für die Didaktik: »Es handelt sich bei dieser neuen Didaktik also nicht um ein logisches System, . . . sondern um die Entdeckung des Gefüges des Lebens im Bildungsvorgang selbst, um die Struktur der Bildungswirklichkeit.« (1963, S. 16.) Den »Bau dieses Gefüges zu erkennen«, hält auch REICHWEIN für »die Voraussetzung einer praktisch fruchtbaren Theorie« (REICHWEIN 1963, S. 39). Die Bildungswirklichkeit, deren Gefüge erschlossen werden soll, steht in einem ständigen geschichtlichen Wandlungsprozeß. REICHWEIN erklärt diesen aus dem Zusammenhang des Bildungsgeschehens mit dem Kulturganzen. Nach seiner Auffassung bezeichnet Bildung eines der »unterschiedlichen Lebensgebiete der Kultur«, auf das sich der kulturgeschichtliche Wandel auswirkt (S. 91). WENIGER vertritt dieselbe Auffassung wie REICHWEIN und formt daraus ein erstes Postulat an die bildungstheoretische Didaktik: Sie hat zu berücksichtigen, »daß das Ganze der geistig-geschichtlichen Welt immer auch in . . . seine Bestandteile hineinwirkt und sie an seinem Wandel teilnehmen läßt« (WENIGER 1963, S. 9). Da der Gegenstand der Didaktik geschichtlicher Art ist, muß auch die Didaktik selbst geschichtlich verstanden werden. Das bedeutet nach WENIGER vor allem: »Sie kann nicht ein für allemal gültige Einsichten hinstellen, sondern muß immer wieder neu sich um das Verständnis der sich wandelnden Lage bemühen und von da aus die Theorie des Handelns umformen.« (S. 6.) Für die bildungstheoretische Didaktik kommt es zunächst darauf an, die Art des Zusammenhangs der Bildungswirklichkeit mit dem Ganzen der sozialen und kulturellen Welt aufzudecken und daraus ihre Theorie zu entwickeln. Mit Hilfe dieser aus der Wirklichkeit gewonnenen Theorie kann dann immer wieder neu der Zusammenhang überprüft, können Grundsätze für das didaktische Handeln aufgestellt werden. REICHWEIN und WENIGER stimmen darin überein, daß zwischen dem Kulturganzen und dem Bildungsgeschehen ein Interdependenzverhältnis besteht. Am Beispiel der Schule, als einem Ort bildenden Geschehens, weist REICHWEIN nach, daß eine Art von »funktionaler Wechselwirkung« zwischen »Schule und allgemeiner Kultur« herrscht (REICHWEIN 1963, S. 100). Nach seinen Worten darf Bildung »nicht nur (als) Produkt der Kultur«, sondern muß immer auch als »Faktor, auch (als) Produzent der Kultur« aufgefaßt werden (S. 93). Aus diesem Tatbestand folgt für eine didaktische Theorie, deren Feld das Bildungsgeschehen ist, daß sie dieses Feld nicht isoliert in den Blick nehmen kann. Sie muß vielmehr mit dem »Bildungsgefüge« auch die darauf einwirkenden und von ihm ausstrahlenden Kräfte aufzudecken versuchen. Diesen Doppelaspekt der bildungstheoretischen Didaktik hebt auch WENIGER hervor. Wie er sagt, beachtet sie einerseits, daß das Bildungsgefüge »eine nur aus seinen Voraussetzungen zu verstehende Entwicklung« hat, und andererseits, daß von ihm »Rückwirkungen auf den Gesamtzusammenhang ausgehen. Umwandlungen der allgemeinen Struktur des Lebens« (WENIGER 1963, S. 9). In der geisteswissenschaftlich orientierten Didaktik wird der Bildungsvorgang gleichzeitig als durch die geschichtliche Wirklichkeit determiniert *und* als determinierender Faktor der geistig-geschichtlichen Welt betrachtet.

Aus dieser Grundauffassung resultiert auch das besondere Selbstverständnis der bildungstheoretischen Didaktik. Sie wird nicht nur als Vollstreckerin der aus dem Kulturganzen an den Bildungssektor ergehenden Ansprüche verstanden; eine solche Relaisfunktion erscheint als zu gering und dem tatsächlichen Sachverhalt unangemessen. Da Bildung mitbestimmender Faktor der allgemeinen kulturellen Entwicklung ist, wird es für eine legitime Aufgabe der Didaktik gehalten, zugleich in Freiheit gegenüber den geschichtlich wirksamen Zwängen eigene Vorstellungen zum Bildungsgang junger Menschen zu entwerfen. Das im Bildungsgeschehen entdeckte Grundgesetz der Polarität des Handelns – zwischen »Freiheit und Spontaneität« auf der einen und Gebundenheit an die Zwänge der Wirklichkeit auf der anderen Seite – wird auch zum maßgeblichen Gesichtspunkt des Verständnisses der didaktischen Theorie gemacht (REICHWEIN 1963, S. 55).

Der Bedingungszusammenhang zwischen der geschichtlichen Wirklichkeit und dem Bildungsgeschehen wirkt sich auch auf das »Bildungsgut« aus. REICHWEIN faßt die besondere Problematik in dem Satz zusammen: »Die Verwandlung eines Kulturgutes in ein Bildungsgut ist also nicht Sache eines pädagogisch-methodischen Verfahrens, sondern wurzelt in einem Kulturvorgang viel allgemeinerer Bedeutung.« (S. 21.) Die Auswahl von Inhalten für den Bildungsprozeß kann weder nach willkürlich erstellten Prinzipien noch nach bloß gegenständlichen Kriterien erfolgen. Alle inhaltsbezogenen didaktischen Entscheidungen unterliegen Voraussetzungen, die aus dem Gesamt der geistig-geschichtlichen Welt auf didaktische Vorgänge einwirken. Didaktische Entscheidungen über die Auswahl und Konzentration von Inhalten müssen in Übereinstimmung mit diesen Voraussetzungen stehen, wenn sie sinnvoll sein sollen. WENIGER versucht den Vorgang zu bestimmen, durch den die Auswahl bestimmter Inhalte für den schulischen Bildungsprozeß vorentschieden wird.

Entsprechend dem geisteswissenschaftlichen Postulat, von der Wirklichkeit auszugehen, muß WENIGER vom Bildungsgeschehen in der Schule ausgehen, wenn er dessen Voraussetzung erschließen will. Dieses Geschehen aber ist äußerst komplex und schwer zu erfassen. WENIGER bezeichnet es als »Lehrgefüge«, dessen einzelne Faktoren »sehr komplizierte Wechselverhältnisse« bilden (1963, S. 5, S. 10). Das erschwert den Zugang zum Bildungsgeschehen. Eine weitere Forderung der geisteswissenschaftlichen Didaktik lautet, daß dieses komplexe Gebilde nicht ausschließlich von einem Faktor her, sondern als Ganzes in den Griff genommen werden muß. WENIGER stellt sich deshalb zunächst die Aufgabe, ein didaktisches Phänomen zu finden, das sowohl die gesamte didaktische Problematik repräsentiert als auch einen verhältnismäßig offenen Zugang dazu bietet. Diese Bedingungen erfüllt nach seiner Auffassung der »Lehrplan«, in dem er die »Kodifikation des Lehrgefüges« sieht (S. 21). WENIGER meint mit den Voraussetzungen des Lehrplans zugleich auch die Voraussetzungen des gesamten Lehrgefüges erschließen zu können.

Die Aussage WENIGERs, der Lehrplan kodifiziere das gesamte Lehrgefüge, impliziert eine Prämisse, die für die bildungstheoretisch begründete und inhaltsorientierte Didaktik kennzeichnend ist. WENIGERs Didaktik als »Theorie der Bildungsinhalte« baut auf der *These vom Primat der Inhalte* gegenüber allen anderen Momenten didaktischer Prozesse auf. Diese These besagt, daß für didaktische Entscheidungen die Inhaltsentscheidung am bedeutsamsten ist. Zwar können keine konkreten methodischen Verfahrensweisen aus der Entscheidung für bestimmte Inhalte deduziert werden, aber Methodenentscheidungen sind – wie alle übrigen Entscheidungen – von inhaltsbezogenen Vorentscheidungen abhängig und durch diese vorbestimmt. Der umgekehrte Bezug, daß Inhaltsentscheidungen auch von methodischen Vorentscheidungen abhängig sein können, wird von den Vertretern einer Didaktik als Theorie der Bildungsinhalte bestritten. Die Anerkennung der These vom Primat der Inhalte ist auch der Grund dafür, daß WENIGER sich ausschließlich der »Außenstruktur« des Lehrgefüges, d. h. seinen Voraussetzungen in der umfassenden Lebenswirklichkeit zuwendet. Denn die »Innenstruktur« – der Zusammenhang der Momente des Lehrgefüges – scheint ihm durch diese These hinreichend erklärt.

Übereinstimmend mit REICHWEIN ist WENIGER der Auffassung, daß die »Festlegung der Bildungsziele und Auswahl und Konzentration der Bildungsinhalte« im Lehrplan keinesfalls nur die Sache eines pädagogisch-methodischen Verfahrens ist (S. 22). Unter Rückgriff auf SCHLEIERMACHERs Lehre von den »geistigen Mächten« geht WENIGER von der Annahme aus, daß das geistige Leben aus zahlreichen und unterschiedlichen »geistigen Mächten« gebildet wird, die in ständiger Konkurrenz miteinander stehen. Diese Konkurrenz wirkt sich auch auf den Bildungsbereich aus, da alle Mächte danach streben, »sich durch die Erziehung . . . (ihre) gegenwärtige Existenz und . . . Dauer zu sichern« (S. 35 f.). Durch den Versuch, auf das Bildungsgeschehen Einfluß zu nehmen, werden sie zu »Bildungsmächten«. Die einflußreichsten Bildungsmächte sind nach WENIGER: Staat, Wissenschaft, Kirche, Wirtschaft und Beruf. Sie stehen in einem ständigen Kampf darum, im Lehrplan repräsentiert zu sein und die Auswahl der Inhalte entsprechend ihren besonderen Zielsetzungen verwirklicht zu sehen. Da ein solcher Kampf jede einheitliche Erziehung verhindern würde, muß eine *neutrale Instanz* vorhanden sein, die alle unterschiedlichen Ansprüche in sich aufnimmt und aus ihnen ein gemeinsames Ziel herausschält. Diese Instanz sieht WENIGER im Staat. Der Staat hat nach seiner Theorie eine Doppelfunktion, er ist zugleich eine der konkurrierenden Bildungsmächte *und* jene neutrale Instanz, die für den Ausgleich der Ansprüche sorgt und damit eine einheitliche Erziehung allererst ermöglicht. Als verantwortlicher Träger der planvollen Bildung nimmt der Staat die Vorstellungen aller Bildungsmächte vom Bildungsziel – einschließlich seiner eigenen – in sich auf und entwickelt daraus ein einheitliches Ziel der Bildung. Das Bildungsgeschehen ist mithin nicht unmittelbar dem Konkurrenzkampf der gesellschaftlichen Mächte ausgesetzt. Zur unmittelbaren Steuerungskategorie für die Auswahl der Inhalte und die »Ordnung der Fächer und Stoffe im Unterricht« wird das einheitliche Ziel, für das WENIGER den Begriff des »Bildungsideals« aufgreift (S. 62 ff.).

Das *Bildungsideal* enthält nicht nur die jeweils gegenwärtigen Ansprüche der Bildungsmächte, sondern auch bereits die aufgrund der gegenwärtigen Situation erkennbaren zukünftigen Ansprüche an den Menschen. Im Bildungsideal ist das

Bild des zukünftigen Menschen entworfen, auf das die Erziehung dann hinarbeitet. Entsprechend enthält der Lehrplan »also nicht nur ein Bild der Vergangenheit und den geistigen Besitz der erwachsenen Generation, sondern zugleich ihren Zukunftswillen und ihr Zukunftsbild« (S. 74).

Der von WENIGER aufgezeigte Determinationsmechanismus, nach dem die geschichtlich wirksamen Ansprüche der gesellschaftlichen Mächte über den Lehrplan jede Inhaltsentscheidung prädeterminieren, hat nach seiner Auffassung prinzipielle Gültigkeit. Für die Didaktik erwächst daraus die Aufgabe, dem geschichtlichen Wandel der gesellschaftlichen Wirklichkeit folgend die realen Bedingungen zu erforschen, die jeweils auf die Inhaltsentscheidungen einwirken.

Zusammenfassend kann gesagt werden: In der bildungstheoretisch orientierten Didaktik der geisteswissenschaftlichen Pädagogen kommt es zur inhaltsbezogenen Neufassung des didaktischen Problems. Die inhaltsbezogene didaktische Theorie zeichnet sich besonders durch drei maßgebliche Gesichtspunkte aus:
- Erstens hat die Theorie ihren *Ausgangspunkt in der Bildungswirklichkeit*; ihr System und ihre Aussagen werden nicht aus Axiomen deduziert, sondern durch die Erschließung des Bedingungsgefüges bildender Vorgänge gewonnen.
- Zweitens ist die Theorie auf den *Gesamtzusammenhang des Bildungsgeschehens* bezogen; das Inhaltsproblem wird nicht isoliert, sondern vor dem Hintergrund des Gesamtgefüges didaktischer Prozesse betrachtet.
- Drittens wird nicht nur ihr Gegenstand, sondern auch die *didaktische Theorie als geschichtlich aufgefaßt*; ihren Aussagen wird anstelle eines allgemein gültigen nur ein historisch-relativer Wert beigemessen.

Die von WENIGER auf die Formel »Theorie der Bildungsinhalte« gebrachte Didaktik der geisteswissenschaftlichen Pädagogik wird erstmals in den 50er Jahren von KLAFKI den seinerzeit aktuellen Umständen angepaßt. KLAFKI konzipiert eine zeitgemäße Didaktik im engeren Sinne, d. h. eine bloß bzw. vordringlich auf Inhaltsfragen der Bildung zentrierte Didaktik. In einem zweiten Aktualisierungsvorgang – der nicht nur durch Änderungen allgemeiner Umstände in der Bildungswirklichkeit, sondern auch durch Veränderungen im didaktischen Denken und die darüber geführte Diskussion erforderlich wurde – führt KLAFKI in den 80er Jahren die bildungstheoretische Didaktik zu ihrer gegenwärtig noch gültigen Konzeption. Er nennt diese eine »kritisch-konstruktive Didaktik«.

## 6.2 Alte Konzeption: »Didaktik im engeren Sinne«

### 6.2.1 Abgrenzungen
Im Kapitel über den Wandel in der gegenwärtigen didaktischen Theoriebildung wurde schon erläutert, warum das Jahr 1980 als eine Art Zäsur zwischen der »alten« und »neuen« Konzeption in den einzelnen Ansätzen aufgefaßt werden kann und daß besonders auch die bildungstheoretische Didaktik sich stark, ja geradezu radikal verändert. Die »alte« Konzeption vorzustellen, halte ich nicht nur für notwendig, um den Wandlungsprozeß vor Augen zu führen oder um die bisher unvollständige »neue« Konzeption aus ihren Ursprüngen heraus überhaupt verständlich zu machen. Ich bin auch der Auffassung, daß die »alte« Konzeption neben der »neuen« ihre Bedeutung für die Praxis behalten wird. Außer ihrer überaus

großen Praktikabilität – in Form der »Didaktischen Analyse« – sowie der Plausibilität ihrer Begründung ist sie durch jahrzehntelange Lehre, besonders auch in der Fachdidaktik, fest in der didaktischen Praxis verankert und wird sich so schnell nicht daraus lösen lassen. Als auf Inhalte konzentriertes didaktisches Denken sollte die »alte« Konzeption mit notwendigen Änderungen auch weiterhin tradiert und den Lehrern als eine strukturierte Hilfe für die Unterrichtsplanung an die Hand gegeben werden (vgl. PETERSSEN, 1982, S. 47 ff.).

Es hat sich eingebürgert, stets nur an die inhaltsorientierte, besonders die von KLAFKI konzipierte, Didaktik zu denken, wenn vom bildungstheoretischen Ansatz die Rede ist. Das mag zum einen an der großen Verbreitung gerade dieser Konzeption liegen, zum anderen aber auch sicherlich an deren linearer Tradierung über die unmittelbaren Lehrer-Schüler-Beziehungen von DILTHEY über NOHL zu WENIGER und KLAFKI. Vergessen werden darf aber nicht, daß es auch andere als bloß inhaltsorientierte bildungstheoretische Didaktikentwürfe gibt, wie z. B. bei SIEWERTH und schlechthin allen Teilmodellen auf der Grundlage des Bildungsbegriffes. Der Bildungsbegriff ist in der deutschsprachigen Diskussion zwar gegenüber dem Lernbegriff (aktuell: Emanzipationsbegriff) und gegenüber einem wieder aufgewerteten Erziehungsbegriff zurückgetreten (vgl. z. B. BRE-ZINKA 1974), wird aber dennoch verwendet, und zwar vor allem recht häufig in Entwürfen, die eng mit weltanschaulichen Positionen, besonders konfessioneller Art, verbunden sind. Der *Bildungs*begriff, als deutlich von anderen Begriffen wie *Erziehung, Lernen* zu unterscheidender Begriff, ist typisches Zeichen deutschsprachiger Didaktik. Obwohl er eine Vielzahl von Sinngebungen aufweist, verbinden sich mit dem Bildungsbegriff wohl immer Vorstellungen von personalen Änderungen, d. h., nie wird schon bei bloßen kognitiven Änderungen von Bildung gesprochen, sondern immer erst dann, wenn damit Änderungen persönlicher Haltung und Einstellung einhergehen. Es läßt sich nicht leugnen, daß ein so verstandener Bildungsbegriff ideologisch anfällig ist, »aufgeladen« werden kann, wie HEIMANN in seiner Philippika gegen den Bildungsbegriff in der Didaktik ausführt (s. u. S. 128 (b) ff.). Halten wir fest: Der Bildungsbegriff hat in der didaktischen Theoriebildung an Bedeutung verloren, der *Begriff* »Bildung« taucht fast nur noch in vergleichsweise peripher angesiedelten Entwürfen auf. Große Bedeutung hat er nur noch in zugleich inhaltsorientierten didaktischen Modellbildungen. Dies ist u. a. auch erkennbar an einer Systematik didaktischer Ansätze bei KLAFKI: Hat er darin in der Erstausgabe des »Pädagogischen Lexikons« aus dem Kreuz-Verlag noch eine Didaktik »als Bildungslehre im umfassenden Sinne« von einer »als Theorie der Bildungsinhalte« unterschieden (KLAFKI 1961, Sp. 174), so erwähnt er in der vollkommen umgearbeiteten Auflage des Werkes erstere überhaupt nicht mehr (KLAFKI 1971a, Sp. 229). Im folgenden wird nur auf die Konzeption KLAFKIs eingegangen, obwohl es auch andere inhaltsorientierte Theorien gibt, z. B. bei DERBOLAV, SCHEUERL und WAGENSCHEIN (vgl. DERBOLAV 1957, 1960; SCHEUERL 1958; WAGENSCHEIN 1962; 1968).

Gemessen am Gegenstandsfeld einer Didaktik stellt die inhaltsorientierte bildungstheoretische Didaktik die engste Fassung dar, so daß KLAFKI selbst auch von einer Didaktik »im engeren Sinne« sprach. Diese didaktische Theorie ist wegen ihrer bildungstheoretischen Bindung auf bildungstheoretische Vorentscheidungen angewiesen. Um den Auftrag seiner Didaktik genau formulieren zu können, muß

KLAFKI also zunächst seine bildungstheoretischen Vorstellungen präzisieren. Erst wenn dadurch das Gegenstandsfeld der Didaktik eingegrenzt ist, kann auch die Struktur des Bildungsgeschehens erschlossen werden, um dann aus den Strukturgesetzlichkeiten bildender Vorgänge Prinzipien für das didaktische Handeln abzuleiten.

### 6.2.2 Bildungstheoretische Vorklärungen: Theorie der kategorialen Bildung

KLAFKIs Studie zum Bildungsbegriff liegt die Metapher der »*Begegnung*« zugrunde, nach der Bildung sich in der Begegnung des Menschen mit der kulturellen Wirklichkeit ereignet. Unter Rückgriff auf diese von WENIGER 1930 erstmals ausdrücklich in die Didaktik eingeführte Kategorie versucht KLAFKI in einer umgreifenden historisch-systematischen Untersuchung festzustellen, welche Vorstellungen in der Bildungstheorie über den Vorgang der »bildenden Begegnung« vorliegen (KLAFKI 1963). Zwei Gruppen von Bildungstheorien werden unterschieden: die *materialen* und die *formalen* Bildungstheorien. Nach dem Bild der Begegnung lassen sich diese beiden Theorien vor allem danach differenzieren, welcher »Seite« der Begegnung sie größere Bedeutung für den Bildungsvorgang zusprechen. Die materialen Bildungstheorien sind vorwiegend an der *Objekt*seite, die formalen vorwiegend an der *Subjekt*seite des Bildungsgeschehens orientiert. In den materialen Bildungstheorien wird der Standpunkt vertreten, daß der Schüler sich im Bildungs*vorgang* die ihm konfrontierten Inhalte aneignet und daß das Bildungs*ergebnis* im Besitz eines umfangreichen Wissens besteht. In formalen Bildungstheorien herrscht dagegen die Ansicht vor, daß dem Schüler die Konfrontation mit Inhalten nur zur Ausformung und Übung von Kräften und Funktionen dient und daß als Bildungsergebnis ein möglichst virtuoses Können – im Umgang mit der Wirklichkeit – anzusehen ist (vgl. KLAFKI 1964, S. 25ff.).

Seit dem Ausgang des 18. Jahrhunderts sind – nach der Feststellung KLAFKIs – diese beiden Theorien auseinandergefallen, und es kam zu der Vorstellung, daß beide Bildungsformen isoliert nebeneinanderstehen. Das hat sich besonders auf das Problem der Auswahl von Inhalten für den Bildungsprozeß ausgewirkt. Während die materialen Bildungstheorien die Inhaltsauswahl allein nach gegenständlich-stofflichen Kriterien vornahmen, maßen die formalen Bildungstheorien Inhalte nur an ihrer Bedeutung für die Kräfteschulung des Zöglings. In seiner historisch-systematischen Studie kommt KLAFKI zu dem Ergebnis, daß – entgegen dieser erst Ende des 18. Jahrhunderts zur Geltung gelangenden Vorstellung – in allen bedeutenden Bildungstheorien seit PESTALOZZI die Auffassung vertreten wird, daß Bildung ein einheitlicher Prozeß sei (KLAFKI 1963). Bildung ist stets materiale *und* formale Bildung zugleich. Im Bildungsprozeß ist nach KLAFKIs Worten die »Aufnahme und Aneignung von *Inhalten*« stets verbunden mit der »Formung, Entwicklung, Reifung von körperlichen, seelischen und geistigen Kräften« (KLAFKI 1964, S. 33). Für diese Bildungsvorstellung nimmt er den Begriff der »*kategorialen Bildung*« auf. Den Bildungsvorgang umschreibt er mit der Formel der »doppelseitigen Erschließung«, die zu dem Ergebnis führt, »daß sich dem Menschen seine Wirklichkeit kategorial erschlossen hat und daß eben damit er selbst . . . für diese Wirklichkeit erschlossen worden ist« (KLAFKI 1963, S. 298). Dabei stellt die erschlossene Wirklichkeit den materialen und der erschlossene Mensch den formalen Aspekt des einheitlichen Bildungsergebnisses dar. KLAFKIs bildungstheoretische Klärung bleibt aber nicht bei der Analyse des Bildungsvorganges stehen. Mit deren Befunden ist ihm letzten Endes nur ein formaler Rahmen vorgezeichnet. Wenn der Bildungsbegriff zur »zentrierenden Kategorie« und zum »Maßstab« seiner didaktischen Theorie werden soll, muß er diesen Begriff zusätzlich mit »Inhalt« füllen. Eine »Theorie des Handelns« – im Sinne WENIGERs – kann seine Didaktik nur entwickeln, wenn ihr die Ziele dieses Handelns bekannt sind. Zur Bestimmung dieser Zielsetzung greift KLAFKI auf die in der geisteswissenschaftlichen Pädagogik vor allem von NOHL, FLITNER und WENIGER entworfene Bildungsvorstellung zurück. Er übernimmt das Postulat, daß die »pädagogische Verantwortung« gegenüber dem Heranwachsenden die »didaktische Generalinstanz« sein muß, unter der alle Entscheidungen zu prüfen und zu treffen sind (KLAFKI 1964, S. 101).

Im einzelnen resultieren aus dieser »Generalinstanz« drei Gesichtspunkte für alle intentionalen Eingriffe in den Bildungsprozeß Heranwachsender:
- Erstens ist bei allen Bildungsbemühungen darauf zu achten, daß der »Anspruch« des Zöglings auf »*erfüllte Gegenwart*« gewahrt bleibt.
- Zweitens müssen im Hinblick darauf, daß der Zögling nicht in der gegenwärtigen, sondern in einer zukünftigen Welt leben wird, »Vorwegnahmen« gewagt werden.
- Drittens darf keiner Spezialbildung vorgegriffen werden, das Leitbild muß vielmehr der »gebildete Laie« sein (S. 102 ff.; S. 108 ff.).

Diese drei Zielsetzungen, die zu Regulativen der didaktischen Theorie und des didaktischen Handelns werden, können nach KLAFKIs Ansicht nur verwirklicht werden, wenn es im Bildungsvorgang tatsächlich zur »doppelseitigen Erschließung« kommt. So stellt sich ihm als nächstes die Frage, wodurch die »doppelseitige Erschließung« ausgelöst werden kann. Und diese Frage reicht bereits in den Bereich der eigentlichen didaktischen Theoriebildung hinein.


### 6.2.3 Die didaktische Theorie »im engeren Sinne« – Theorie vom Elementaren

Die didaktische Theorie fragt also im Anschluß an die kategoriale Bildungstheorie, wodurch kategoriale Bildung ermöglicht wird, wodurch die erforderliche *doppelseitige Erschließung* ausgelöst wird. Und die Antwort lautet: Sie kann nur durch die *Inhalte* von Bildungsprozessen bewirkt werden. Denn die Inhalte sind gleichsam das Medium, in dem im Bildungsprozeß dem Zögling die Wirklichkeit gegenübertritt. Daraus ergibt sich die Kernfrage, *wie* die Inhalte beschaffen sein müssen, die eine doppelseitige Erschließung bewirken. Zugespitzt geht es also um die Frage nach den Inhalten von Bildungsprozessen. Entsprechend definiert KLAFKI seine bildungstheoretisch begründete Didaktik als die »Theorie der Bildungsinhalte, ihrer Struktur und Auswahl« (1964, S. 72). Auf eine knappe Formel gebracht, lautet der Auftrag der Didaktik, danach zu fragen, unter welchen Bedingungen und Voraussetzungen Inhalte zu *Bildungsinhalten* werden.

KLAFKIs didaktische Theorie ist durch diese Bestimmung nicht nur auf das Inhaltsproblem festgelegt, sondern ihr sind durch die bildungstheoretischen Vorentscheidungen bereits auch bestimmte Betrachtungsgesichtspunkte vorgegeben. Die Theorie ist nicht auf alle nur denkbaren Inhalte bezogen, sondern von vornherein auf das Problem der *Bildungs*inhalte eingegrenzt. In KLAFKIs Theorie bezieht sich die Analyse der strukturellen Bedingungen von vornherein ausschließlich auf solche Inhalte, die den Entscheidungen der Bildungstheorie entsprechen. Der primäre Gesichtspunkt für die Bedingungsanalyse ist die Forderung, daß *Bildungsinhalte die doppelseitige Erschließung bewirken müssen.* Von diesem Ansatz aus dringt KLAFKIs Theorie allerdings sehr tief in das didaktische Inhaltsproblem ein.

Die doppelseitige Erschließung wird nach Auffassung KLAFKIs nur durch Inhalte mit einer spezifischen Gegenstandsstruktur ausgelöst. Sie müssen als *»Besonderes«* ein *»Allgemeines«* enthalten: »Es charakterisiert einen Bildungsinhalt, daß er als einzelner Inhalt immer stellvertretend für viele Kulturinhalte steht.« (S. 134.) Im Vorgang der bildenden Begegnung tritt dem Zögling im besonderen Inhalt immer auch ein allgemeiner Sachverhalt gegenüber. Er lernt mithin nicht nur den konkreten Inhalt kennen, sondern er erkennt auch das darin eingeschlossene Allgemeine. Im ersteren sieht KLAFKI den materialen Aspekt des Bildungsvorgangs – die Wirklichkeit erschließt sich dem Zögling –, im letzteren den formalen Aspekt – der Zögling erschließt sich für die Wirklichkeit. Der besondere Wert dieses Bildungsvollzugs liegt nach KLAFKI darin, daß der Schüler das Allgemeine ergreift und dadurch eine Kategorie erwirbt, mit der er sich in Zukunft ähnlich strukturierte Inhalte selbständig aufschließen kann. Die Anekdote über NEWTON, in der es heißt, er habe am fallenden Apfel das Gravitationsgesetz erkannt,

| | | |
|---|---|---|
| *Fundamentales* | – nur als Erlebnis existent und erfahrbar | – z.B. in einer Grenzsituation sich selbst erfahren |
| *Exemplarisches* | – Allgemeines wird *am* Besonderen erfahren | – an einem fallenden Stein das Fallgesetz |
| *Typisches* | – Allgemeines wird *im* Besonderen erfahrbar | – im Ulmer Münster (beim Betrachten usw.) der gotische Baustil |
| *Klassisches* | – Allgemeines wird als Wert erfahren | – an der Geschichte vom barmherzigen Samariter die Nächstenliebe |
| *Repräsentatives* | – Allgemeines wird als Vergegenwärtigung erfahrbar | – an der Stadtmauer wird Vergangenheit lebendig |
| *Einfache Zweckform* | – Allgemeines (Form) und Besonderes (Zweck) fallen zusammen | – durch Lesen das Lesen lernen (Lesefertigkeit) |
| *Einfache ästhetische Form* | – Allgemeines und Besonderes fallen zusammen | – am Bild der »Goldene Schnitt« |

*Formen des Elementaren nach W. KLAFKI*

illustriert diese Vorstellung. An einem ganz besonderen Fall hat NEWTON das allgemeine Gesetz erkannt, das ihm ermöglichte, sämtliche Gravitationserscheinungen zu erklären.

Alle Inhalte, die diese spezifische Struktur besitzen, nennt KLAFKI »*Elementaria*«: *Ein* »*Elementares*« *ist ein Inhalt, der im Besonderen ein Allgemeines enthält* (vgl. KLAFKI 1963, S. 321 ff.). Es gelingt KLAFKI, sieben Grundformen zu beschreiben, in denen das Elementare im Unterricht auftreten kann. Diese Formen sind: das »*Fundamentale*«, das »*Exemplarische*«, das »*Typische*«, das »*Klassische*«, das »*Repräsentative*«, die »*einfachen Zweckformen*« und die »*einfachen ästhetischen Formen*«. In allen Formen ist im Besonderen ein Allgemeines gegeben, unterschiedlich ist jedoch die Art des Zusammenhangs zwischen dem Besonderen und dem Allgemeinen (vgl. S. 442 ff.).

In der didaktischen Diskussion wurde KLAFKI häufig entgegengehalten, seine Didaktik sei zu ausschließlich an *Gegenständen* orientiert und vernachlässige den prozessualen Charakter des Lernens. So forderte beispielsweise SKOWRONEK eine »Orientierung der Didaktik auf Prozesse statt auf Gegenstände«. In einer psychologisch begründeten Studie versuchte er nachzuweisen, daß anstelle von Gegenständen vor allem der Lernprozeß selbst zum Inhalt des schulischen Unterrichts gemacht werden muß. Aber SKOWRONEK übersieht, daß in KLAFKIs System der inhaltlichen Elementarformen das Problem des »Lernenlernens« enthalten ist. Die von KLAFKI beschriebenen »einfachen Formen« werden im Vergleich zu den fünf anderen Formen kaum beachtet. Zu den Bildungsinhalten, die als »einfache Zweckform« auftreten, gehören aber gerade die »kognitiven Strukturen«, die nach SKOWRONEK (1970) als konkrete Lernweisen zu Unterrichtsinhalten werden sollten.

Auch gegenüber einer völlig anders argumentierenden Kritik erweist sich KLAFKIs Kategoriensystem als relativ vollständig. Von seiten der bildungstheoretischen Didaktik selbst wirft DERBOLAV KLAFKI vor, der Begriff des Elementaren verharre zu sehr im »Gegenstandsbewußtsein« und trage deshalb nicht zur Lösung des Erziehungsproblems bei. DERBOLAV sieht den Vorgang des Bildungsgeschehens darin, daß alles Wissen in Gewissen umschlägt. Die Didaktik darf auf Grund dieser dialektischen Struktur des Bildungsprozesses nicht nur auf Inhalte bezogen sein, die am besonderen Gegenstand einen weiten Gegenstandsbereich erschließen. Sie muß nach DERBOLAVs Ansicht vielmehr nach »Bildungs*kategorien*« suchen, in denen eine Gewissensnorm beschlossen liegt, die sich dem Schüler im Bildungsprozeß erschließt und zur Norm seines Handelns wird (DERBOLAV 1960). In KLAFKIs System sind aber auch solche werthaften »Bildungskategorien« erfaßt, und zwar in der Elementarform des »Klassischen«. Obwohl KLAFKIs System, besonders hinsichtlich der »einfachen Formen«, ergänzungsbedürftig ist und noch weiter aufgeschlüsselt werden muß, ist es das zur Zeit immer noch weitaus differenzierteste Kategoriensystem inhaltlicher Elementarformen.

Als *erstes strukturelles Moment des Bildungsinhaltes* hat sich die *Relation eines Besonderen zum Allgemeinen* herausgestellt. Aber dieses ausschließlich gegenständlich-stoffliche Kriterium allein reicht nicht aus, damit der elementare Inhalt auch tatsächlich die doppelseitige Erschließung bewirkt. Die Bedingungen eines Bildungsinhaltes *nur* auf der Objektseite der bildenden Begegnung zu suchen, bedeutete einen Rückfall in den bildungstheoretischen Objektivismus. KLAFKI hat in seiner bildungstheoretischen Klärung jedoch gerade nachgewiesen, daß die beiden Seiten der bildenden Begegnung – Inhalt und Schüler – nicht isoliert betrachtet werden können. Bildungsinhalte können nicht auf Grund ihrer gegenständlich-stofflichen Beschaffenheit ein für allemal bestimmt und ausgewählt werden. Bildungsinhalte sind nicht zeitlos gültig, sondern für sie ist:»eine doppelte Relativität . . . geradezu konstitutiv«:»Was ein Bildungsinhalt sei . . ., das kann erstens nur im Blick auf bestimmte Kinder und Jugendliche gesagt werden, die gebildet werden sollen, und zweitens nur im Blick auf eine bestimmte, geschichtlich-geistige Situation.« (KLAFKI 1964, S. 132) Ob ein Elementares die doppelseitige Erschließung auslöst und sich dadurch als Bildungsinhalt erweist, hängt also von zwei weiteren Bedingungskomplexen ab:

Einerseits muß es so beschaffen sein, daß der Schüler auch in der Lage ist, die Relation Besonderes-Allgemeines zu durchschauen. Er muß das Allgemeine ergreifen können, so daß es für ihn zu einer Schlüsselkategorie seines zukünftigen Lebens wird. Mithin resultieren wesentliche Bedingungen für das Zustandekommen eines Bildungsinhaltes aus der persönlichen Situation des Schülers. Im einzelnen hängt es von seiner psychischen und physischen Konstitution, von seiner sozialen Herkunft sowie von seinem Wissens- und Könnensstand ab, ob er den elementaren Inhalt zu durchdringen vermag.

Andererseits ist es von der spezifischen geschichtlichen Situation abhängig, welche Inhalte zu *Bildungs*inhalten werden. Denn nur in einer konkreten Situation kann entschieden werden, welche Schlüsselkategorien ein Mensch besitzen muß, um die geschichtliche Wirklichkeit bewältigen zu können. KLAFKIs bildungstheoretische Leitmotive, der »gebildete Laie« und die »Vorwegnahme« der zukünftigen Existenz, sind allgemeiner Art und müssen in jeder geschichtlichen Situation neu bestimmt und mit konkreten Zielvorstellungen aufgeladen werden. Mit der Explikation der didaktischen Relativität bestätigt KLAFKI die in der geisteswissenschaftlichen Didaktik von NOHL und WENIGER gemachten Aussagen. Während NOHL vor allem forderte, Bildungsinhalte nur aus der besonderen Lebenssituation des Schülers zu bestimmen, machte WENIGER insbesondere deutlich, daß der Bildungs*wert* bestimmter Inhalte von der geschichtlich-geistigen Situation abhängt.

Die Formel von der »doppelten Relativität« des Bildungsinhaltes entspricht dem Bedingungszusammenhang, den auch die lerntheoretische Didaktik im »Berliner Modell« für didaktische Entscheidungen annimmt. Hinsichtlich der Bedingtheit didaktischer Inhaltsentscheidungen kommen die Theorien KLAFKIs und HEIMANNs zu identischen Aussagen, so daß für diesen Bereich mit NIPKOW von der »Abbildbarkeit beider aufeinander« gesprochen werden kann (NIPKOW 1968, S. 352 ff.). Das »Berliner Modell« spricht von »individuellen« und »sozial-kulturellen« Voraussetzungen, KLAFKI parallel dazu von Voraussetzungen, die aus der *persönlichen Situation des Schülers* und aus der *geschichtlich-geistigen Situation* resultieren. Diese Parallelität klärt zugleich die Auseinandersetzung, die zwischen HEIMANN und KLAFKI über das Gegenstandsfeld der KLAFKIschen Didaktik entstand, zugunsten KLAFKIs. HEIMANN behauptete, KLAFKIs Didaktik befasse sich ausschließlich mit dem Bereich des didaktischen Geschehens, den er selber mit dem Begriff der »Inhaltlichkeit« bezeichnet habe. KLAFKI hält dem entgegen: »In der Kategorie ›Inhaltlichkeit der Bildung‹ . . . konvergieren die von Heimann unterschiedenen Momente der Intentionalität, der Inhaltlichkeit, der anthropologischen und der sozial-kulturellen Determination«; alle »diese Momente konstituieren nur in ihrem inneren Zusammenhang Inhalte *als Bildungsinhalte*.« (KLAFKI 1964, S. 85)

KLAFKIs inhaltsbezogene Didaktik ist in der Tat auf diesen Gesamtzusammenhang bezogen. Aufgrund dieses Bezuges lehnt KLAFKI es auch entschieden ab, die Auswahl von Inhalten den Fachwissenschaften zu überlassen, deren Gegenstandsbereich sie jeweils entstammen. Die Fragestellung der Fachwissenschaft ist ausschließlich auf die Gegenstandsstruktur der Inhalte gerichtet. Eine Didaktik ist hinsichtlich dieses besonderen Problems jedoch auf die Aussagen der Fachwissenschaften angewiesen. Denn nur diese können kompetente Aussagen über die Gegenstandsstruktur machen und sind mithin auch für die Frage zuständig, wann ein Inhalt als Elementares in einem Besonderen ein Allgemeines enthält. Die Fragestellung der Didaktik ist aber umgreifender, sie hat nach KLAFKIs Worten „eigene, nicht eo ipso in den Fachwissenschaften schon vertretene Frage- und Problemstellungen" (KLAFKI 1966, S. 188). Ihr Feld ist nicht der Gegenstand, sondern der Bildungsinhalt und der Bedingungszusammenhang, in dem er sich konstituiert. Durch diese auf *die Bedingungen der Möglichkeit von Bildungsinhalten* zielende Fragestellung gewinnt die Didaktik ihre Eigenständigkeit. In der gegenwärtigen Diskussion wird die Eigenständigkeit der Didaktik nicht mehr in Frage gestellt. Es bestehen aber unterschiedliche Auffassungen darüber, welchen Auftrag eine eigenständige Didaktik hat. Die Kontroverse erstreckt sich vor allem auf zwei Problemkreise: einerseits auf das *Gegenstandsfeld* und andererseits auf den *Theoriebegriff einer Didaktik*. Im folgenden sollen KLAFKIs Vorstellungen zu diesen beiden Fragen erörtert werden.

Zu einer Kontroverse über die *Abgrenzung des Gegenstandsfeldes* kam es besonders zwischen KLAFKI und HEIMANN. Während letzterer das Feld im Lehren und Lernen schlechthin – mit besonderer Beachtung unterrichtlichen Lehrens und Lernens – sah, grenzt KLAFKI es auf das Inhaltsproblem von Bildungsprozessen ein. KLAFKI unterscheidet diese beiden Positionen als »Didaktik im weiteren Sinne« und »Didaktik im engeren Sinne«. Er begründet seine »enge« Fassung mit der These vom Primat des Inhaltes gegenüber allen übrigen Momenten didaktischer Prozesse. Nach seiner Auffassung haben Inhalte den ständigen »Wirkprimat« (SCHELER). Daraus folgert er, daß es genügt, die Inhaltsproblematik didaktischer Vorgänge zu erschließen, da damit zugleich die didaktische Gesamtproblematik erschlossen wird. Für ihn birgt deshalb der *»engere* Begriff von Didaktik...*, konsequent durchdacht, bereits in nuce alle jene Beziehungen in sich, die in den *weiteren* Fassungen ausdrücklich und ausführlich zur Sprache gebracht werden« (KLAFKI 1964, S. 84).

Zwischen »Berliner Modell« und bildungstheoretischer Didaktik bestanden auch kontroverse Auffassungen über einen angemessenen *Theoriebegriff*. NIPKOW sieht den Unterschied der Auffassungen darin, daß KLAFKIs Theorie im Gegensatz zu der HEIMANNs »nicht nur formale didaktische Gesichtspunkte entwickelt, sondern diesen Gesichtspunkten didaktische Entscheidungen substituiert« (NIPKOW 1968, S. 358). KLAFKIs didaktische Theorie greift in die Praxis vor. Dieser Vorgriff folgt einerseits aus der zugrunde gelegten These vom Primat der Inhalte und andererseits aus der bildungstheoretischen Begründung der Didaktik. Mit der These vom Primat der Inhalte ist in KLAFKIs Theorie ein für allemal über die didaktische Priorität entschieden. Mit dem Begriff der kategorialen Bildung ist von vornherein festgelegt, daß *nur* das Allgemeine bildet. Dem Praktiker sind durch diese theoretischen Vorentscheidungen zwar keine konkreten Inhalte vorgegeben, aber seine Entscheidungen sind eingeschränkt. Zum einen kann er die Prioritäten seines didaktischen Handelns nicht mehr aus der jeweils vorfindbaren Situation entwickeln, sondern ist an den Auftrag gebunden, sich stets zuerst der Auswahl von Inhalten zuzuwenden und erst daraufhin den ausgewählten Inhalten entsprechende Methoden und Medien zuzuordnen. Zum anderen ist er auf solche Inhalte verwiesen, die mit den bildungstheoretischen Forderungen übereinstimmen. Die in der Theorie getroffenen Vorentscheidungen sind zwar formaler Art, aber hinter ihnen steht eine bildungstheoretische Norm, die der Praktiker akzeptieren und situationsgerecht verwirklichen muß. In dem von KLAFKI zu diesem Zweck entwickelten Instrument der »Didaktischen Analyse« werden dem Praktiker in Form von gezielten Fragen konkrete Hilfestellungen für seine didaktischen Entscheidungen geboten. Aber alle Fragen beziehen sich bereits auf die Inhalte, ohne daß der Praktiker gezwungen wäre, sich auch mit den bildungstheoretischen Voraussetzungen seines Handelns ständig erneut auseinanderzusetzen.

Es steht außer Frage, daß für den schulischen Unterricht immer auch normative Entscheidungen gefällt werden müssen. Es bleibt aber die Frage, wer sie zu fällen hat. In beiden Konzeptionen (lern- und bildungstheoretischer) wird berücksichtigt, daß die gesellschaftlichen Mächte großen Anteil an diesen Entscheidungen haben, indem sie ihre Ansprüche in der Schule verwirklicht sehen möchten. In beiden Konzeptionen wird auch versucht, das unmittelbare und unkontrollierte Eindringen dieser Ansprüche in den schulischen Unterricht zu verhindern. Unterschiedlich ist jedoch die Art, in der dieses Problem zu lösen versucht wird. HEIMANN eliminiert die Normenkritik ganz und gar aus der didaktischen Theorie und überläßt sie dem Praktiker; die Theorie hat bei HEIMANN nur die Aufgabe der Normenanalyse. KLAFKIs Theorie hat hingegen die Aufgabe der Normenanalyse und zugleich der Normenkritik. An den Praktiker wird diese Aufgabe durch die »Didaktische Analyse« weitergereicht (auf die hier angedeuteten Probleme wird später noch einmal eingegangen).

### 6.2.4 Didaktische Analyse

Die »Didaktische Analyse« wurde erstmals 1958 veröffentlicht, nachdem KLAFKI sie schon einige Zeit in Praktika der Lehrerausbildung erprobt hatte. Und obwohl er gelegentlich anführt, sie sei dort aus der Praxis erwachsen – als Antwort auf besonders gut wie auch besonders schlecht gelungene Unterrichtsversuche –, muß man sie primär wohl als Verlängerung der didaktischen Theorie in die didaktische Praxis hinein begreifen. Für den Praktiker leistet sie alles, was die besondere didaktische Theorie »im engeren Sinne« an die Praxis postuliert:
– Sie lenkt das didaktische Denken auf das *Inhalts*problem des Unterrichts.
– Sie hilft festzustellen, ob ein ins Auge gefaßter Inhalt tatsächlich über die erforderlichen strukturellen Voraussetzungen verfügt, nämlich in einem Besonderen ein Allgemeines bietet.
– Sie bindet das didaktische Denken an die Situation und hilft festzustellen, ob ein Inhalt auch tatsächlich »ergreifenswert« für die Schüler ist und für sie »ergreifbar« wird.

Die Didaktische Analyse stellt nach KLAFKIs Worten den »Kern der Unterrichtsvorbereitung« dar, nicht schon ein Modell für die gesamte Vorbereitung. Sie klärt mit der Frage danach, ob ein bestimmter vorgesehener Inhalt in einer bestimmten Situation für bestimmte Kinder zum *Bildungs*inhalt nach »kategorialem« Verständnis werden kann, bedeutsame Voraussetzungen für endgültige Planungsentscheidungen. Folgen müssen noch ausgedehnte Überlegungen zur Methode, obwohl die letzte der Analyse-Fragen sich schon auf die »Zugänglichkeit« des Themas bezieht.

Die Didaktische Analyse ist aus fünf Hauptfragen mit zusätzlichen Unterfragen aufgebaut. Diese werden im folgenden nur wiedergegeben (eine ausführliche Erläuterung, versehen mit Beispielen, findet sich bei PETERSSEN 1982, S. 45 ff.).

**Didaktische Analyse**
(KLAFKI 1964, S. 135 ff.):

I. Welchen größeren bzw. welchen allgemeinen Sinn- oder Sachzusammenhang vertritt und erschließt dieser Inhalt? Welches Urphänomen oder Grundprinzip, welches Gesetz, Kriterium, Problem, welche Methode, Technik oder Haltung läßt sich in der Auseinandersetzung mit ihm »exemplarisch« erfassen?

   1. Wofür soll das geplante Thema exemplarisch, repräsentativ, typisch sein?

   2. Wo läßt sich das an diesem Thema zu Gewinnende als Ganzes oder in einzelnen Elementen – Einsichten, Vorstellungen, Wertbegriffen, Arbeitsmethoden, Techniken – später als Moment fruchtbar machen?

II. Welche Bedeutung hat der betreffende Inhalt bzw. die an diesem Thema zu gewinnende Erfahrung, Erkenntnis, Fähigkeit oder Fertigkeit bereits im geistigen Leben der Kinder meiner Klasse, welche Bedeutung sollte er – vom pädagogischen Gesichtspunkt aus gesehen – darin haben?

III. Worin liegt die Bedeutung des Themas für die Zukunft der Kinder?

IV. Welches ist die Struktur des (durch die Fragen I, II und III in die spezifisch pädagogische Sicht gerückten) Inhaltes?

   1. Welches sind die einzelnen Momente des Inhalts als eines Sinnzusammenhanges?

   2. In welchem Zusammenhang stehen diese einzelnen Momente?

   3. Ist der betreffende Inhalt geschichtet? Hat er verschiedene Sinn- und Bedeutungsschichten?

   4. In welchem größeren sachlichen Zusammenhang steht dieser Inhalt? Was muß sachlich vorausgegangen sein?

   5. Welche Eigentümlichkeiten des Inhaltes werden den Kindern den Zugang zur Sache vermutlich schwermachen?

   6. Was hat als notwendiger, festzuhaltender Wissensbesitz (»Mindestwissen«) zu gelten, wenn der im Vorangegangenen bestimmte Bildungsinhalt als angeeignet, als »lebendiger«, »arbeitender« geistiger Besitz gelten soll?

V. Welches sind die besonderen Fälle, Phänomene, Situationen, Versuche, (Personen, Ereignisse, Formelemente), in oder an denen die Struktur des jeweiligen Inhaltes den Kindern dieser Bildungsstufe, dieser Klasse interessant fragwürdig, begreiflich, »anschaulich« werden kann?

1. Welche Sachverhalte, Phänomene, Situationen, Versuche, Kontroversen usw., m.a.W.: Welche »Anschauungen« sind geeignet, die auf das Wesen des jeweiligen Inhaltes, auf seine Struktur gerichtete Fragestellung in den Kindern zu erwecken, jene Fragestellung, die gleichsam den Motor des Unterrichtsverlaufes darstellen soll?
2. Welche Anschauungen, Hinweise, Situationen, Beobachtungen, Erzählungen, Versuche, Modelle usw. sind geeignet, den Kindern dazu zu verhelfen, möglichst selbständig die auf das Wesentliche der Sache, des Problems gerichtete Fragestellung zu beantworten?
3. Welche Situationen und Aufgaben sind geeignet, das am exemplarischen Beispiel, am elementaren „Fall" erfaßte Prinzip einer Sache, die Struktur eines Inhaltes fruchtbar werden, in der Anwendung sich bewähren und damit üben (immanent wiederholen) zu lassen?

### 6.2.5 Zusammenfassung und kritische Einschätzung

Die bildungstheoretische Didaktik »alter« Art, die Didaktik »im engeren Sinne«, hat das didaktische Denken und Handeln im deutschsprachigen Raum sehr nachhaltig beeinflußt. Lange Zeit hat sie sogar Vorrangstellung vor allen anderen Ansätzen gehabt, und zwar bis zu jenem Zeitpunkt (etwa 1962 – 1965), zu dem die lerntheoretische Didaktik das »Berliner Modell« veröffentlichte. Um KLAFKIs Vorstellungen und Vorschläge hat es besonders auch innerhalb der Fachdidaktiken und aus ihnen heraus eine überaus rege Diskussion gegeben. Oft ist es aber leider auch bloß zur Übernahme der formalen strategischen Schemata gekommen.

Die Didaktik »im engeren Sinne« ist Erbe der streng geisteswissenschaftlichen Theoriebildung und hat dies Erbe in der Gegenwart lange bewahrt. Ihre Bindung an metatheoretische Kategorien der Geisteswissenschaften ist recht deutlich geworden:

– Sie ist, gemessen an der wissenschaftstheoretischen Systematik von HABERMAS (1968), mit einem erkenntnisleitenden Interesse *praktischer* Art aufgetreten: »Didaktik wird hier nicht als rein theoretische Disziplin verstanden, sondern als Wissenschaft *von* der Praxis *für* die Praxis, also als eine Wissenschaft, die mit der pädagogischen Praxis gemeinsam Verantwortung für die nachwachsende Generation teilt.« (KLAFKI 1977a, S. 704) Sie hat zum Bildungsbegriff gegriffen, um diese selbst auferlegte Verpflichtung einzulösen. Im Bildungsbegriff sieht KLAFKI die »*zentrierende Kategorie für die Didaktik*« (KLAFKI 1964, S. 77). Er ist der Maßstab, nach dem die Didaktik ihren Auftrag ausführt. Es gehört zu den Axiomen der Theorie KLAFKIs, daß jede Didaktik einen solchen vorgegebenen Maßstab braucht, in dem ihr das pädagogische Ziel des didaktischen Handelns vorgezeichnet ist, so daß sie im Hinblick darauf die Handlungsprinzipien entwerfen kann. Dieser Ansatz beschränkt sich nicht nur »auf die reine Beschreibung von Fakten und die Analyse gegebener Bedingungszusammenhänge im Felde des Lehrens und Lernens« (S. 92). Die Erfassung der Voraussetzungen und die Analyse ihres Zusammenhangs erfolgt stets unter dem Vorzeichen ihrer Bedeutung für die Auslösung von Bildungsprozessen. Und aus den erkannten Gesetzmäßigkeiten hat diese Theorie in der »Didaktischen Analyse« ein Instrument entwickelt, das sie in die Praxis hinein weitergeben konnte und mit dessen Hilfe Praktiker eine entsprechende Praxis begründen können. Der von WENIGER schon aufgestellte Anspruch,

Didaktik müsse eine Theorie des Handelns sein, wurde so erst von seinem Schüler KLAFKI mit diesem Analyse-Modell eingelöst.

– Sie hat ihre Theorie – entsprechend der Auffassung von SCHLEIERMA- CHER, daß es keine der Praxis »vorgängige« Theorie gebe – aus der *Wirklichkeit* heraus entwickelt. Bildungswirklichkeit und nicht Bildungsnormen war der Ansatz ihrer Theoriebildung. Obwohl sie sich in diesem Sinne – keine aus obersten Sinn-Normen deduzierbare Theorie – gegen normative Didaktik ausgesprochen hat, stellt sie dennoch in einem anderen Sinne normative Modelle zur Verfügung: Wer die »Didaktische Analyse« übernimmt, ist an Vorgaben gebunden, und zwar an die Bindung an den Bildungsbegriff und darüber hinaus an den der kategorialen Bildung sowie auf die Konzentration auf inhaltliche Probleme. Auf diese neue Art von Bindung hat NIPKOW (1968) hingewiesen.

– Sie hat ihre Theorie auf den *Gesamtzusammenhang* des didaktischen Geschehens bezogen. Die erst im Verlaufe der Theoriebildung erfolgende Einengung auf das Inhaltsproblem ist für sie durch den angenommenen Primat der Inhalte legitimiert. Umgekehrt behauptet sie dann auch in der Auseinandersetzung mit anderen Ansätzen – hier dem »Berliner Modell« –, sie sei »in nuce« eine Gesamttheorie. Allerdings hat die Praxis dann vielfach dazu geführt, die bildungstheoretische Didaktik zu einer bloßen Inhaltsdidaktik zu verkürzen.

– Sie spricht sich einen *nur historischen Wert* zu. Nicht nur, daß sie in der »didaktischen Analyse« eine historisch – und situativ – stets neue Reflexion auf die besonderen Voraussetzungen und Zielsetzungen verlangt, sie stellt auch sich selbst immer wieder grundsätzlich in Frage. Diese Einstellung zu sich selbst dürfte auch der wesentliche Grund dafür sein, daß ausgerechnet die bildungstheoretische Didaktik durch KLAFKI einer strengen steten Selbstkritik unterzogen und letzten Endes als erster aller didaktischen Ansätze in einen – radikal anmutenden – Veränderungsprozeß gezwungen wurde (vgl. dazu die Erörterungen zur »neuen« Konzeption).

– Sie ist ausschließlich *hermeneutisch* zustande gekommen. In ihren ursprünglichen Ansätzen bei den klassischen Geisteswissenschaftlern wird die Methode phänomenologischen Erfassens und hermeneutischer Interpretation didaktischer Handlungsgefüge an jeder Stelle spürbar. Und die Grundlegung der Fassung durch KLAFKI geschieht bei diesem durch eine umfassende historisch-systematische Aufarbeitung von pädagogischen und didaktischen Theorien bekannter Pädagogen seit PESTALOZZI.

Wie aber ist diese geisteswissenschaftlich ausgerichtete, auf das Inhaltsproblem zentrierte bildungstheoretische Didaktik heute einzuschätzen?

Unter dem Gesichtspunkt ihrer *Konzentration auf das didaktische Inhaltsproblem* betrachtet, muß man dieser Theorie wohl bescheinigen, daß sie mit der Vorstellung vom Elementaren mehr zur Erhellung dieses Problems beigetragen hat als jeder andere Ansatz. Sie hat eine mögliche Struktur wirksamer Inhalte und zugleich auch deren Relativität sowie die dafür maßgeblichen Momente dargestellt. Sie hat ein verhältnismäßig einfaches und verständliches Modell zur praktischen Umsetzung hervorgebracht. Diese Beiträge möchte man nicht missen; Voraussetzungen und Wege didaktischen Handelns im Bereich der Inhaltlichkeit sind sehr praktikabel aufgedeckt. Man könnte sich vorstellen, daß die Didaktik »im engeren Sinne« im Rahmen einer weitgefaßten, einer »im weiteren Sinne« konzipierten

Didaktik als eine von deren Perspektiven, nämlich eine »inhaltliche« Perspektive, noch fruchtbarer sein könnte als bisher in ihrer isolierten Form. Sie würde als integrierender Bestandteil einer „Didaktik im weiten Sinne« andere Ansätze ergänzen können, und zwar im inhaltlichen Bereich. Allerdings würde dies die Aufgabe des kategorialen Bildungsbegriffs zugunsten eines weitgefaßten Begriffes für die Zielvorstellung didaktischer Vorgänge voraussetzen.

Unter dem Gesichtspunkt ihrer *geisteswissenschaftlichen Orientierung* betrachtet, muß dieser Theorie bestätigt werden, daß sie in der Tat zu einer Theorie des Handelns geworden ist, deren Spannweite von bloßen theoretischen Reflexionen zu praktikablen Handlungsstrategien reicht. Ihre durch und durch pragmatische Tendenz konnte voll durchschlagen. Als geisteswissenschaftlicher Zugriff auf die didaktische Wirklichkeit sollte dieser Ansatz erhalten bleiben. In Ergänzung zu andersartigen wissenschaftlichen Zugriffen kann er zu einer besseren Erfassung und Erhellung didaktischer Probleme beitragen. Die Komplexität didaktischer Wirklichkeit erfordert ein ebenso komplexes methodisches Angehen und läßt den Verzicht auf einen derart ergiebigen Ansatz wie den geisteswissenschaftlichen nicht zu. Das Problem wird allerdings darin bestehen, die geisteswissenschaftliche Didaktik hinsichtlich ihrer überaus engen und verkrusteten methodologischen Praxis aufzubrechen und sie gegenüber anderen Ansätzen zu öffnen. Dieses Problem hat auch BLANKERTZ (1969) schon angesprochen: Er sieht die historische Verengung hermeneutisch betriebener Forschung auf die bloße Interpretation pädagogischer Texte und dadurch eine Reduzierung der aufgegebenen Wirklichkeit »auf das literarisch faßbare Selbstverständnis der Erzieher und der darin enthaltenen Antagonismen« (S. 30). Er ist aber auch der Auffassung, daß dies nicht zwangsläufig Folge des geisteswissenschaftlich-hermeneutischen Verfahrens ist, sondern vielmehr auf eine verstellende Blindheit jener zurückzuführen ist, die solche Didaktik betreiben. BLANKERTZ drückt die Hoffnung aus, »daß der hermeneutische Ansatz unter den Bedingungen einer veränderten Wissenschaftslage mit neuen Möglichkeiten durchaus Anschluß an die empirische Methodologie gewinnen kann« (S. 30).

Vorgreifend sei gesagt, daß KLAFKI die bildungstheoretische Didaktik tatsächlich in den beiden genannten Punkten verändert hat. Er hat sie sowohl für alle erfahrungswissenschaftlichen Methoden als auch für ein anderes – als nur das kategoriale – Bildungsverständnis geöffnet. Wie er dies tut, wird später dargestellt.

Abschließend sei darauf hingewiesen, daß in der gegenwärtigen didaktischen Diskussion Vorstellungen und Aussagen geisteswissenschaftlicher Pädagogik aus der ersten Hälfte unseres Jahrhunderts meiner Auffassung nach wieder eine Rolle spielen sollten. Sie in die Diskussion einzubringen, müßte Sache der bildungstheoretischen Didaktik sein, die dementsprechend nicht nur blindem Modernitäts- und Anpassungsstreben folgen dürfte, sondern sich ohne übersteigerte restaurative Tendenz als Sachwalterin geisteswissenschaftlichen Erbes verstehen müßte.

## 6.3 Neue Konzeption: »Kritisch-konstruktive Didaktik«

### 6.3.1 Entwicklungen

Schon frühzeitig signalisierte KLAFKI seine Bereitschaft, die von ihm entwickelte bildungstheoretische Didaktik für kritische Erörterungen offenzuhalten und nötigenfalls Änderungen vorzunehmen, wenn dies aus Gründen von Entwicklungen in Theorie und Praxis erforderlich würde. Er reagierte auf die doch heftigen Angriffe der lerntheoretischen Didaktik HEIMANNs gegen den Bildungsbegriff und die enge Fassung der Theorie nicht mit Gegen-Konfrontation, sondern mit Gesprächsbereitschaft. Auf Fragen antwortete er schon 1967 hinsichtlich des Verhältnisses von bildungs- und lerntheoretischer Didaktik: »Beide Konzeptionen schließen sich nicht aus, sie gehen vielmehr von zunächst unterschiedlichen Fragestellungen aus, berühren sich aber, sobald man jeden Ansatz auf seine Voraussetzungen oder Konsequenzen hin weiterdenkt.« Und: Sie ». . . stehen m. E. im Verhältnis notwendiger Ergänzungen zueinander. Eine umfassende Didaktik muß in Zukunft beide Aspekte (und ggf. weitere) berücksichtigen bzw. weiterführen«. (KLAFKI 1967, S. 133 f.)

Schon damals gestand KLAFKI ein, daß seine Theorie wohl doch nicht als Didaktik schlechthin gelten könne, daß es eine »umfassende Didaktik« geben müsse. Und in solche umfassende Didaktik sollten seiner Auffassung nach auch bildungs- und lerntheoretische Momente einfließen. An welchem Brennpunkt didaktischer Fragestellungen dies geschehen konnte und sollte, wird aus demselben Text ersichtlich: »Die Integration des Berliner und meines didaktischen Ansatzes im Hinblick auf die Unterrichtsvorbereitung ist m. E. nicht nur möglich und notwendig, diese Integration ist zum Teil schon vollzogen« (S. 134). Wenn auch die letztgeäußerte Ansicht zum damaligen Zeitpunkt wohl eher Wunsch als Wirklichkeit betraf, so wird deutlich, daß der Bereich von Unterrichtsplanung und -vorbereitung als am geeignetsten für die Integration von Gedanken aus verschiedenen didaktischen Ansätzen aufgefaßt wird. In der Tat entnimmt KLAFKI für seine »didaktische Analyse« bald Momente aus dem »Berliner Modell«. Auf zunächst zwei, später drei, miteinander verbundenen Wegen nähert er sich der *»neuen«* Konzeption bildungstheoretischer Didaktik: zum ersten von *metatheoretischen Überlegungen zur Erziehungswissenschaft,* zum zweiten von der *Revisionsbedürftigkeit der »Didaktischen Analyse«* her und zum dritten durch die *grundsätzliche Neubestimmung des Bildungsbegriffs.*

Um den Anschluß geisteswissenschaftlicher Erziehungswissenschaft an die aktuellen wissenschaftstheoretischen Strömungen und wissenschaftlichen Entwicklungen zu wahren, fragte KLAFKI 1971 nach notwendigen Veränderungen. Daß solche Notwendigkeit bestand, folgte für ihn aus der sichtbar starken Zuwendung erziehungswissenschaftlicher Einzelforschungen und Theoriebildungen zu anderen als geisteswissenschaftlichen Grundsätzen, nämlich zu solchen der »empirischen oder erfahrungswissenschaftlichen Position« und der »gesellschaftskritischen Positionen« (KLAFKI 1971b, S. 351ff.; vgl. bes. S. 366ff.). Hier soll nur angedeutet – an späterer Stelle ausführlich dargestellt – werden, daß KLAFKI den künftigen Weg der Erziehungswissenschaft darin sah, alle drei unterscheidbaren Ansätze in der Theoriebildung – den geisteswissenschaftlichen, den empirisch-analytischen und den kritischen Ansatz – in einer Theorie zu integrieren. Für diese prägte er die

Bezeichnung »*kritisch-konstruktive Theorie*«.

Auf der einen Seite war KLAFKI offensichtlich beeindruckt von der »realistischen Wende« in der Pädagogik, die sich personell auch mit der Übernahme des Göttinger Lehrstuhls von WENIGER durch H. ROTH vollzog und zu einem Eindringen empirischer Verfahren in die pädagogische Forschung führte (vgl. DAHMER/KLAFKI 1968; KLAFKI 1971b – der Aufsatz ist H. ROTH gewidmet). Auf der anderen Seite kam es zu einer sozialwissenschaftlichen Auffassung von Erziehungswissenschaft und im Zusammenhang damit zur Übernahme des »kritischen« Wissenschaftsbegriffes. Auch KLAFKI untersuchte die Möglichkeiten »ideologiekritischer« Erziehungswissenschaft (vgl. KLAFKI 1978).

Seine für die Erziehungswissenschaft gezogene Konsequenz einer kritisch-konstruktiven Theorie übertrug er erstmals 1977 auch auf die Didaktik: »Zur Entwicklung einer kritisch-konstruktiven Didaktik« hieß sein Aufsatz, dem ein schon 1976 in den USA gehaltener Vortrag zugrundelag (KLAFKI 1977a, S. 703 ff.). Schon vorher hatte er sich Gedanken über das Verhältnis von Didaktik und Methodik gemacht und dabei eingestanden, daß die bildungstheoretische Didaktik ihren Blickwinkel – und damit ihr Gegenstandsfeld – erweitern sowie die These vom Primat der Inhalte aufgeben müßte (KLAFKI 1976).

Neben diesen mehr metatheoretischen Überlegungen scheint KLAFKI ständig an der Weiterentwicklung seiner »Didaktischen Analyse« gearbeitet zu haben. In einem Gespräch wies er 1972 auf erste Änderungsnotwendigkeiten hin, wobei er den notwendigerweise weiteren Blickwinkel, den Implikationszusammenhang inhaltlicher und methodischer Entscheidungen sowie die große Bedeutung der sozialen Dimension des Unterrichts besonders betonte (vgl. KLAFKI 1972, S. 138 ff.). Wie er sich die Einarbeitung neuerer Gedankenguts genauer vorstellte und die Folgen für die Fragen-Formulierung der Analyse sah, hat KLAFKI 1977 in Düsseldorf vorgetragen (KLAFKI 1977 b, S. 5 ff.). Und 1980 stellte er erstmals der breiten Öffentlichkeit sein neues Konzept zur Unterrichtsplanung vor: Aus der »Didaktischen Analyse« ist ein »Perspektivenschema zur Unterrichtsplanung« geworden (vgl. KLAFKI 1980 a, S. 32 ff.; 1980 b, S. 11 ff., 1980 c, S. 13 ff.). Er spricht zwar noch von einem »vorläufigen« Schema, das es mit Gewißheit auch erst ist, auch 1992 noch, aber 1980 erfolgt in allen drei Veröffentlichungen die Zuordnung metatheoretischer Überlegungen zu einer kritisch-konstruktiven Theorie und praktischer Überlegungen zu einem Unterrichtsplanungsmodell.

1985 endlich stellt KLAFKI seine revidierten Gedankengänge zu didaktischen Problemen in den »Neuen Studien zur Bildungstheorie und Didaktik« zusammengefaßt vor (1985). Darin zeichnet er nicht nur noch einmal die Grundlinien seiner neuen didaktischen Theorie selbst, sondern auch sein verändertes Verständnis des Allgemeinbildungsbegriffs; darüber hinaus stellt er seine Auffassungen über einzelne praktische didaktische Fragen vor, z. B. über die gegenwärtig beste Schulform, die Unterrichtsdifferenzierung, das Leistungsprinzip in der Schule u. ä. Kompakt und gebündelt bietet diese Schrift den Überblick über sein aktuelles Denken über Didaktik. Ausgefeilter in ihren Strukturen und präziser in ihren Begriffen stellte KLAFKI in der Neuauflage der »Neuen Studien« 1991 die bildungstheoretischen Voraussetzungen vor (1991).

## 6.3.2 Didaktik als kritisch-konstruktive Theorie

Die aktuelle Konzeption der bildungstheoretischen Didaktik unterscheidet sich vor allem in einem Punkt von der bisherigen: *Sie ist keine bloß geisteswissenschaftlich orientierte Didaktik mehr, sondern vielmehr eine allen wissenschaftstheoretischen Ansätzen* (d. h. der geisteswissenschaftlichen, der positivistischen und der kritischen Wissenschaftsauffassung) *gleichermaßen verpflichtete Theorie*. Sie stellt in der didaktischen Theoriebildung den ersten Versuch zu einer Integration der unterscheidbaren drei großen wissenschaftlichen Paradigmen dar. Daß dies KLAFKI selbst bewußt ist, wird an vielen seiner Äußerungen deutlich. So bezeichnet er es schon länger als »Hauptthese«, den »*notwendigen* Zusammenhang« aller drei Ansätze in seiner Neufassung einer didaktischen Theorie verdeutlichen und leisten zu wollen (KLAFKI 1977 a, S. 703). Für diese neue Theorie nimmt er aus seinen umfassenderen erziehungswissenschaftlichen Reflexionen Begründungen und die Bezeichnung »*kritisch-konstruktive Theorie*« auf, die er 1985 durchstrukturiert vorstellt.

KLAFKI sieht die Neukonzeption offensichtlich keineswegs als eine eigene und originäre Leistung an, sondern begreift sie als notwendige Konsequenz aus aktuellen Entwicklungen in Erziehungswissenschaft und Didaktik, wobei er die Beweisführung dafür zu erbringen gedenkt, daß solche Integration auch möglich ist. Hierin praktiziert er offenbar seine geisteswissenschaftliche Grundhaltung: die eigene Theorie als historisch wertend, muß er sie verändern, sobald die Umstände sich ändern. Die große Änderung der Umstände bestand darin, daß ab Mitte der 50er Jahre neben die bis dahin allein ausschlaggebende geisteswissenschaftliche Pädagogik zunehmend die beiden übrigen Wissenschaftsauffassungen für die Erforschung pädagogischer Wirklichkeit an Bedeutung gewannen, nämlich der empirische und der gesellschaftlich-kritische Ansatz (vgl. KLAFKI 1971 b, S. 366 ff.; 1977 a/b; 1985, S. 33 f.). Den Nachweis der Notwendigkeit und die Beweisführung für die Möglichkeit einer Zusammenfassung aller drei Ansätze gründet KLAFKI auf deren methodische Relevanz, auf die je besondere Art ihres Zugriffs auf die erzieherische Wirklichkeit. Er zeichnet die Grenzen jedes Ansatzes und weist die jeweils anderen Ansätze als Möglichkeiten erweiterten Zugriffs aus (vgl. dazu bes. 1985, S. 46 ff.).

Entsprechend seiner geisteswissenschaftlichen Tradition beginnt er mit einer Erörterung dieses Ansatzes. Den »wunden Punkt der geisteswissenschaftlichen Pädagogik« sieht er in deren »methodische(r) Naivität« (KLAFKI 1971 b, S. 367). Als methodisch naiv bezeichnet er sie wegen ihrer – auch von BLANKERTZ bemängelten – Einengung von Hermeneutik auf bloße Textinterpretation (und dazu auch noch: lediglich selbst produzierter Texte). Es unterblieb zugunsten einer ständigen Selbstreflexion »die Erfassung der jeweils gegenwärtigen Erziehungswirklichkeit, also all der Vorgänge, Institutionen, Faktoren, die den tatsächlichen Ablauf von erzieherischen oder erzieherisch bedeutsamen in der jeweiligen Gegenwart ausmachen oder bestimmen« (KLAFKI 1971 b, S. 368). Worauf er abzielt, macht er von Anfang an klar: Nicht auf eine Ablösung hermeneutischen Forschens durch ausschließlich empirisches – das, so meint er, wäre eine »naive Deutung« des Problems –, sondern auf den Nachweis notwendiger Verklammerung beider Methoden. »Vielmehr zeigt sich, daß empirische Forschungen sozusagen von zwei Seiten her immer von Voraussetzungen und Konsequenzen umklammert werden, die wissenschaftlich nur mit Hilfe von hermeneutischen, interpretierenden Methoden aufgeklärt werden können.« (S. 373)

Die Grenzen geisteswissenschaftlicher Hermeneutik bestimmt KLAFKI sehr genau:»Eine historisch-hermeneutische Interpretation erfaßt sozusagen nur die mentale Seite, das *Bewußtseins*moment der didaktischen Realität, die nicht mit dem Ganzen dieser didaktischen Realität identisch ist.« (1977a, S. 705). Zum Ganzen gehören auch Fakten, Vorgänge, Institutionen usw., und um auch diese noch zu erfassen,»ist der Einsatz weiterer, nämlich empirischer Forschungsmethoden notwendig« (S. 705). So wie Hermeneutik auf Empirie angewiesen ist, so ist Empirie auch auf Hermeneutik angewiesen:»Empirie versteht sich selbst völlig falsch, wenn sie meint, sich von Hermeneutik als vermeintlichem Gegensatz . . . distanzieren zu müssen.« (S. 706) Wie er dies im einzelnen sieht, deutet der schon erwähnte Begriff»Verklammerung« an. KLAFKI erläutert selbst: Einerseits –»Jede empirische Untersuchung setzt eine Fragestellung voraus« und»Wenn ein Empiriker seine eigenen Fragestellungen rational aufklären, begründen will, dann treibt er – ob er sich nun darüber im klaren ist oder nicht – *Hermeneutik,*d. h. rational-interpretierende, sinnauslegende Aufklärung seines Vorverständnisses.« (S. 706) Andererseits –»Die einzelnen Daten, die empirische Forschung registriert, und die Beziehungen, die sie ermitteln will, können nur sachgemäß aufgefaßt werden, wenn die jeweiligen Sinnzusammenhänge berücksichtigt werden, in denen jene Daten auftreten.« (S. 709)

Hermeneutische Verfahren begleiten also nach Auffassung KLAFKIs empirische eo ipso; sie gehen der Empirie im engeren Sinne voraus und schließen sie ab, so daß auch die Diskussion darüber dies anerkennen sollte:»Das Gegeneinander oder Nebeneinander von Hermeneutik und Empirie muß vielmehr durch eine strukturierte Kooperation abgelöst werden, weil jeder der beiden Ansätze den jeweils anderen voraussetzt.« (S. 707)

Von derselben Notwendigkeit zur Kooperation geht KLAFKI auch für geisteswissenschaftlich und kritisch orientierte Forschung in der Didaktik aus. Kritische Methoden hält er für erforderlich, weil die didaktische Wirklichkeit Implikationen enthält, die nur durch sie angemessen erhellt werden können. Implikationen solcher Art sind gesellschaftlich wirkende und geprägte Umstände:»Alle didaktischen Institutionen und Entscheidungen . . . sind unausweichlich von gesellschaftlichen Verhältnissen und Vorstellungen geprägt, und sie haben gesellschaftliche Folgen«, so daß sie unter *diesem* Gesichtspunkt untersucht und reflektiert werden müssen. Und diesem gesellschaftlichen Postulat an die Wissenschaft kann allein die »ideologiekritische Frage« entsprechen, wie sie von der kritischen Theorie vertreten und gestellt wird (S. 711). Geisteswissenschaftliche Hermeneutik hat den gesellschaftlichen Gesichtspunkt weitgehend außer acht gelassen, war gegenüber gesellschaftlichen Umständen zumindest eher affirmativ als kritisch eingestellt und bedarf deshalb der Ergänzung. Und was für diese gilt, gilt nach Auffassung KLAFKIs wegen ihrer unauflöslichen Verklammerung mit der Empirie auch für empirisches Forschen und vice versa:»Empirische Forschung ist auch in der Sicht des gesellschaftskritisch-ideologiekritischen Ansatzes in der Didaktik unverzichtbar.« (S. 713)

Obwohl KLAFKI nach eigenen Worten die »Frankfurter Schule« der Sozialwissenschaften (HORKHEIMER; ADORNO; HABERMAS) für den entscheidenden Faktor in der Entwicklung kritischer Wissenschaftsauffassung auch im Bereich von Pädagogik und Didaktik hält (vgl. KLAFKI 1978, S. 60), setzt er sich zugleich auch ausdrücklich von marxistischer Denkweise ab, indem er den Zusammenhang ökonomisch-produktiver Verhältnisse und einzelner Erscheinungen als Hypothese, nicht aber als Dogma gewertet sehen möchte: »Versteht man diesen Ansatz als offene Frage, als Problemstellung und generelle wissenschaftliche Hypothese, nicht aber als Dogma, so hat er nichts oder wenig mit dem vulgärmarxistischen Mißverständnis zu tun, demgemäß auch alle pädagogischen Phänomene von vornherein *ausschließlich* als Spiegelungen oder als kausal determinierte Wirkungen ökonomisch bedingter Macht- und Abhängigkeitsverhältnisse angesehen werden.« (KLAFKI 1971b, S. 378f.) Später hat KLAFKI solche prophylaktische Verteidigung gegen mögliche Falscheinschätzung als marxistischer Pädagoge (vgl. BREZINKA 1974) offenbar nicht mehr für notwendig gehalten und ist ohne große Begründung zu gelassenem Gebrauch gesellschaftsbezogener Denkmodelle übergegangen, zumal sich dies Denken generell als ein Aspekt erziehungswissenschaftlichen und didaktischen Denkens durchgesetzt hat.

Halten wir mit KLAFKIs Worten fest: »Erziehungswissenschaft kann nach der uns heute möglichen wissenschaftstheoretischen Einsicht nur durch die Integration der drei gekennzeichneten Ansätze ihren Aufgaben gerecht werden.« (KLAFKI 1971b, S. 385) Und dies gilt in gleichem Maße auch für die Didaktik. *Kritisch-konstruktiv* nennt KLAFKI diese Didaktik, die alle drei metatheoretischen Ansätze in sich integriert: *kritisch,* weil sie nicht wie die überkommene bildungstheoretische Didaktik vorfindbare Umstände einfach als solche hinnimmt, sondern sie kritisch befragt (ob sie und ob sie gerade so sein müssen usw.); *konstruktiv,* weil sie nicht bei einer kritischen Beschreibung von Tatbeständen stehenbleibt, sondern Vorschläge für deren pädagogisch sinnvolle Veränderung unterbreitet (vgl. KLAFKI 1977a, S. 714f.).

Die Integration der drei Ansätze bedeutet nicht nur eine Zusammenfassung der drei methodischen Strategien – Hermeneutik, Empirie und Ideologiekritik –, sondern vor allem auch, wie ersichtlich geworden sein dürfte, eine Integration dreier bisher in scharfen Gegensätzen zueinanderstehender Grundauffassungen über Wissenschaft schlechthin, d. h. über die Aufgabe von Wissenschaft und über das Verhältnis von Theorie und Praxis. Am deutlichsten wird das durch Rückgriff auf die von HABERMAS vorgenommene Unterscheidung wissenschaftlicher Positionen nach ihrem je besonderen »erkenntnisleitenden Interesse«. Die traditionelle geisteswissenschaftliche Didaktik verfolgte ein *praktisches Interesse,* war – wie sie sich selber definierte – Theorie *aus* der Praxis *für* die Praxis. Die Bewältigung vorfindbarer Bildungspraxis für die davon Betroffenen, wobei die Kategorie »pädagogischer Verantwortung« diesen gegenüber maßgeblich war, in optimaler Weise zu gewährleisten – dem galt ihr Interesse. Negativ ausgedrückt: Eine gesellschaftliche Aufgabe sah sie nicht, ihr Maß war das Individuum, der Zögling. Die Neufassung übernimmt mit der kritischen Wissenschaftsauffassung auch das dieser zugrundeliegende Interesse, nämlich das *emanzipatorische.* Dadurch ist ihre Aufgabe nicht länger mehr nur darauf gerichtet, die didaktische Wirklichkeit auf optimale Lösungsmöglichkeiten ebendieser Wirklichkeit hin transparent zu machen. Ihre Aufgabe besteht vielmehr darüber hinaus darin, durch ständige Kritik an allen Umständen im Bereich didaktischer Vorgänge, die dem Emanzipationsanliegen der betroffenen einzelnen sowohl wie der Gesellschaft im Wege stehen, eine ohne Einschränkungen emanzipativ wirksame didaktische Wirklichkeit zu schaffen.

Die pädagogische Verantwortung gegenüber den Heranwachsenden – eine zentrale Kategorie geisteswissenschaftlicher Pädagogik – ist in der kritisch-konstruktiven Theorie mit gesellschaftlichem Anspruch aufgeladen worden. Die didaktische Neukonzeption weist durchgängig eine gesellschaftliche Bezogenheit auf, wie sie in der alten Fassung nicht einmal im Ansatz spürbar war. Gegenüber dieser Durchdrungenheit mit Tendenzen der kritischen Wissenschaftsauffassung – bis in die angenommene pädagogische Zielsetzung didaktischer Vorgänge hinein – verblaßt der Einfluß empirisch-analytischen Denkens. Das diesem eigene *technische Interesse* wird zwar ebenfalls als notwendig anerkannt, um didaktische Vorgänge angemessen erforschen zu können, und ausdrücklich in die kritisch-konstruktive Theorie integriert, aber es hat den Anschein, als wenn es – in der Beziehung didaktischen Denkens und Forschens auf die Tatsachen – bloße Mittelbedeutung hätte.

Verwundern mag, daß KLAFKI auch die kritisch-konstruktive Theorie noch als bildungstheoretische Didaktik gewertet und ausdrücklich bezeichnet haben möchte. Er will aber auf den Bildungsbegriff nicht verzichten (vgl. Abschnitt 6.3.4).

Für den *Bildungsvorgang* reicht in der alten Fassung die Beschreibung als »Begegnung« aus, Begegnung des Zöglings mit der Wirklichkeit. Nun aber greift KLAFKI auf die Bezeichnung »Interaktion« zurück: »*Der Zusammenhang von Lehren und Lernen* wird als *Interaktionsprozeß* verstanden, in dem Lernende sich mit Unterstützung von Lehrenden zunehmend selbständiger Erkenntnisse und Erkenntnisformen, Urteils-, Wertungs- und Handlungsmöglichkeiten zur reflexiven und aktiven Auseinandersetzung mit ihrer historisch-gesellschaftlichen Wirklichkeit aneignen sollen.« (1985, S. 32) Außer einer spürbaren Erweiterung des bisherigen Bildungsbegriffes auf »Lehren und Lernen« – wohl eine Übernahme aus der lerntheoretischen Didaktik – verschiebt sich der Aspekt: Der bisherige Bildungsvorgang umfaßte die Auseinandersetzung des Schülers mit Inhalten, wobei dieser inhaltliche Aspekt in den Vordergrund gestellt wurde, jetzt jedoch ist neben dem inhaltlichen vor allem auch der *Beziehungsaspekt* von Bedeutung, d. h. die Art und Weise der Auseinandersetzung. Obwohl die Kategorien Inhalt und Beziehung schon lange von WATZLAWIK vertreten werden, gewannen sie in der Didaktik erst mit Aufnahme des kritischen Gesichtspunktes ernsthaft an Bedeutung, so daß hier eine Beeinflussung durch die kritische, die kommunikative Didaktik deutlich wird. Wird an der Aufnahme des »Beziehungs«-Aspektes schon andeutungsweise eine geringere Einschätzung des didaktischen Inhaltsproblems spürbar, so wird dies noch deutlicher von KLAFKI ausgedrückt: »Man müßte von einem *Primat der Intentionalität* gegenüber allen anderen Dimensionen des didaktischen Feldes sprechen.« (KLAFKI 1978, S. 71) Ohne große Begründung wird die so lange und überaus hartnäckig verfochtene These vom *Primat der Inhalte* zugunsten der These vom *Primat der Zielsetzungen bzw. Lernziele* aufgegeben. Obwohl die Praxis sich seit langem schon vorwiegend an lernzielorientierten Modellen aus der curricularen Bewegung orientiert hat, überrascht dieser Thesenwechsel in der bildungstheoretischen Didaktik.

Eng verbunden mit diesem Thesenwechsel ist die Veränderung der Auffassung über das *Gegenstandsfeld der didaktischen Theorie.* Ließ schon die Aufgabe des überkommenen Bildungsbegriffes auf eine Erweiterung des Gegenstandsfeldes schließen, so wird das nun ganz deutlich: Didaktik ist nicht länger mehr bloß auf Inhalte konzentriert, sondern auf das gesamte Lehr- und Lerngeschehen und all dessen Dimensionen bezogen. Die Entwicklung der KLAFKIschen Auffassung bestätigt mithin – wenn auch etwas spät – die Annahme HEIMANNs, Didaktik müsse unter den Folgen einer Desintegration leiden, wenn sie sich nur auf das Inhaltsproblem beziehe. Die Ausweitung des didaktischen Feldes hat unmittelbar Auswirkungen auf die Didaktische Analyse, die nun auch nicht mehr bloß inhaltsbezogen und nur Kern der Unterrichtsvorbereitung sein kann (s. u.). Die kritisch-konstruktive Theorie gibt Lehrern nicht nur Zielvorstellungen im neugefaßten Bildungsbegriff vor, sondern auch solche über den Weg des Lehrens und Lernens. KLAFKI macht deutlich, daß methodische Entscheidungen weitgehend dem Prinzip »entdeckenden bzw. nachentdeckenden« Lernens sowie dem »schülerorientierten Unterrichts« entsprechen sollten (vgl. bes. 1980a, S. 32).

Die kritisch-konstruktive und bildungstheoretische Didaktik ist keine bloß dem geisteswissenschaftlichen Verständnis von Wissenschaft entsprechende Theorie mehr; sie ist vielmehr allen drei nach HABERMAS unterschiedenen Wissenschaftsauffassungen verpflichtet und stellt den Versuch dar, geisteswissenschaftliche, positivistische und kritische Vorstellungen zu integrieren. Gemessen an ihrer seinerzeitigen Abgrenzung gegenüber anderen didaktischen Ansätzen ist sie gegenwärtig als *Mischtheorie* zu bezeichnen, in die ausdrücklich als bewährt empfundene Vorstellungen der übrigen didaktischen Ansätze aufgenommen wurden.

Mit der Bezeichnung »kritisch« bringt sie ihre durchgängige Einstellung zur Wirklichkeit zum Ausdruck, und zwar nicht bloß zur didaktischen, sondern zur gesamten gesellschaftlich-geschichtlichen Wirklichkeit, in der sie angesiedelt ist. Didaktik hat stets nicht nur hinzunehmen, was sie vorfindet, sondern die vorfindbaren Umstände zu hinterfragen, d. h. danach zu fragen, ob sie so sein müssen, wie sie sind, oder ob sie anders – und wie – sein könnten, um den Bildungsauftrag auf bestmögliche Weise erfüllen zu können.

Mit der Bezeichnung »konstruktiv« wird von Didaktik gefordert, nicht bloß kritisch nach der Notwendigkeit der derzeitigen Ausgestaltung der Wirklichkeit zu fragen, sondern bei entsprechender Einsicht auch Vorschläge für eine Umgestaltung zu entwickeln und durchsetzen zu helfen. Den bloß destruktiven Charakter mancher kritischer Ansätze soll diese Didaktik zugunsten grundlegend konstruktiver praxisorientierter Arbeit überwinden (vgl. bes. 1985, S. 37ff.).

### 6.3.3 Perspektivenschema zur Unterrichtsplanung

Auch die kritisch-konstruktive Theorie bewahrt also die praktische Tendenz der bildungstheoretischen Didaktik, was sich vor allem wiederum darin ausdrückt, daß erneut ein Modell für die Planung von Unterricht bereitgestellt wird. Zwar enthält dies Modell Momente der ursprünglichen Didaktischen Analyse, ist aber nicht mehr mit dieser identisch. Es entspricht – zumindest in den bisher vorliegenden »Perspektiven« – den Postulaten der kritisch-konstruktiven Theorie (vgl. bes. 1985, S. 194ff.).

Daß die »Didaktische Analyse« in ihrer ursprünglichen Form nicht mehr beibehalten werden konnte, folgt allein schon daraus, daß die Umstände sich geändert haben, auf die sie bezogen war. Gedacht für den Unterricht planenden

Lehrer, knüpfte sie an dessen Planungssituation an. Diese war seinerzeit besonders dadurch gekennzeichnet, daß er seine Planung an die Vorgaben eines Lehrplans anschließen mußte. Diese Situation ist heute formal dieselbe, aber die Lehrpläne vergangener Zeiten waren *inhaltsorientiert,* gaben vorwiegend Themen und Inhalte für den Unterricht vor. Dementsprechend gab die Didaktische Analyse Hilfen für die Auswahl von Inhalten. Heutige Lehrpläne sind *zielorientiert,* so daß inhaltsbezogene Modelle zwar nicht überflüssig oder gar wertlos werden, aber sie gewähren gleichsam nur »nachgeordnete« Hilfe. Weil sich die praktische Situation der Unterrichtsplanung durch den Lehrer geändert hat, muß sich auch die von der didaktischen Theorie angebotene Hilfe ändern. Diesem auf dem historischen Selbstverständnis bildungstheoretischer Didaktik fußenden Postulat entspricht KLAFKI mit dem Neuentwurf eines Modells zur Unterrichtsplanung, das er der breiten Öffentlichkeit 1980 unter der Bezeichnung »Vorläufiges Perspektivenschema zur Unterrichtsplanung« vorstellt (1980 a, S. 35; 1985, S. 215).

An diesem Planungsmodell fallen besonders einige Änderungen gegenüber der Didaktischen Analyse ins Auge (eine ausführliche Darstellung findet sich bei PETERSSEN 1992, S. 62 ff.):

– An die Stelle einer »impliziten« tritt eine ausführliche *explizite Bedingungsanalyse.*
– An die Stelle des »Primats der Inhalte gegenüber der Methode« tritt die »*These vom Primat der Zielsetzung*«.
– An die Stelle des Bildungsideals vom »gebildeten Laien« tritt als oberstes Bildungsziel die Vorstellung von der *Emanzipation,* umschrieben als Fähigkeiten zur Selbst- und Mitbestimmung sowie zur Solidarität.
– An die Stelle einer bloß individuellen Orientierung der Fragen tritt eine durchgängige *gesellschaftspolitische Orientierung.*
– Zusätzlich aufgenommen wird die *Erweisbarkeit bzw. Überprüfbarkeit* des Lernens.
– Zusätzlich aufgenommen wird auch die Frage nach der *Prozeß-Struktur* des Lernens.
– Statt als »Begegnung« mit Inhalten wird Bildung bzw. Lernen vor allem als ein *Interaktionsprozeß* begriffen.

Im Unterschied zu den fünf Hauptfragen der »Didaktischen Analyse« weist das »Perspektivenschema« auf sieben solcher Fragen hin, die der »Bedingungsanalyse« folgen. In Stichworten dargestellt, zeigt sich folgende Struktur:

– *Bedingungsanalyse:* Umfassende Erfassung aller Voraussetzungen, unter denen der Lehr- und Lernprozeß stattfinden soll
– *Begründungszusammenhang:* Erörterung der Fragen, ob und warum der vorgesehene Lehr- und Lernprozeß stattfinden kann bzw. soll
  1. Gegenwartsbedeutung
  2. Zukunftsbedeutung
  3. exemplarische Bedeutung (für die Förderung von Selbst-, Mitbestimmungs- und Solidaritätsfähigkeit)
– *thematische Strukturierung:* Schwerpunktsetzung für das Thema des Lehr- und Lernprozesses

114

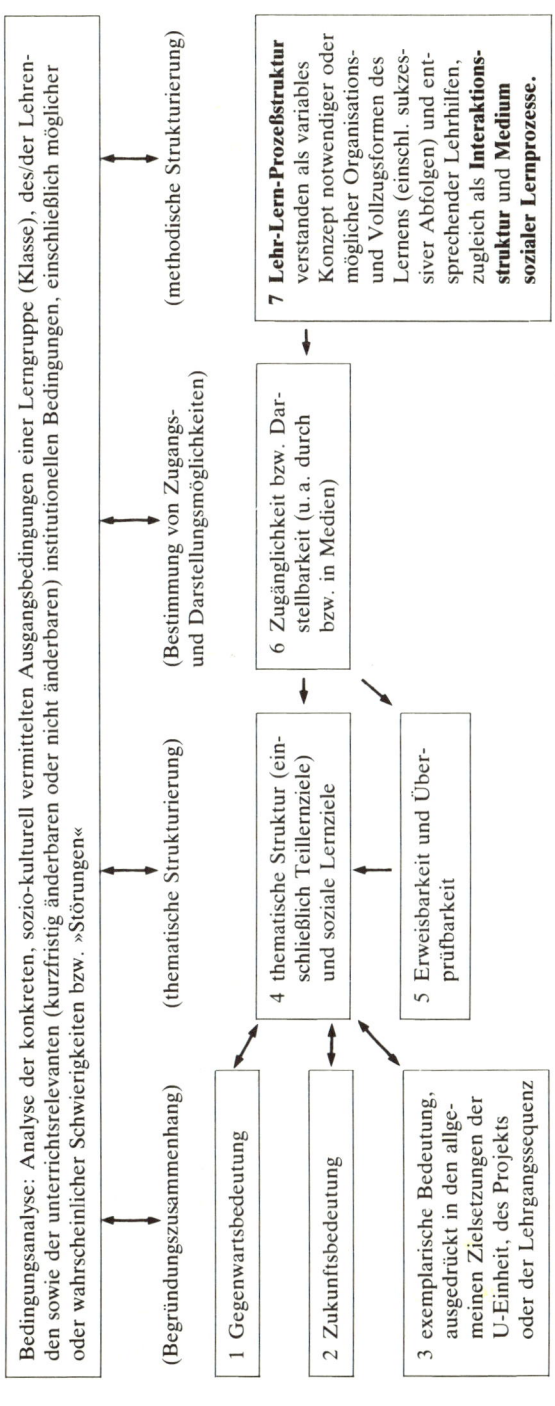

*Vorläufiges Perspektivenschema zur Unterrichtsplanung nach KLAFKI*

4. thematische Struktur
   - Perspektive
   - immanente Methode
   - Momente
   - innerer Zusammenhang
   - Schichtung
   - äußerer Zusammenhang
   - Voraussetzungen
5. Erweisbarkeit/Überprüfbarkeit
   - *Bestimmung von Zugangs- und Darstellungsmöglichkeiten*
6. Zugänglichkeit/Darstellbarkeit (z. B. Medien)
   - *methodische Strukturierung*
7. Lehr-Lern-Prozeßstruktur

### 6.3.4 Der neue Bildungsbegriff: Zweifache Bestimmung

Die in meinen Augen bedeutsamste und – wenn sie denn greift – folgenschwerste Veränderung vollzieht KLAFKI mit dem Bildungsbegriff für seine Neufassung der bildungstheoretischen Didaktik. Obwohl er die traditionelle Bindung bildungstheoretischer Didaktik an ausschließlich geisteswissenschaftlich orientierte Theoriebildung aufgegeben und sie für alle derzeit erörterten Positionen wissenschaftlicher Theoriebildung geöffnet hat, hält er nach wie vor die Bindung didaktischer Theoriebildung an die Bildungstheorie für unerläßlich.

Wie er selber sagt: »Eine zentrale Kategorie wie der Bildungsbegriff oder ein Äquivalent dafür ist unbedingt notwendig, wenn die pädagogischen Bemühungen um die nachwachsende Generation und der heute unabdingbar gewordene Anspruch an unser aller, also auch der Erwachsenen ›lebenslanges Lernen‹ nicht in ein unverbundenes Nebeneinander oder gar Gegeneinander von zahllosen Einzelaktivitäten auseinanderfallen soll, wenn vielmehr pädagogisch gemeinte Hilfen, Maßnahmen, Handlungen und individuelle Lernbemühungen *begründbar* und *verantwortbar* bleiben oder werden sollen.« (1991, S. 44)

Bildung als »zentrierende Kategorie« stellt demnach die Klammer dar, durch die alles didaktische Denken und Handeln zusammengehalten und auf sein eigentliches Ziel hin, die »zu Bildenden«, gerichtet wird. Wo der Bildungsbegriff selbst nicht auftaucht, weil er möglicherweise abgelehnt oder für überholt o. ä. gehalten wird, sieht KLAFKI dennoch stets vergleichbare Kategorien verwendet. Dort wird dann statt dessen von »Emanzipation«, »Autonomie« o. ä. gesprochen. Aber auch sie »bezeichnen nämlich zentrierende, übergeordnete Orientierungs- und Beurteilungskriterien für alle pädagogischen Einzelmaßnahmen« (1991, S. 44).

Als »zentrierende Kategorie« hat der Bildungsbegriff keinen genuinen konstruktiven Wert, aus dem man bloß noch die notwendigen Konsequenzen für didaktisches Denken und Handeln zu ziehen brauchte. Der Bildungsbegriff hat vielmehr »regulativen« Charakter. An ihm sind alle Entscheidungen und Handlungen daraufhin zu messen, ob sie sich wohl als bildungswirksam erweisen werden bzw. erwiesen haben oder nicht. Nur wenn sie sich als potentiell oder tatsächlich bildungswirksam erweisen, können sie als gerechtfertigt betrachtet werden; dadurch erst kann man sie als »begründbar« und »verantwortbar« werten.

Die bildungstheoretische Vorklärung muß dem so aufgefaßten Bildungsbegriff

Kontur und Schärfe verleihen, damit er auch verwendbar wird, damit an ihm beabsichtigte, ausgeführte und vollzogene Maßnahmen auf ihre Bildungswirksamkeit hin überprüft werden können. Diese »Bestimmung« des Bildungsbegriffs nimmt KLAFKI selber vor, und zwar auf zweifache Weise: zum einen bestimmt er mit Blick auf den individuellen Menschen, zum anderen bestimmt er durch Rückgriff auf die überkommene Kategorie »Allgemeinbildung«, wie Bildung zu begreifen ist.

● **Der individuelle Bestimmungsansatz:** Wenn er Bildung mit besonderer Blickrichtung auf das Individuum zu bestimmen versucht, folgt KLAFKI gleichsam dem geisteswissenschaftlichen Konzept des »Bildungsideals«. Als Bildungsideal bezeichnet die Geisteswissenschaft das Idealbild eines gebildeten Menschen, das zu bestimmten Zeiten vorherrscht, wie z. B. das Bild des Ritters im Mittelalter oder des »gentleman« im früheren England. KLAFKI nennt drei Bestimmungsstücke, die seiner Meinung nach einen »gebildeten Menschen« heute kennzeichnen:
– die Selbstbestimmungsfähigkeit,
– die Mitbestimmungfähigkeit und
– die Solidaritätsfähigkeit.
In KLAFKIs eigenen Worten:
»Bildung muß m. E. heute als selbsttätig erarbeiteter und personal verantworteter Zusammenhang dreier Grundfähigkeiten verstanden werden:
– als Fähigkeit zur Selbstbestimmung jedes einzelnen über seine individuellen Lebensbeziehungen und Sinndeutungen zwischenmenschlicher, beruflicher, ethischer, religiöser Art;
– als Mitbestimmungsfähigkeit, insofern *jeder* Anspruch, Möglichkeit und Verantwortung für die Gestaltung unserer gemeinsamen kulturellen, gesellschaftlichen und politischen Verhältnisse hat;
– als Solidaritätsfähigkeit, insofern der eigene Anspruch auf Selbst- und Mitbestimmung nur gerechtfertigt werden kann, wenn er nicht nur mit der Anerkennung, sondern mit dem Einsatz *für* diejenigen und dem Zusammenschluß *mit* ihnen verbunden ist, denen eben solche Selbst- und Mitbestimmungsmöglichkeiten aufgrund gesellschaftlicher Verhältnisse, Unterprivilegierung, politischer Einschränkungen oder Unterdrückungen vorenthalten oder begrenzt werden.« (1991, S. 52)
Es fällt auf, daß KLAFKI bei dieser Neubestimmung keine inhaltliche Zeichnung des Gebildeten vornimmt, auch keine bestimmten Inhalte benennt, über die ein Gebildeter zu verfügen habe. Das hängt mit der allgemeinen Auffassung über die Verwendung des Bildungsbegriffs zusammen: Bildung bezeichnet einen selbstintentionalen Vorgang. Bildung – etwa im Unterschied zum »Lernen« – wird grundsätzlich als nicht »machbar« verstanden. Bildung vollzieht jeder einzelne Mensch für sich selbst. Von außen kann man ihm dafür bloß Hilfen anbieten und bereitstellen. Dementsprechend verbietet es sich, bestimmte Inhalte für alle Menschen verbindlich vorzugeben und als essentielle Bildungsinhalte auszuweisen. Nur im eigenverantworteten Selbst-Vollzug kann Bildung verwirklicht werden. Zudem hängt tatsächliche Bildung nicht nur davon ab, was ein Mensch aus sich machen möchte, sondern ebensosehr davon, was er aus sich machen kann, d. h. unter welchen Umständen – natürlicher wie gesellschaftlicher, ererbter wie erworbener Art – er seinen Bildungsprozeß vollziehen kann.

Es fällt weiterhin besonders auf, daß KLAFKI zur Bestimmung des neuen Bildungsbegriffs von »Fähigkeiten« spricht. Hier hat er zweifellos auf die ihm eigene und besondere Art, Vorstellungen und Sprache der Zeit aufzunehmen und in seine Theoriebildung zu integrieren, den »Qualifikationsbegriff« verwendet. Dieser war in der pädagogischen und didaktischen Theoriebildung lange Zeit als Ersatz an die Stelle des traditionellen Bildungsbegriffs getreten. Der – in der Tat – in vielem vorbelastete Bildungsbegriff sollte durch diesen aus der Lehr-Lernforschung übernommenen Begriff ersetzt werden, wovon man sich vorurteilsfreiere Diskussionen versprach. Mittlerweile hat sich allerdings der Bildungsbegriff wieder als viel verwendete Kategorie durchgesetzt, zumal er von traditionellem wie ideologischem Ballast befreit worden ist. KLAFKI schärft ihn durch die Drei-Komponenten-Beschreibung.

Bildung insgesamt umschrieb er anfangs mit der aus der kritischen Theorie entlehnten Zielvorstellung der »Emanzipation«. Doch schien ihm dieser Begriff wenig geeignet, eine praxiswirksame Didaktik mitzubegründen. Vor allem hält er ihn semantisch für ungeeignet, da er kaum positiv-konstruktive Schlüsse auf notwendiges didaktisches Handeln zuläßt, weil er selbst sprachlogisch negativ besetzt ist. Die Drei-Komponenten-Beschreibung von Bildung hingegen läßt sich gut nutzen, indem man danach fragt, ob die beabsichtigten oder die gerade ausgeführten oder die bereits vollzogenen Handlungen tatsächlich dazu beitragen, beigetragen haben, die Fähigkeit der Lernenden zur Selbst- und Mitbestimmung und zur Solidarität zu fördern.

Diese drei Grundfähigkeiten werden als integrierende Bestandteile von Bildung angesehen. Sie können nicht summenhaft verstanden werden. Jeder Mensch hat den Anspruch darauf, daß sie alle drei so optimal ausgebildet werden, wie das seine besonderen Verhältnisse zulassen. Didaktik – Denken wie Handeln – hat dafür zu sorgen, daß jeder alle nur erdenklichen Hilfen bekommt, solche Bildung vollziehen zu können. Das tatsächlich erreichte Bildungsprofil wird je individuell sein.

● **Die Bestimmung vom Allgemeinbildungsbegriff her:** KLAFKI hat sich schon seit langem überaus intensiv mit dem Begriff von Allgemeinbildung befaßt und ihn systematisch wie historisch aufzuklären versucht. Und von hier aus sieht er auch im Allgemeinbildungsbegriff drei Bestimmungsstücke gegeben:

– **Allgemein im Sinne von »für alle«**
Allgemeinbildung kann nicht auf wenige Menschen beschränkt bleiben, weil alle Menschen denselben Anspruch darauf haben.

– **Allgemein im Sinne von »allseitig«**
Allgemeinbildung bezieht sich auf den ganzen Menschen und nicht bloß, wie oft geschehen, nur auf seinen Intellekt. »Kopf, Herz und Hand« (PESTALOZZI) gilt es in gleicher Weise zu bilden.

– **Allgemeinbildung im Sinne von »Bildung durch das Allgemeine, im Medium des Allgemeinen«**
Und hier liegt der in meinen Augen entscheidende und bedeutsame neue Kern der derzeitigen KLAFKIschen Bildungsvorstellung. Ohne Zweifel übernimmt er mit diesem dritten Bestimmungsstück gedankliche Ansätze aus seiner »alten« Konzeption. Dort hatte er Bildung als »kategoriale Bildung« in Verbindung mit dem »Prinzip des Elementaren« gebracht (vgl. in diesem Buch bes. S. 97 ff.). Voraussetzung für Bildung war stets die »allgemeine« Einsicht, der Gewinn des »Allgemeinen«, der sich konkret am je »Besonderen« vollzog. Beispielsweise konnte an der *besonderen* Fabel vom »Fuchs und die sauren Trauben« *allgemein* die Erkenntnis der Fabelstruktur und des Fabelaufbaus gewonnen werden. Erst ein Vorgang, bei dem neben besonderen Lernergebnissen auch solche »allgemeine« erworben werden konnten, erwies sich

als Bildungsvorgang. Diese Auffassung hält KLAFKI gegenwärtig bloß noch in ihrer formalen Struktur bei. Konzeptionell integriert er darin eine völlig neue Vorstellung, und zwar die über »Schlüsselprobleme«.

Bildung durch das Allgemeine bedeutet ihm heute: Bildung durch Schlüsselprobleme. Als gebildet gilt ihm heute nicht mehr, wer möglichst viele allgemeine Einsichten gewonnen hat und über sie verfügen kann, sondern erst jener, der mit Schlüsselproblemen konfrontiert wurde und sich dabei ausschließlich daran erwerbbare Kenntnisse, Fertigkeiten und Einstellungen aneignete. Während die individuelle Bestimmung von Bildung jedem seine eigene inhaltliche Ausgestaltung und Ausprägung von Bildung gestattet, ja auferlegt, meint diese Auffassung von Allgemeinbildung, daß alle Menschen sich mit denselben Schlüsselproblemen auseinandergesetzt haben müssen.

In KLAFKIs Worten:

»Meine Kernthese lautet: Allgemeinbildung bedeutet in dieser Hinsicht, ein geschichtlich vermitteltes Bewußtsein von zentralen Problemen der Gegenwart und – soweit voraussehbar – der Zukunft zu gewinnen, Einsicht in die Mitverantwortlichkeit aller angesichts solcher Probleme und Bereitschaft, an ihrer Bewältigung mitzuwirken«. (1991, S. 56)

Schlüsselprobleme sind solche Probleme, die *alle und jeden* angehen. Sie sind von *epochaltypischer* Art. Sie sind bestimmte, in einer besonderen Zeitepoche alle Menschen angehende Probleme. Wenngleich sie immer Probleme aller Menschen sind, so sind sie das durchaus nicht in derselben Weise. Von gesellschaftlichen, regionalen usw. Besonderheiten hängt es ab, in welcher Weise ein Schlüsselproblem an die Menschen herantritt. Ein Schlüsselproblem ist z. B. die »Umweltfrage«, d. h., es geht alle Menschen und jeden einzelnen an, wo immer er auch gegenwärtig lebt. Aber dem Bewohner des brasilianischen Regenwaldes begegnet es in ganz anderer Weise als dem Bewohner des industrieintensiven Ruhrgebiets.

Dieses Strukturpostulat, ein Schlüsselproblem müsse alle und jeden angehen, begrenzt von vornherein die Zahl der maßgeblichen Probleme. KLAFKI selbst nennt derzeit, obwohl er die Liste für erweiterbar hält, fünf (vgl. 1991, bes. S. 56 ff.):

– die Friedensfrage
– die Umweltfrage
– die gesellschaftlich produzierte Ungleichheit
– die neuen Technologien
– die Ich-Du-Beziehung

Neuerdings nennt KLAFKI auch schon einmal sieben Schlüsselprobleme, wobei auffällt, daß auch die bisher immer von ihm benannten teilweise neu formuliert werden und so neuen Interpretationen offenstehen, und zwar beispielsweise in folgender Formulierung (KLAFKI, 1993, S. 22 ff.):

– »die Frage von *Krieg und Frieden*«
– »›*Sinn und Problematik des Nationalitätsprinzips*‹ und ›*Kulturspezifik und Interkulturalität*‹«
– »Umweltfrage oder die *ökologische* Frage«
– das »*rapide Wachstum der Weltbevölkerung*«
– »die *gesellschaftlich produzierte Ungleichheit*«

- »*Gefahren und die Möglichkeiten der neuen technischen Steuerungs-, Informations- und Kommunikationsmedien*«
- »*Subjektivität des einzelnen* und das *Phänomen der Ich-Du-Beziehungen*«

Schärfer als in der ersten Auflage der »Neuen Studien« (1985) stellt er in der zweiten Auflage (1991) heraus, daß Schlüsselprobleme nicht in die Beliebigkeit von einzelnen Lehrern gestellt sind, sondern daß es eines breiten »diskursiv« herbeigeführten »Konsenses« zu ihrer Bestimmung bedarf. Lehrern verbleibt dann im Grunde nur noch die Frage der »didaktischen Behandlung«, d. h., wo und auf welche Weise die Schüler an eines der vorbestimmten Schlüsselprobleme herangeführt werden sollen. Allerdings wird m. E. die Behauptung, Schlüsselprobleme seien nicht beliebig bestimmbar, ihre Zahl nicht beliebig erweiterbar, durch KLAFKI selber unterlaufen, wenn er – wie oben aufgeführt – aus eigener Entscheidung heraus – wohl weil bei der betreffenden Tagung gerade entsprechende Probleme das nahezulegen schienen – die bisher von ihm vertretene Zahl um gleich zwei erweitert und die übrigen umformuliert. KLAFKIs eigener selbstherrlicher Umgang mit den Schlüsselproblemen entwertet deren grundlegende Bedeutung für die gegenwärtige Didaktik in meinen Augen stark. Man muß die weitere Entwicklung – besonders KLAFKIs künftige Äußerungen – abwarten, um dann erneut vor allem die Frage der pädagogisch-didaktischen Einflußnahme von Lehrern auf Schlüsselprobleme – und so die Frage der Beliebigkeit bildnerischer Maßnahmen im alltäglichen Unterricht – aufzugreifen und zu beantworten.

Worum es bei der gezielten Begegnung mit Schlüsselproblemen geht, was also als Bildungsergebnis bewirkt werden sollte, postuliert KLAFKI wie folgt: Obwohl es nicht um »Beliebigkeit und prinzipienlosen Pluralismus« gehen kann, kann es auch »*nicht* um die Festlegung auf eine einzige Sichtweise und einen bestimmten der in der Diskussion befindlichen Problemlösungsvorschläge gehen« (S. 62). Das folgt in meinen Augen auch konsequent zum einen aus der Prämisse, daß Bildung bloß im Selbstvollzug erworben werden kann, also jeder sich um seine Sichtweise und seine Lösungsannahmen für die Schlüsselprobleme bemühen muß, und zum zweiten aus der Bestimmung von Individualbildung, die dem einzelnen Selbstbestimmungsfähigkeit zuschreibt, ihm diese also auch im Bildungsprozeß gewähren muß. Und von hier aus – durch die Momente der Mitbestimmungs- und Solidaritätsfähigkeit – wird zumindest von der Theorie her auch garantiert, daß die dem einzelnen zugesicherte und abverlangte Eigenverantwortung und Selbsttätigkeit im Bildungsprozeß nicht zu übersteigerten egozentrischen Vorstellungen und Einstellungen führen kann.

Für die didaktische Umsetzung des Konzepts Schlüsselprobleme rät KLAFKI in bekannter Manier, auf alle derzeit anerkannten didaktischen Prinzipien und Verfahren zurückzugreifen (vgl. ebenda, S. 68ff.).

Ein »Gebildeter« heute, so können wir nach KLAFKI zeichnen, ist jemand, der immer zugleich die drei genannten Grundfähigkeiten optimal entwickelt hat und über sie frei verfügen kann sowie die Schlüsselprobleme der Gegenwart kennt, an ihrer Lösung interessiert ist und sich aktiv um diese bemüht.

### 6.3.5 Zusammenfassung und kritische Einschätzung

Die bildungstheoretische Didaktik bietet sich auch in den 80er Jahren immer noch als *bildungstheoretische* Didaktik dar. Zumindest will KLAFKI nicht auf dieses kategorisierende Attribut verzichten. Allerdings hat sich die Auffassung über den implizierten Bildungsbegriff stark verändert. Der Bildungsbegriff wird zweifach bestimmt: als Individual- und als Allgemeinbildung. Der Begriff der Individualbildung erfährt eine aus der Auseinandersetzung mit kritischer Theorie herrührende Veränderung: *die Fähigkeit, über sich selbst und mitbestimmen sowie sich solidarisch verhalten zu können, wird als erreichbare Voraussetzung von »Emanzipation« begriffen.* Die zentrale Kategorie bildungstheoretischer Didaktik, der Bildungsbegriff, ist in gleichem Maße Veränderungen unterzogen worden wie die theoretische Struktur dieser Didaktik. Die leitende Vorstellung von Allgemeinbildung soll auffordern, *Bildung für alle und allseitig anzulegen und am Allgemeinen zu vollziehen,* wobei aber vor allem aktuelle Existenzprobleme, als Schlüsselprobleme, ausgewählt werden sollen.

Was die neue Konzeption bildungstheoretischer Didaktik besonders kennzeichnet, ist ihr Charakter einer *Mischtheorie.* Und zwar ist sie dies in zweifacher Hinsicht: zum einen auf der *metatheoretischen,* zum anderen auf der *theoretischen Ebene.*

Bislang ausschließlich geisteswissenschaftlich orientiert, hat sich die bildungstheoretische Didaktik nunmehr für alle metatheoretischen Positionen geöffnet – für Geisteswissenschaft, Positivismus und Kritische Schule. Es ist der Versuch unternommen worden, bildungstheoretische Didaktik zum Integrationsmodell für unterscheidbare wissenschaftstheoretische Auffassungen zu machen und hierfür die plakative Bezeichnung *kritisch-konstruktiver Theorie* zu prägen. Obwohl der Anschein gleichgewichtiger Anteile von Grundpositionen erweckt werden soll, hat m. E. die geisteswissenschaftliche Position immer noch bedeutendes Übergewicht. Gerade ihre praktische Ausrichtung ermöglichte offenbar allererst die Öffnung für die konkurrierenden Positionen und die Hineinnahme einzelner von deren Momenten. Die pragmatische Tendenz geisteswissenschaftlicher Didaktik ist wohl letzten Endes die Klammer, durch die alle unterschiedlich abgeleiteten Momente der kritisch-konstruktiven Theorie zusammengehalten werden. Deren Grundzug ist auch ein an die didaktische Wirklichkeit gebundener Pragmatismus. Mögen Momente kritischer Theoriebildung auch in den Darstellungen der Neukonzeption stark in den Vordergrund treten, mir erscheinen sie bisher nur als verhältnismäßig oberflächlich auf geisteswissenschaftliche Fundamente aufgetragen.

Auf theoretischer Ebene erweist sich die Neukonzeption ebenfalls als Mischtheorie, und zwar als Zusammenfassung all jener Momente der seinerzeitigen Konkurrenzansätze, die sich offensichtlich bewährt, zumindest aber bei den Praktikern durchgesetzt haben. Stichwortartig gezeichnet:

- Aus der *lerntheoretischen Didaktik* sind die nunmehr explizite Bedingungsanalyse bei der Unterrichtsplanung, die weite Fassung des Gegenstandsfeldes der Didaktik, die ausdrückliche Erörterung der Prozeßstruktur und nicht zuletzt ein unverkrampfter Umgang mit dem schlichten Lernbegriff übernommen worden.
- Aus der *kommunikativen Didaktik* sind das durchgehend gesellschaftspolitische Denken, die Vorstellung von Lehren und Lernen als Interaktion, die ideologiekritische Fragestellung und der Emanzipationsbegriff als Leitkategorie für didaktisches Handeln übernommen worden.
- Die *curriculare Bewegung* hat den Gedanken der Zielorientierung sowie die Lernkontrolle, Überprüfbarkeit bzw. Erweisbarkeit, beigesteuert.

Auch hier, so meine ich, zeigt sich die pragmatische Tendenz geisteswissenschaftlicher Theoriebildung, die zuließ, daß der ursprünglich eng gefaßte und auf Inhaltsprobleme beschränkte Ansatz bildungstheoretischer Didaktik sich nicht nur für Erkenntnisse, sondern auch für Kategorien und Strategien ehemals mit ihr konkurrierender Ansätze öffnen konnte. In den Ansprüchen an Praktiker unterscheidet sich diese Theorie kaum noch von der Neufassung lerntheoretischer Didaktik, in dieser Feststellung muß man KLAFKI zustimmen. Bei den Praktikern wird diese Theorie – nicht unbedingt ihre Bezeichnung als »kritisch-konstruktiv«, wohl aber ihre Strategien zur Planung von Unterricht – vermutlich auf große Zustimmung stoßen, vorausgesetzt, sie wird künftig verständlich genug dargestellt. In der theoretischen – besser wohl: metatheoretischen – Diskussion hingegen bestehen noch manche Zweifel hinsichtlich der Möglichkeit, wissenschaftliche Positionen derart zusammenzufassen, ohne die vorhandenen Spannungen zwischen ihnen schlicht zu negieren. Was bisher in der gesamten Didaktik, über die Grenzen der einzelnen Positionen hinaus und zwischen diesen, verhandelt, diskutiert und ausgetragen wurde, muß nun innerhalb dieser einen »kritisch-konstruktiv« genannten Theorie erfolgen, wenn nicht tatsächlich Unterschiede und Gegensätze lediglich verleugnet werden sollen.

Abzuwarten bleibt vor allem auch, ob diese Didaktik ihren Grundanspruch erfüllen kann, *kritisch* und *konstruktiv* zugleich zu sein. Ich halte diesen Anspruch für gut. Die kritische Didaktik selbst ist bisher nämlich kaum konstruktiv geworden; sie zeichnet sich vielmehr durch Destruktivität aus (worauf an entsprechender Stelle noch eingegangen werden soll). Eine aus geisteswissenschaftlicher Tradition erwachsene und ihr immer noch verbundene Didaktik kann nicht bloß kritisch-destruktiv sein, sondern muß konstruktiv werden und positive Vorschläge für die Gestaltung der Lehr- und Lernwirklichkeit entwickeln, die ihren neuartigen Zielvorstellungen entsprechen.

In der gegenwärtigen Diskussion gibt es durchaus auch Ablehnungen der KLAFKIschen Auffassung. Besonders heftig, aber auch besonders grobschlächtig und meiner Auffassung nach in vielem unzulässig, wendet sich MATTHES gegen den Integrationsversuch KLAFKIs. Zustimmen könnte man ihr noch, wenn sie darauf hinweist, daß bei einer solchen Integration möglicherweise »Unvereinbarkeiten nicht mehr in genügendem Maße gesehen und Unterschiede verwischt bzw. ihrer Originalität beraubt werden« (MATTHES 1992, S. 154). In der Tat hat sich KLAFKI offenbar über die strukturellen Unterschiede der drei von ihm zusammengefaßten wissenschaftlichen Paradigma keine sonderlichen Gedanken gemacht. Obwohl doch bereits BLANKERTZ in seiner berühmten Didaktik-Darstellung davon gesprochen hatte, daß sich möglicherweise »zwischen alle Stühle« setzen könnte, wer den Versuch vorschneller Gegensatz-Überbrückung versuche. Geradezu unverständlich finde ich aber MATTHES' Argumentation gegen KLAFKI in folgender Denkfigur: »Weiterhin steckt hinter... (Pet.: KLAFKIs Begründung der Integration) ...die Vorstellung, daß es ein wissenschaftliches Denken auf der Höhe seiner Zeit gebe. Somit können diejenigen, die sich das von KLAFKI vorgeschlagene Integrationsmodell nicht zu eigen machen, als in ihrem Erkenntnisstand zurückgeblieben... betrachtet werden« (Ebenda, S. 154). Die hier verwendete formale Logik erkenne ich nicht. Selbst wenn MATTHES hierfür den absoluten Ideologiebegriff MANNHEIMs bemüht, vermag ich den Gedankengang immer noch nicht als folgerichtig anzuerkennen. Doch überlasse ich dem Leser die weitere Auseinandersetzung mit MATTHES. Für die Art ihrer Argumentation gegen die Integrationstheorie KLAFKIs nur noch ein – unkommentiertes – Beispiel. Sie schreibt: »Josef DERBOLAV etwa erteilt dem Integrationsmodell KLAFKIs eine klare Absage« (Ebenda, S. 154). Was sie dann dafür von DERBOLAV anführt und zitiert, stammt – auch ihren eigenen Angaben nach – aus dem Jahre 1970. Soviel ich weiß, hat KLAFKI aber erstmals gegen Ende der ersten Hälfte der achtziger Jahre öffentlich nach Integration verlangt.

## Literatur

BARTELS, Klaus: Die Pädagogik Herman Nohls. Weinheim/Berlin 1968
BLANKERTZ, Herwig: Theorien und Modelle der Didaktik. München 1969
BREZINKA, Wolfgang: Erziehung und Kulturrevolution – Die Pädagogik der Neuen Linken. München 1974
DAHMER, Ilse/KLAFKI, Wolfgang (Hrsg.): Geisteswissenschaftliche Pädagogik am Ausgang ihrer Epoche – Erich Weniger. Weinheim 1968
DERBOLAV, Josef: Das »Exemplarische« im Bildungsraum des Gymnasiums. Düsseldorf 1957
–: Versuch einer wissenschaftstheoretischen Grundlegung der Didaktik. In: Didaktik in der Lehrerbildung. Zeitschrift für Pädagogik, 2. Beiheft. Weinheim 1960, S. 17–45
DILTHEY, Wilhelm: Gesammelte Schriften. Bd. 5. Leipzig/Berlin 1924; darin: Ideen über eine beschreibende und zergliedernde Psychologie, S. 139–240; Die Entstehung der Hermeneutik, S. 317–338
–: Pädagogik, Geschichte und Grundlinien des Systems. In: Gesammelte Schriften. Bd. 9. Leipzig/Berlin 1934
–: Über die Möglichkeit einer allgemeingültigen pädagogischen Wissenschaft. Berlin/Langensalza/Leipzig o. J.
FLITNER, Wilhelm: Theorie des pädagogischen Weges und Methodenlehre. In: Handbuch der Pädagogik. Bd. 3. Hrsg. von NOHL/PALLAT. Langensalza 1930, S. 59–118
–: Stellung und Methode der Erziehungswissenschaft. In: Zeitschrift für Pädagogik, 2, 1956, S. 65–73
HABERMAS, Jürgen: Technik und Wissenschaft als »Ideologie«. Frankfurt a. M. 1968
HOBBENSIEFKEN, Gunter/SESINK, Werner: Zum erweiterten Didaktik-Begriff Wolfgang Klafkis. In: Pädagogische Rundschau, 36, 1982, S. 557–577
KLAFKI, Wolfgang: Didaktische Analyse als Kern der Unterrichtsvorbereitung. In: Die Deutsche Schule, 50, 1958, H. 10, S. 450–471
–: Didaktik. In: GROOTHOFF/STALLMANN (Hrsg.): Pädagogisches Lexikon. Stuttgart 1961, Sp. 173–179
–: Das pädagogische Problem des Elementaren und die Theorie der kategorialen Bildung. 2., erw. Aufl. Weinheim 1963
–: Studien zur Bildungstheorie und Didaktik. 3./4., durchges. Aufl. Weinheim 1964; darin Kategoriale Bildung, S. 24–45; Das Problem der Didaktik, S. 72–125; Didaktische Analyse als Kern der Unterrichtsvorbereitung, S. 126–153
–: Replik auf: H. SEIFFERT: Muß die Didaktik eigenständig sein? In: Die Deutsche Schule, 58, 1966, H. 3, S. 182–189
–: Zur Diskussion über Probleme der Didaktik. In: Rundgespräch, 1967, 3/4., S. 131–140
–: Didaktik. In: GROOTHOFF/STALLMANN (Hrsg.): Neues Pädagogisches Lexikon. Stuttgart 1971 a, Sp. 229–235
–: Erziehungswissenschaft als kritisch-konstruktive Theorie: Hermeneutik – Empirie – Ideologiekritik. In: Zeitschrift für Pädagogik, 17, 1971 b, S. 351–385; auch in: DERS. (Hrsg.): Aspekte kritisch-konstruktiver Erziehungswissenschaft. Weinheim 1976

–: Interview mit Wolfgang Klafki über Probleme und neue Aspekte der »Didaktischen Analyse«. In: Die Deutsche Schule, 1972, S. 138–148

–: Zum Verhältnis von Didaktik und Methodik: In: Zeitschrift für Pädagogik, 1976, S. 77–94; auch in: DERS./OTTO/SCHULZ: Didaktik und Praxis. Weinheim 1977; (gekürzt:) DOHMEN/MAURER (Hrsg.): Unterricht – Aufbau und Kritik., 6., neubearb. u. erw. Aufl. München 1976, S. 45–61

–: Zur Entwicklung einer kritisch-konstruktiven Didaktik. In: Die Deutsche Schule, 69, 1977 a, S. 703–715

–: Probleme einer Neukonzeption der didaktischen Analyse. Pädagogisches Institut der Landeshauptstadt Düsseldorf. Schriftenreihe, H. 34, 1977 b

–: Von der bildungstheoretischen Didaktik zu einem kritisch-konstruktiven Bildungsbegriff – Dialog mit W. Klafki. In: BORN/OTTO (Hrsg.): Didaktische Trends. München 1978, S. 49–83

–: Die bildungstheoretische Didaktik im Rahmen kritisch-konstruktiver Erziehungswissenschaft – Zur Neufassung der Didaktischen Analyse. In: Westermanns Pädagogische Beiträge, 32, 1980 a, H. 1, S. 32–37

–: Zur Unterrichtsplanung im Sinne kritisch-konstruktiver Didaktik. In: ADL-AMINI/KÜNZLI (Hrsg.): Didaktische Modelle und Unterrichtsplanung. München 1980 b, S. 11–48

–: Zur Unterrichtsplanung im Sinne kritisch-konstruktiver Didaktik. In: KÖNIG/SCHIER/VOHLAND (Hrsg.): Diskussion Unterrichtsvorbereitung – Verfahren und Modelle. München 1980 c, S. 13–44

–: Von der geisteswissenschaftlichen zur kritisch-konstruktiven Didaktik. In: BECKMANN, Hans-Karl (Hrsg.): Schulpädagogik und Fachdidaktik. München 1981, S. 49–71

–: Thesen und Argumentationsansätze zum Selbstverständnis kritisch-konstruktiver Erziehungswissenschaft. In: KÖNIG/ZEDLER (Hrsg.): Sozialwissenschaftliche Forschung. Positionen, Perspektiven, Probleme. München 1982

–: Neue Studien zur Bildungstheorie und Didaktik. Weinheim/Basel 1985; 2., erw. Aufl. 1991

MATTHES, Eva: Von der geisteswissenschaftlichen zur kritisch-konstruktiven Pädagogik und Didaktik. Bad Heilbrunn 1992

NIPKOW, Karl Ernst: Allgemeindidaktische Theorien der Gegenwart – Gegenstandsfeld und Theoriebegriff. In: Zeitschrift für Pädagogik, 14, 1968, S. 335–365

NOHL, Herman: Pädagogische Aufsätze. 2., verm. Aufl. Langensalza o. J. (1929); darin: Die Ausbildung der wissenschaftlichen Lehrer durch die Universität, S. 183–189

–: Pädagogik aus dreißig Jahren. Frankfurt a. M. 1949

–: Die pädagogische Bewegung in Deutschland und ihre Theorie. Frankfurt a. M. [5]1961

PETERSSEN, Wilhelm H.: Handbuch Unterrichtsplanung. Grundfragen, Modelle, Stufen, Dimensionen. 5., überarb. u. aktual. Aufl. München 1992

REICHWEIN, Georg: Kritische Umrisse einer geisteswissenschaftlichen Bildungstheorie. Hrsg. v. G. HAUSMANN. Bad Heilbrunn 1963

SCHEUERL, Hans: Die exemplarische Lehre. Tübingen 1958

SKOWRONEK, Helmut: Lernen und Lernfähigkeit. München [2]1970

WAGENSCHEIN, Martin: Zum Begriff des Exemplarischen Lehrens. Weinheim [3]1962

–: Ursprüngliches Verstehen und exaktes Denken. Stuttgart 1965

–: Verstehen lehren. Weinheim/Berlin 1968

WENIGER, Erich: Die Theorie der Bildungsinhalte. In: Handbuch der Pädagogik. Bd. 3, Allgemeine Didaktik und Erziehungslehre. Hrsg. v. NOHL/PALLAT. Langensalza 1930, S. 3–35

–: Didaktik als Bildungslehre. Teil 1, Theorie der Bildungsinhalte und des Lehrplans. Weinheim [5]1963; [6/8]1965; Teil 2, Didaktische Voraussetzungen der Methode in der Schule. Weinheim [4/6]1965

WILLMANN, Otto: Didaktik als Bildungslehre. 4., verb. Aufl. Braunschweig 1909

# 7 Lerntheoretische Didaktik

Von *lerntheoretischer Didaktik* war lange Zeit die Rede, wenn man jenen Ansatz meinte, den DOLCHs bekannte Definition umriß: Didaktik »ist die Wissenschaft (und Lehre) vom Lernen und Lehren überhaupt. Sie befaßt sich mit dem Lernen in allen Formen und dem Lehren aller Art auf allen Stufen ohne Besonderung auf den Lerninhalt" (DOLCH 1965, S. 45). Gemessen am Gegenstandsfeld ist dies die denkbar weiteste Auffassung von Didaktik. Unter diese Auffassung fallen zahlreiche Einzelentwürfe. Zur Bezeichnung für eine ganz bestimmte Position wurde »lerntheoretische Didaktik« erst durch die Kategorisierung bei Paul HEIMANN (1962); und zur Bezeichnung ausschließlich für die von ihm gleichzeitig vorgelegte Theorie wurde »lerntheoretische Didaktik« zunächst durch bloßes Einschleifen, später wohl durch die Darstellung bei BLANKERTZ (1969).

Hier soll unter »lerntheoretischer Didaktik« die von HEIMANN vertretene Theorie verstanden werden, die als »Berliner Modell« der Didaktik bekannt wurde und die außer mit dem Namen HEIMANNs auch mit denen von OTTO und SCHULZ verbunden ist. SCHULZ ist es denn auch, der das ursprüngliche Modell allmählich umformt und der aktuellen Konzeption (wegen seines Wechsels von Berlin nach Hamburg) das Plakat »Hamburger Modell« umgehängt hat.

## 7.1 Alte Konzeption: »Berliner Modell«

### 7.1.1 Didaktik als Theorie und Lehre

HEIMANNs (1901–1967) pädagogisches Werk weist zwei Schwerpunkte auf: das Problem moderner technischer Medien und ihrer Funktion im schulischen Unterricht sowie das Problem einer zeitgemäßen Lehrerbildung. Im Rahmen seiner Überlegungen und Untersuchungen zur Lehrerbildung entwickelte HEIMANN zugleich eine neue didaktische Theorie.

Bei seinen Bemühungen um die Lehrerbildung stellte sich für HEIMANN die Frage, wie der selbständig denkende und verantwortlich entscheidende Lehrer auszubilden ist. Nach seiner Auffassung können die beiden traditionellen Wege der Lehrerbildung den Lehrer nicht genügend auf seine berufliche Aufgabe vorbereiten. Er lehnt sowohl die als »Meisterlehre« ausgerichtete als auch die in tradierender Vermittlung von Theorien bestehende Ausbildung ab. Nach seiner Ansicht bleibt nur ein Weg übrig: den zukünftigen Lehrer in seiner Ausbildung den Prozeß der Theorienbildung selbständig vollziehen zu lassen. Dann besteht das Ergebnis nicht nur im Besitz von Theoremen, sondern insbesondere auch in der Fähigkeit zur eigenen Theorienbildung. Diesem Ziel näherte sich HEIMANN in drei Schritten, und erst der dritte Schritt führte ihn dazu, einen eigenen didaktischen Entwurf vorzulegen.

Der erste Schritt bestand darin, Theorie und Praxis des pädagogischen Handelns in der Lehrerbildung zusammenzufassen. Diesen Vorschlag machte er bereits im Jahre 1948 (HEIMANN 1948, S. 296 ff.). Dem zukünftigen Lehrer sollen keine Theorien vermittelt werden, die er zu einem späteren Zeitpunkt in Praxis umsetzen hätte. Vielmehr wird das praktische Handeln in Form des »Praktikums« in das

Studium der Theorien integriert. Theorie und Praxis stehen nach dem Vorschlag HEIMANNs nicht mehr nebeneinander als Einweisung in die Theorie und Eingewöhnung in Handlungsweisen. Vielmehr dient das eigene praktische Handeln dazu, die theoretische Durchdringung der Unterrichtswirklichkeit zu intensivieren. Für HEIMANN hatte das »Praktikum« jedoch nicht nur die Bedeutung, die Unterrichtswirklichkeit »vor Ort« zu studieren, wobei dem realen Unterrichtsgeschehen nur die Aufgabe der Veranschaulichung abstrakter Prinzipien zukäme. Ihm geht es auch nicht nur darum, »Engagement und Reflexion« des pädagogischen Handelns aufeinander zu beziehen, um damit das Studium des Lehrerstudenten permanent zu motivieren. Ihm geht es vielmehr um eine »erfahrungswissenschaftlich orientierte Durchforschung und Klärung« der pädagogischen Wirklichkeit (HEIMANN 1962, S. 408). Die Integration von Theorie und Praxis erfolgt nicht nur aus Gründen der Ausbildungsmethode, sondern sie ist die Konsequenz aus der Erkenntnis, daß Theorie und Praxis des pädagogischen Handelns grundsätzlich untrennbar sind; diese Tatsache sollen die zukünftigen Lehrer während ihrer Ausbildung erkennen, und so glaubt HEIMANN den Lehrer gegen pädagogischen »Dogmatismus« und die Hypostasierung einzelner Handlungsprinzipien absichern zu können (vgl. DICHANZ 1981, S. 267 ff.).

Da bei diesem Vorschlag weitgehend unerörtert blieb, in welcher Weise Theorie und Praxis studiert werden sollten, sah sich HEIMANN genötigt, auch hierfür konkrete Vorschläge auszuarbeiten. Diese unterbreitete er 1956 in seiner Konzeption einer »vergleichenden Unterrichtslehre« (HEIMANN 1956b, S. 72 ff.). Wiederum geht er davon aus, daß es nicht *eine* Theorie des Unterrichts geben kann, die losgelöst von der Praxis und mit Anspruch auf Allgemeingültigkeit gelehrt werden kann. Dem Lehrer darf keine »*Unterrichtslehre im Sinne einer Doktrin*« vorgegeben werden (S. 72). Er muß statt dessen dazu geführt werden, einzusehen, daß Unterricht und Denken über Unterricht untrennbar miteinander verbunden sind. Der zukünftige Lehrer muß durch eigene systematisch durchgeführte Analysen der Unterrichtswirklichkeit deren grundsätzliche Wandelbarkeit erfahren. Er muß darüber hinaus erkennen, welche Momente des Unterrichts wandelbar und welche relativ dauerhaft sind. Denn nur so wird er darauf vorbereitet, einige feststehende Tatbestände anzuerkennen und andere als notwendig zu schaffende einzusehen. Zur Lösung dieser Ausbildungsproblematik schlug HEIMANN die Methode des Vergleichs vor. Verglichen werden sollen einerseits konkrete pädogogische Prozesse und andererseits die bereits in Theorien gefaßten Vorstellungen über pädagogisches Handeln und Gestalten. Ziel solcher Ausbildung ist nicht mehr nur die Kenntnis von Theoremen, sondern die Kenntnis des Zustandekommens der Theorien, ihrer Bedingungen und der in ihnen ausgedrückten Tatsachen. Die »angehenden Lehrer« sollen, wie HEIMANN meinte, »instandgesetzt werden, eine ganz eigene, persönlich bestimmte Unterrichtshaltung zu entwickeln« (S. 73). HEIMANN war davon überzeugt, daß durch den kritischen Vergleich bestehender Theorien einerseits und den grundsätzlich erfahrungswissenschaftlichen Ansatz des Studiums andererseits gewährleistet wird, daß das spätere unterrichtliche Handeln der so Ausgebildeten nicht subjektiv-willkürlich erfolgt, sondern die »Verwirklichung moderner erziehungswissenschaftlicher, historisch-pädagogischer und bildungspsychologischer Erkenntnisse« darstellt (S. 73).

Als HEIMANNs Vorstellungen über die Lehrerbildung 1960 mit der Einführung des »Didaktikums« an der Pädagogischen Hochschule Berlin verwirklicht wurden, stellte sich ihm das Problem, wie die didaktische Wirklichkeit geordnet »erfahren« werden kann und nach welchem »Muster« der Vergleich vollzogen werden soll. Für HEIMANN erwächst zu diesem Zeitpunkt seiner Überlegungen zur Lehrerbildung mit Notwendigkeit die Frage nach einer Theorie der Didaktik. Diese ist der Gegenstand der hochschulmäßigen Lehre, der seine bisherigen Überlegungen galten. Dabei ist durch die Forderungen an die Lehre über die Theorie der Didaktik schon viel vorentschieden. Sie darf Theorie nur soweit sein, als sie den zukünftigen Lehrern ein Vorverständnis der didaktischen Wirklichkeit bietet. Sie darf nur zur Klärung dieser Wirklichkeit beitragen und nicht schon inhaltliche Entscheidungen treffen, denn diese sind ausdrücklich den Lehrern selbst vorbehalten. HEIMANN löst diese Problematik, indem er seine didaktische Theorie auf dem »Strukturbegriff« aufbaut und gleichsam eine strukturtheoretische Didaktik entwirft, die den zukünftigen Lehrer mit den Bedingungen des Unterrichts bekannt macht. Diesen Entwurf veröffentlichte er 1962 unter dem Titel »Didaktik als Theorie und Lehre« (HEIMANN 1962, S. 407ff.). Zu den Kategorien dieser Theorie findet HEI-MANN, indem er sich mit dem Gegenstandsbereich auseinandersetzt, auf den die Theorie angewandt werden soll.

Bevor er daran gehen kann, mit Hilfe des Strukturbegriffes das System seiner didaktischen Theorie zu entwickeln, muß er den Geltungsbereich dieser Theorie näher bestimmen. Denn vom angenommenen Gegenstandsfeld der Didaktik hängt es ab, welche Elemente als Bedingungen didaktischer Prozesse in ein Strukturmodell aufzunehmen sind.

### 7.1.2 Theorie des Lehrens und Lernens

HEIMANN ordnet die didaktischen Entwürfe der Gegenwart in zwei Klassen, in *bildungstheoretisch* und in *lerntheoretisch* begründete Konzeptionen. Die einen machen den *Bildungs*begriff, die anderen den *Lern*begriff zu ihrer zentralen Kategorie. Für seine Absicht, eine »praktikable« Didaktik zu schaffen, deren Theorie nach seinen Worten vor allem dem Lehrer eine »verbindliche Orientierung des praktischen Handelns« ermöglichen soll, ohne dessen Entscheidungsfreiheit einzuengen, hält er den Lernbegriff für geeigneter als den Bildungsbegriff (HEI-MANN 1962, S. 410). Der Lernbegriff besitzt nach HEIMANNs Auffassung drei für eine solche Didaktik erforderlichen Qualitäten, die der Bildungsbegriff nicht aufweist: er ist *schlicht*, er ist *neutral* und er ist *umfassend*. An Hand dieser drei Kriterien soll die lerntheoretische Bestimmung dieser Konzeption nun näher erläutert werden.

(a) HEIMANN hält der bildungstheoretisch orientierten Didaktik vor, sie bezeichne mit dem Bildungsbegriff »subtile Vorgänge«, die im Schulalltag kaum eine Rolle spielten, und ihre Theorie habe sich in ein »Stratosphärendenken« geflüchtet, das keine Beziehung mehr zur Unterrichtspraxis aufweise (S. 411 bzw. 410). Eine Gefahr sieht er vor allem darin, daß sich die bildungstheoretische Didaktik zu weit vom tatsächlichen Geschehen im Unterricht entfernt und dadurch eine Kluft zwischen Theorie und Praxis des didaktischen Handelns aufreißt, die nicht zu überwinden ist. Das aber führt nach seiner Ansicht dazu, daß die Modelle der bildungstheoretischen Didaktik dem Lehrer keine Orientierungshilfe für sein Handeln gewähren und daß dieser in seiner Ratlosigkeit zur »didaktische(n)

Kompendien- und Hintertreppenliteratur« greift, was zwangsläufig eine Verflachung des Unterrichts zur Folge hat (vgl. BLANKERTZ 1969, S. 90). Um dieser Gefahr zu entgehen und Theorie und Praxis wieder in Einklang zu bringen, will HEIMANN nach eigenen Worten »jene Vorgänge, um die es im didaktischen Bereich geht, schlicht als ›Lehr- und Lernvorgänge‹ bezeichnen« (HEIMANN 1962, S. 411). Seine Argumentation gegen den Bildungsbegriff ist nur vor dem Hintergrund der für die deutschsprachige Pädagogik eigentümlichen Bildungsauffassung und -diskussion zu verstehen. In seiner Argumentation zeigt sich noch die Befangenheit der Pädagogen gegenüber dem durch vielfältige Sinngebung überbelasteten und unscharf gewordenen Begriff der Bildung. Obwohl deshalb besonders nach 1945 so bekannte Bildungstheoretiker wie BOLLNOW und NOHL den Begriff zu meiden rieten, wird er heute auf »weite Strecken . . . wieder gänzlich unbefangen gebraucht« (vgl. HAUSMANN 1969, S. 98). Um die »Praktikabilität« einer Didaktik zu erhöhen, reicht allein der Austausch des Bildungs*begriffes* gegen den des Lern*begriffes* wohl nicht aus.

(b) HEIMANNs zweites Argument gegen die bildungstheoretische Didaktik läßt schon deutlicher erkennen, worum es ihm mit der lerntheoretischen Bestimmung der Didaktik geht. Mit der Feststellung, der Bildungsbegriff stelle »eine von Anfang an ideologisch aufgeladene Begriffsbildung dar«, wendet er sich besonders auch gegen eine ausschließlich bildungs*philosophisch* geführte Diskussion der didaktischen Problematik (HEIMANN 1962, S. 410). Nach seiner Auffassung weist die bildungsphilosophisch begründete didaktische Theorie zwei Grundzüge auf: Sie impliziert stets normative Aussagen, und sie kommt vorwiegend spekulativ zustande. HEIMANN hingegen will eine Theorie entwerfen, die weder Normen setzt noch auf bestimmte Verfahrensweisen beschränkt ist. Die lerntheoretische Didaktik soll, wie BLANKERTZ interpretiert, durch kein »pädagogisches Eigenständigkeitspostulat behindert« sein (1969, S. 89). Die Theorie HEIMANNs soll den praktischen Entscheidungen nicht vorgreifen, sondern sie nur vorbereiten, indem sie Entscheidungsmöglichkeiten aufzeigt. In der lerntheoretischen Didaktik wird aus diesem Grunde die Frage nach der Zielsetzung didaktischer Prozesse in keiner Weise vorentschieden. Die Probleme der Normenanalyse und Normensetzung sind in ihr »prinzipiell getrennt«. Mit der Loslösung der Didaktik vom Bildungsbegriff beabsichtigt HEIMANN zugleich auch, sie vom traditionellen Verfahren der bildungstheoretischen Didaktik, der Hermeneutik, zu lösen und sie für alle Verfahren, besonders auch empirische, zu öffnen. Die lerntheoretische Didaktik soll sich einerseits aller Vorgriffe auf die Praxis enthalten und andererseits keinem Methodenmonismus unterliegen. HEIMANNs Forderungen sind durchaus berechtigt, aber er übersieht bei seiner Frontstellung gegen die bildungstheoretische Didaktik, daß der Bildungsbegriff »weitgehend entideologisiert worden« ist und daß auch die mit dem Bildungsbegriff operierende Didaktik bereits nach dem Einsatz empirischer Verfahren verlangt (HAUSMANN 1969, S. 98; vgl. oben das Kap. über »bildungstheoretische Didaktik«, S. 89ff.).

(c) Endgültig erschließt sich die Intention der lerntheoretischen Didaktik erst, wenn auch das dritte von HEIMANN gegen die bildungstheoretische Didaktik vorgetragene Argument betrachtet wird. Nach seiner Ansicht gibt es zwar das »Phänomen« der Bildung, so daß auch der Bildungsbegriff »in jeder didaktischen Theorie auftreten muß«, aber mit »Bildung« wird nicht das gesamte didaktische

Geschehen, sondern nur ein Ausschnitt bezeichnet (HEIMANN 1962, S. 410). Eine didaktische Theorie, in der der Bildungsbegriff zur zentralen Kategorie und zum Maßstab ihres Auftrages gemacht wird, ist mithin immer nur auf einen Teilbereich didaktischer Vorgänge bezogen; ihr Auftrag ist unangemessen verkürzt. Nach HEIMANNs Auffassung kann der Bildungsbegriff in einer didaktischen Theorie nur einen »abhängigen Stellenwert besitzen« (S. 410). HEIMANN beabsichtigt von vornherein, seine didaktische Theorie so weit zu fassen, daß sie die »Totalerfassung« didaktischer Vorgänge ermöglicht. Obwohl er den Bildungsbegriff nicht völlig aus der didaktischen Theorie eliminieren will, sondern nur seine zentrale Bedeutung bestreitet, findet an keiner Stelle seiner ausgeführten Didaktik eine positive Erörterung der Bildungsproblematik statt. HEIMANN läßt vor allem außer acht, daß es auch am Bildungsbegriff orientierte didaktische Konzeptionen gibt, die auf das didaktische Gesamtgeschehen bezogen sind, wie beispielsweise WILLMANNs »Didaktik als Bildungslehre«. Durch seine scharfe Argumentation gegen den Bildungsbegriff versperrt HEIMANN sich selbst den Weg, die zahlreich vorliegenden Einsichten der bildungstheoretischen Didaktik in den Zusammenhang didaktischer Prozesse für seine Konzeption auswerten und bildungstheoretische Modelle in sein lerntheoretisches Modell aufnehmen zu können.

In einer Zwischenbilanz lassen sich vier maßgebliche Gesichtspunkte der lerntheoretischen Didaktik aufzählen:

- Erstens ist die Theorie praxisnah orientiert.
- Zweitens sind in der Theorie die Fragen der Normenanalyse und Normensetzung didaktischer Prozesse getrennt, es werden keine Vorgriffe auf die Entscheidungen der Praxis gemacht.
- Drittens steht die Theorie allen wissenschaftlichen Verfahrensweisen offen.
- Viertens ist die Theorie auf die »Totalerfassung« didaktischer Vorgänge ausgerichtet.

Zu zwei Fehlinterpretationen der lerntheoretischen Didaktik HEIMANNs kommt es häufig. Zum einen wird der Begriff »lerntheoretisch« leicht mit dem Begriff »lernpsychologisch« identifiziert, und zum anderen verleitet HEIMANNs Forderung, die Theorie praxisnah und am Schulalltag zu entwickeln, dazu, sie als »Unterrichtstheorie« zu klassifizieren. DAUENHAUER beispielsweise sieht HEIMANNs Absicht darin, »Didaktik lernpsychologisch konstituieren zu wollen«, und bezeichnet dies als »unglückliche Wendung.« (DAUENHAUER 1969, S. 261). Die Begrenzung der Didaktik auf die lernpsychologische Fragestellung liegt jedoch gerade nicht in HEIMANNs Absicht. Er nennt zwar die von ROTH durch Auswertung von Befunden der amerikanischen Lernpsychologie erstellten »Lernhilfen« das »weitaus . . . Brauchbarste, was wir zur Zeit an lerntheoretisch orientierter Didaktik besitzen«, er stellt aber zugleich auch ausdrücklich klar, daß »aus einem so betont psychologischen Ansatz nicht eine voll entfaltete Didaktik« entwickelt werden kann (HEIMANN 1962, S. 411). Eine vollständige Didaktik muß *alle* im Lehr- und Lerngeschehen wirksamen Momente unter *allen* in Frage kommenden Aspekten erfassen. BLANKERTZ interpretiert die lerntheoretische Bestimmung der Didaktik ebenfalls dahingehend, daß die »›Lerntheorie‹ als bestimmendes Kennzeichen dieses didaktischen Modells« keineswegs eine »strenge Fixierung auf die Lernpsychologie bedeuten« kann; er behauptet, daß an die Stelle der »lernpsychologischen« eine vorwiegend »soziologische und sozialpsychologische« Fixierung tritt. Nach seiner Meinung öffnet sich die lerntheoretische Didaktik vor allem für die »einschlägigen Ergebnisse der Sozialwissenschaften« (BLANKERTZ 1969, S. 89). Mit dieser Interpretation wird er HEIMANNs Vorstellungen von einer nach allen Seiten offenen und aufnahmebereiten Didaktik nicht gerecht. In derselben Weise, wie für die Lernpsychologie und die Sozialwissenschaften, hält sich die lerntheoretische Didaktik grundsätzlich für *alle* auf den Lehr- und Lernprozeß und seine Voraussetzungen bezogenen wissenschaftlichen Disziplinen offen, so unter anderem auch für die anthropologische Forschung und die Informationswissenschaften.

HEIMANNs Bestimmung, die »Didaktik wird hier als *Theorie des Unterrichts* verstanden«, könnte nahelegen, sie als ausschließlich auf das Unterrichtsgeschehen bezogene Didaktik zu verstehen (HEIMANN 1965, S. 9). Dem steht aber entgegen, daß HEIMANN den Unterricht nur als »Ort didaktischer Prozesse« betrachtet, nach seinen Worten als »Ort, wo die ungelösten Fragen der didaktischen Gesamtsituation als konkret zu lösende Lehr- und Lernprobleme auftreten« (HEIMANN 1962, S. 415). Zum einen geht aus dieser Bestimmung hervor, daß die Didaktik ihren Blick nicht nur auf das direkte Unterrichtsgeschehen richtet, sondern auch auf dessen Umfeld und alle Voraussetzungen, die in irgendeiner Weise auf den Unterricht einwirken. Zum anderen stellt diese Definition klar, daß der Unterricht nur als *ein* Ort didaktischer Prozesse betrachtet wird, daß es daneben aber auch noch andere Orte gibt, an denen sich ebenfalls didaktische Prozesse abspielen. Die lerntheoretische Didaktik ist nicht auf den Unterricht, sondern auf das Lehr- und Lerngeschehen im Unterricht *und darüber hinaus* auf sämtliche Lehr- und Lernvorgänge bezogen. Es liegt lediglich am spezifischen Ansatz HEIMANNs, daß er vorwiegend den Unterricht in den Blick nimmt und diesen zum Ausgangspunkt seiner didaktischen Neubesinnung macht. Seine didaktische Theorie ist aus den Bemühungen um eine Neuorientierung der Lehrerbildung entstanden und muß aus diesem Grunde vor allem auf den Unterricht gerichtet sein, da die zukünftigen Lehrer hier tätig sein werden. Das bedeutet aber nicht, daß sie auf den Unterricht beschränkt ist, sondern lediglich, daß an ihm exemplarisch ihr System entwickelt wird. Schließlich betont HEIMANN unter Berufung auf KRIECKs These von der »funktionalen Erziehung« ausdrücklich, daß die lerntheoretische Didaktik zwar auf das Lehr- und Lerngeschehen bezogen ist, daß sie aber stets das gesamte Erziehungsgeschehen perspektivisch im Blick behält: »Es ist heute selbstverständlich geworden, die Schule und ihr Unterrichtsleben nur als Teil eines umfassenderen, überall gegenwärtigen Erziehungslebens . . . aufzufassen. Deshalb gilt speziell von jeder Unterrichtstheorie, daß das Denken über Unterrichtsvorgänge vom Ganzen der Erziehung auszugehen habe« (HEIMANN 1956 b, S. 72).

Abschließend läßt sich das in der lerntheoretisch bestimmten Didaktik implizierte Verständnis des Gegenstandsfeldes am besten mit der bekannten Formel DOLCHs beschreiben: Die Didaktik »ist die Wissenschaft (und Lehre) vom Lernen und Lehren überhaupt. Sie befaßt sich mit dem Lernen in allen Formen und dem Lehren aller Art«. Für dieses weite Feld entwickelt HEIMANN exemplarisch am Lehr- und Lerngeschehen im Unterricht ein »Strukturmodell«.

### 7.1.3 Entscheidungsmodell

Aufgrund der Bedingungen, die HEIMANN an eine lerntheoretische Didaktik stellt, kann er deren System nicht von angenommenen Prinzipien aus konstruieren. Das System soll vielmehr aus dem didaktischen Geschehen selbst gewonnen werden und die vorfindbare unterrichtliche Wirklichkeit in begrifflicher Äquivalenz zum Ausdruck bringen. Der Verwirklichung dieser Forderung stellen sich erhebliche Schwierigkeiten in den Weg. Sie resultieren daraus, daß der Unterricht ein prozeßhaftes Geschehen von großer »Faktorenkomplexion« ist. Der Prozeßcharakter bedingt den ständigen Wandel der Faktorenkonstellation und prägt jeder Unterrichtssituation den Stempel »betonter Singularität« auf, so daß sie letzten Endes »unwiederholbar« ist. Um diese Schwierigkeiten überwinden und dennoch ein allgemeines System aufstellen zu können, führt HEIMANN ein »Axiom« in seine didaktische Theorie ein. Er geht von der Voraussetzung aus, daß es ein unterrichtliches »Urphänomen« gibt und daß es sich bei den konkreten »Unterrichtsformen« jeweils nur um unterschiedliche Erscheinungsformen dieses Grundphänomens handelt. Für ihn kommt es darauf an, in seinem systematischen Modell sowohl die unwandelbaren Momente des didaktischen Geschehens als auch die Bezüge darzustellen, durch die es zur situativen Abwandlung dieser Momente kommt. Zu diesem Zweck bedient sich HEIMANN des Strukturbegriffs. Er prägt die Formel von den »*formal* konstant bleibenden, *inhaltlich* variablen Elementar-Strukturen« didaktischer Vorgänge. Bei den »Elementar-Strukturen« handelt es sich nach HEIMANNs Worten um die »Bedingungen der Möglichkeit von Unterricht . . . überhaupt«, das heißt um die konstitutiven Momente des Unterrichts, ohne die dieser undenkbar wäre (HEIMANN 1962, S. 416 bzw. 415; vgl. auch 1956 b, S. 73). HEIMANN gelingt es, sechs solcher Elementar-Strukturen des Lehr- und Lerngeschehens im Unterricht aufzuweisen und zu beschreiben (1962, S. 416). Im einzelnen sind dies

– *Intentionen*
– *Inhalte*
– *Methoden*
– *Medien* sowie
– *anthropologisch-psychologische* und
– *sozial-kulturelle Voraussetzungen.*

Diese sechs Momente bilden das Gerüst jedes Unterrichts. Für die konkrete Gestalt, in der diese Momente jeweils im Unterricht auftreten, spielen einerseits die *Entscheidungen* des Lehrers für bestimmte unterrichtliche Maßnahmen und andererseits *Bedingungen* geschichtlicher und situativer Art eine wesentliche Rolle. Unter dem Gesichtspunkt der Abhängigkeit des Unterrichtsprozesses von »Entscheidungen« und »Bedingungen«, lassen sich die sechs Elementar-Strukturen unterrichtlichen »Entscheidungs-« und »Bedingungsfeldern« zuordnen:

| *Entscheidungsfelder* | *Bedingungsfelder* |
|---|---|
| Intentionen | anthropologisch-psychologische |
| Inhalte | Voraussetzungen |
| Methoden | sozial-kulturelle |
| Medien | Voraussetzungen |

Mit diesem aus der Unterrichtswirklichkeit abgeleiteten Struktursystem hat HEIMANN zugleich ein Modell entworfen, das seinen Forderungen an eine

Didaktik *als Lehre* entspricht. Denn für den Lehrer reicht es nicht aus, die konstitutiven Momente des Unterrichts zu kennen. Darüber hinaus muß er wissen, in welcher Weise und an welchen Punkten er gestaltend in den Unterrichtsprozeß eingreifen kann. Dieses Struktursystem führt ihm anschaulich vor Augen, daß jeweils vier Entscheidungen von ihm verlangt werden, daß er sie aber nicht willkürlich treffen kann, sondern daß sie mit den Bedingungen soziokultureller und anthropologisch-psychologischer Art übereinstimmen müssen, wenn der Unterricht stimmig sein soll.

Das Leitmotiv des Entwurfs, dem Lehrer eine »verbindliche Orientierung« seines Handelns zu ermöglichen, ohne ihn durch ein starres Schema zu gängeln, führt auch dazu, die einzelnen Elementar-Strukturen noch weiter aufzuschlüsseln. Aus Gründen der Praktikabilität ist es nicht nur erforderlich, die Handlungs- und Bedingungsfelder aufzuzählen, sondern es müssen auch die innerhalb dieser Felder möglichen Einzelentscheidungen bzw. -bedingungen aufgezeigt werden.

Unter der »*Intention*« des Unterrichts versteht HEIMANN dessen »Zwecksetzung und Sinngebung«. Es lassen sich viele unterrichtliche Zielsetzungen denken, doch sind sie nach HEIMANN in drei »Möglichkeitsklassen« erfaßbar, die er als »kognitiv-aktive«, »affektiv-pathische« und »pragmatisch-dynamische« bezeichnet. Ihnen entsprechen spezifische Lehr- und Lernziele, die in sich wiederum jeweils dreifach abgestuft sind, so daß sich für die Bestimmung von Unterrichtsintentionen ein insgesamt in neun Felder unterteiltes Raster ergibt (HEIMANN 1962, S. 417 ff.):

| Klasse ⟶ | kognitiv-aktiv | affektiv-pathisch | pragmatisch-dynamisch |
|---|---|---|---|
| spezifische Akte der ⟶ | Daseins-Erhellung | Daseins-Erfüllung | Daseins-Bewältigung |
| Stufen ↓ | | | |
| 1. Anbahnung | Kenntnis | Anmutung | Fähigkeit |
| 2. Entfaltung | Erkenntnis | Erlebnis | Fertigkeit |
| 3. Gestaltung | Überzeugung | Gesinnung | Gewohnheit |

Der entscheidende Gesichtspunkt, von dem HEIMANN sich bei der Aufstellung dieser Intentional-Kategorien leiten läßt, ist, daß der Unterricht nicht ausschließlich unter einer einzigen Zielsetzung steht, sondern daß in ihm viele unterschiedliche Zielsetzungen eine Rolle spielen. Dementsprechend kann auch eine didaktische Theorie nicht monokausal abgeleitet werden und ihr System an nur einer einzigen Zielvorstellung orientieren. Sie muß von vornherein auf alle *möglichen* Intentionen bezogen sein. Lerntheoretische Didaktik macht keine Aussagen über die Wertigkeit der einzelnen Intentionen. Dadurch unterscheidet sie sich von vielen anderen didaktischen Theorien, die ihr System auf eine bestimmte Intentional-Kategorie fixieren. HERBART beispielsweise sah das oberste Ziel allen Unterrichts in der »Charakterstärke der Sittlichkeit« (HEIMANNs Kategorie der »Gesinnung«) und ordnete alle anderen Intentionen dieser einen unter; der reformpädagogische Entwurf GAUDIGs stand mit seiner Zielsetzung der »methodischen« Bildung unter der »pragmatisch-dynamischen« Leitkategorie.

HEIMANNs didaktischen Entwurf durchzieht wie ein roter Faden die Absicht, dem Lehrer zwar eine vollständige Übersicht über die Formen zu verschaffen, in denen sich sein didaktisches Handeln aktualisieren kann, eine Vorentscheidung über ihre Rangfolge aber strikt zu vermeiden. Für den Lehrer stellt das kategoriale System der Intentionen eine wertvolle Hilfe dar, sich der Motive seines Handelns bewußt zu werden und, wie SCHULZ es formuliert, womöglich »seine ›intentionale Schlagseite‹ fest(zu)stellen und (zu) erwägen, ob er sie uneingeschränkt bejahen oder vielleicht behutsam korrigieren sollte« (SCHULZ 1965 a, S. 25).

Für das zweite »Entscheidungsfeld«, die *Inhaltlichkeit,* nimmt HEIMANN »drei konstante Grundformen« an, die »strukturell vorgegeben« sind: »Inhalte präsentieren sich entweder als Wissenschaften, Techniken oder Pragmata.« (HEIMANN 1962, S. 418) Für die inhaltlichen Elementarformen ist sein Kategoriensystem am wenigsten differenziert und am meisten ergänzungsbedürftig. Das besondere Problem, das sich einer didaktischen Theorie im Bereich der Inhaltlichkeit stellt, ist die »Transformation« der spezifischen Gehalte von Wissenschaften und Künsten in den schulischen Unterricht. Gerade hinsichtlich dieses Problems kommt es seinerzeit zu einer Kontroverse zwischen lerntheoretischer und bildungstheoretischer Didaktik, die HEIMANN für unauflösbar hält. Die didaktische Inhaltsfrage war eine Domäne der bildungstheoretischen Didaktik, die das Problem der Auswahl von Inhalten in den Mittelpunkt stellte. Die Auswahl hat nach Ansicht der Bildungstheoretiker unter der Leitkategorie der Bildungsgehalte einer Disziplin zu erfolgen. HEIMANN bestreitet die Rechtmäßigkeit dieses Ansatzes, da die Kategorie des Bildungsgehaltes ausschließlich spekulativ erstellt worden sei. Statt von den tatsächlichen Bedingungen didaktischer Vorgänge auszugehen, gehe es der bildungstheoretischen Didaktik darum, mit Hilfe der Bildungskategorie ihren Autonomieanspruch zu verfechten. HEIMANN ist der Auffassung, daß die Entscheidung darüber, unter welchem Leitmotiv die Gegenstände von Wissenschaften und Künsten in den schulischen Unterricht übertragen werden müssen, nicht allein von der didaktischen Theorie getroffen werden kann. Denn diese Entscheidung fällt nicht ausschließlich auf der Ebene von »wissenschaftstheoretischen« Betrachtungen, sondern hier bringen sich »Mächte, Ideologien und Faktizitäten des gesellschaftlichen Raumes . . . zur Geltung« (1962, S. 420). Hinsichtlich der Frage des Auswahlgesichtspunktes ist die Didaktik nach Ansicht HEIMANNs nicht autonom, sie hat vielmehr die sozialgeschichtlichen Bedingungen zu erforschen, nach denen die Inhaltsauswahl notwendigerweise erfolgen muß. Er ersetzt den Begriff des »Bildungsgehaltes« durch den des »Lernpotentials«, den er für weniger anspruchsvoll hält (S. 419).

HEIMANN hat bei seiner rigorosen Ablehnung des bildungstheoretischen Ansatzes vor allem außer acht gelassen, daß die Vertreter einer bildungstheoretischen Didaktik bereits seit Mitte der zwanziger Jahre dazu übergegangen sind, Auswahlkategorien für Bildungsinhalte als sozial-geschichtlich determiniert zu betrachten. Von der Integration bildungstheoretischer Einsichten in den Strukturzusammenhang des Inhaltsproblems in das lerntheoretische Modell wäre eine weiterführende Aufschlüsselung der didaktischen Inhaltsstruktur zu erhoffen, als HEIMANN sie mit seiner Dreigliederung vorgenommen hat.

Das *methodische Entscheidungsfeld* weist nach HEIMANN (S. 420) fünf »Hauptstrukturen« auf:

- die Kategorie »*Artikulation*« bezeichnet die Phasenfolge des Unterrichtsprozesses,
- die Kategorie »*Gruppen- und Raumorganisation*« die soziale und räumliche Ordnung der am Unterricht beteiligten Personen;
- die einzelnen Aktionen von Lehrer und Schülern fallen unter die Kategorie »*Lehr- und Lernweisen*«;
- als viertes Moment nennt Heimann die »Ausrichtung an bestimmten *methodischen Modellen*«, wie sie in der didaktischen Theorie verbreitet sind, und
- als fünftes die »Orientierung an einem *Prinzipien-Kanon*«, wie er von den didaktischen Methodenlehren erstellt wurde und fortwährend erweitert wird.

Der weiterführende Beitrag zum didaktischen Methodenproblem liegt vor allem in dem Nachweis, daß methodische Entscheidungen nicht nur unter einem Gesichtspunkt getroffen werden, sondern gleichzeitig auf fünf unterschiedlichen Ebenen erfolgen. Die methodisch notwendigen Unterrichtsentscheidungen hängen zwar voneinander ab, lassen sich aber keinesfalls auseinander deduzieren. BLANKERTZ charakterisiert den Zusammenhang als von »negativ ausschließender Weise«, d. h., eine auf einer dieser Ebenen getroffene Entscheidung schließt zwar gewisse Entscheidungen auf den anderen Ebenen aus, erzwingt aber keine bestimmten Maßnahmen (1969, S. 102). Wenn der Lehrer sich beispielsweise für die Verwirklichung des »Aktivitätsprinzips« entschieden hat, so kann er nicht ausschließlich zu darbietenden Lehrformen greifen. Welche Lehrakte er aber im einzelnen vollziehen kann, läßt sich aus dem gewählten Prinzip nicht ableiten. Die Forderung HERBARTs nach der vierfachen Stufung des Unterrichtsprozesses hätte zum Beispiel keineswegs zu der »Lernschule« des 19. Jahrhunderts zu führen brauchen. HERBARTs Theorie der »Artikulationsstufen« gehört, wie schon die Bezeichnung andeutet, in den ersten methodischen Problemkreis, die Entscheidung für rezeptive Lernweisen hingegen in den dritten Problemkreis. Ein Kausalzusammenhang besteht nach Auffassung HEIMANNs zwischen diesen Kreisen aber nicht. Durch die Darlegung der fünf Ebenen methodischer Entscheidungen hat HEIMANN die begrifflich saubere Erörterung des Methodenproblems eröffnet. Unter anderem könnten Scheingegensätze zwischen verschiedenen methodischen Vorschlägen aufgelöst werden, wenn es gelänge, ihre Zugehörigkeit zu unterschiedlichen Ebenen nachzuweisen.

Das *Medienfeld* des Unterrichts erhält seine besondere Struktur dadurch, daß die »Repräsentation der Unterrichtsinhalte« durch unterschiedliche Medien geleistet werden kann. HEIMANN nennt »Rede, Buch, Bild, Formel, Diagramm, Tonband, Film, Bildschirm, Naturgegenstände, Modelle, Apparaturen und Maschinen« (1962, S. 421). HEIMANN selbst legt hier zwar noch keine kategoriale Aufgliederung vor, verweist aber auf den Versuch DALEs. DALE stellt die Medien nach dem Grad ihrer Erfahrungsnähe bzw. -ferne in einem Kegel dar (»cone of experience«), dessen Basis die »unmittelbare Erfahrung,« (»direct, purposeful experiences«) und dessen Spitze »verbale Symbole« (»verbal symbols«) bilden (DALE 1950).

HEIMANN hat als erster die Medienwahl von den methodischen Entscheidungen abgehoben. Er begründet die Ausgliederung vor allem damit, daß durch die Einführung moderner technischer Medien in den Unterricht die strenge Eigengesetzlichkeit von Medien immer deutlicher zutage tritt. Nach seiner Auffassung sind Medienentscheidungen nicht nur von inhaltlichen und methodischen Vorentscheidungen abhängig, sondern sie können im Unterricht ein solches Gewicht erlangen, daß Inhalte und Methoden dem gewählten Medium angepaßt werden müssen, wenn der Unterricht noch effektiv sein soll.

Durch die Beschreibung der vier »Entscheidungsfelder« hat HEIMANN – nach seiner Ansicht – die konstitutiven Momente des didaktischen Feldes dargestellt. Der entscheidende Gedanke HEIMANNs, durch den sich seine Konzeption von anderen unterscheidet, ist, daß *alle* diese Momente in einem *»Interdependenz«*-Verhältnis zueinander stehen. Das bedeutet: die Elementar-Strukturen werden nicht als isoliert nebeneinanderstehende »Teile«, sondern als ineinandergreifende »Glieder« des Gesamtzusammenhanges didaktischer Vorgänge aufgefaßt, die »sich ständig gegenseitig modifizieren, fördern und hemmen« (HEIMANN 1962, S. 418).

Nach HEIMANNs Auffassung läßt sich keine prinzipielle Aussage über den »Wirkprimat« einzelner Faktoren machen, denn gerade »hierin besteht geordnete Variabilität«, wie Max SCHELER einen derartigen Zusammenhang charakterisierte. Welcher Komponente des didaktischen Geschehens für die jeweils notwendigen vier Entscheidungen das größte Gewicht zukommt, ist allein im Hinblick auf die jeweilige Situation feststellbar.

HEIMANN nimmt eine »durchgehende Interdependenz« nicht nur für den Innenraum des didaktischen Feldes an, sondern auch für den Zusammenhang des didaktischen Geschehens mit dem geschichtlich-situativen Umfeld, in das es eingelagert ist. Alle didaktischen Entscheidungen hängen nach seiner Ansicht von Faktoren ab, die aus dem Umfeld auf sie einwirken. Er ordnet diese Faktoren nach zwei Gesichtspunkten, nach ihrem Herkunftsbereich und nach der Wirkung, die sie auf didaktische Vorgänge haben (S. 416 u. S. 422 ff.):

*Klassifizierung der Faktoren nach ihrer*

| *Herkunft* → | anthropologisch-psychologische Voraussetzungen | sozial-kulturelle Voraussetzungen |
|---|---|---|
| *Wirkung* ↓ | | |
| normenbildend | | |
| bedingungensetzend | | |
| formschaffend | | |

Die Unterscheidung der Voraussetzungen in solche anthropologisch-psychologischer und sozial-kultureller Art ist offensichtlich an WINNEFELDs System der Bedingungen des »pädagogischen Feldes« orientiert, weicht aber in zwei Punkten davon ab. In seinen Untersuchungen zum Interaktionsgeschehen im Unterricht kommt WINNEFELD zu dem Ergebnis, daß die den Unterricht determinierenden Faktoren entweder »überepochalen« oder »epochalen Charakter« haben. Zu den überepochalen Bedingungen rechnet er besonders die anthropogenen und psychogenen, zu den epochalen die soziokulturellen Determinanten (WINNEFELD 1957, S. 40 ff.). Während WINNEFELD annimmt, daß überepochale Bedingungen gelegentlich geschichtlich-epochalen Einflüssen unterliegen *können*, daß sie aber weitgehend ahistorisch sind, faßt HEIMANN wegen der auch zwischen den Faktorenkomplexen bestehenden Interdependenz *alle* Bedingungen grundsätzlich als geschichtlich auf. HEIMANN führt unter Verwendung des Strukturbegriffs den von WINNEFELD geschaffenen Ansatz weiter. Dieser stellt fest, daß sich in »allen pädagogischen Vorgängen . . . neben historisch geformten Zügen auch solche (finden), die immer zu beobachten sein werden« (WINNEFELD 1957, S. 41). Diese dauerhaften »Züge«, bezeichnet HEIMANN als die »formal konstant bleibenden« Elementar-Strukturen des Lehr- und Lerngeschehens, deren Aktualisierung von geschichtlich-situativ wirksamen Entscheidungen und Bedingungen abhängig ist. In einem weiteren Punkt unterscheidet sich das »Feldmodell« WINNEFELDs von dem »Strukturmodell« HEIMANNs. Im Feldmodell werden nur die von außen auf das pädagogische Feld einwirkenden Bedingungen erfaßt. In das auf dem Grundgedanken der Interdependenz aufbauende Strukturmodell hingegen ist auch der umgekehrte Bezug aufgenommen: Didaktische Entscheidungen sind nicht nur von individuellen und sozialen Voraussetzungen abhängig, sondern sie wirken mit verändernder Kraft auf diese zurück und schaffen neue individuelle und soziale Verhältnisse. Die veränderten Verhältnisse ihrerseits werden wiederum zu Voraussetzungen neuer didaktischer Entscheidungen, so daß das didaktische Feld sich in einem permanenten Wandel befindet und die »Grundvorgänge« des Lehrens und Lernens »prozeßhaften Seins-Charakter« annehmen (HEIMANN 1962, S. 412).

Abschließend kann das von HEIMANN aufgespürte Strukturgefüge des Lehr- und Lerngeschehens im Unterricht in folgender Skizze dargestellt werden:

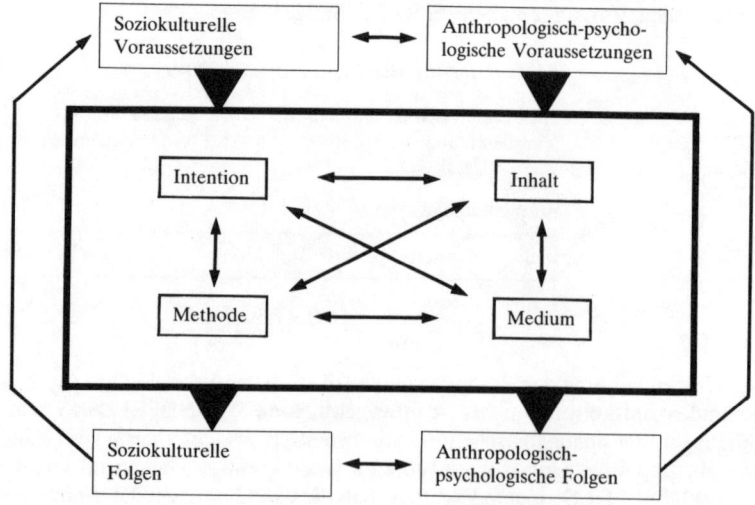

*Strukturmodell des Lehrens und Lernens nach HEIMANN*

### 7.1.4 Zusammenfassung und kritische Einschätzung

Die von HEIMANN entwickelte lerntheoretische Didaktik, bekannt geworden unter dem Namen »Berliner Modell«, wurde ausdrücklich gegen die bildungstheoretische Didaktik gestellt. Gegen deren zentralen Begriff der »Bildung« wurde der Lernbegriff gesetzt. Er sollte die didaktische Theorie aus ihrer Enge (Konzentriertheit auf Inhaltsprobleme), aus ihrer Einseitigkeit (Bezogenheit auf das als peripher empfundene Bildungsgeschehen) und aus ideologischer bzw. normativer Bindung (der Bildungsbegriff wurde als nicht neutral aufgefaßt) herausführen.

Tatsächlich eröffnete der Lernbegriff didaktischer Theoriebildung ein sehr weites Gegenstandsfeld, das denkbar weiteste sogar, nämlich das Feld von *Lehren und Lernen schlechthin.* Die vom Begriff erwartete Neutralität bzw. Wertfreiheit wurde kurzerhand durch eine rigide Trennung von Normensetzung und Normenanalyse für diese didaktische Theorie geschaffen. Der Theorie wurde nur die Aufgabe der Analyse von Normen zugesprochen, wohingegen deren Setzung in das Feld der Praxis verwiesen wurde. Mit dieser strikt vorgenommenen Trennung ist die lerntheoretische Didaktik im Grunde nie ganz fertig geworden. Das hat sich u. a. auch darin gezeigt, daß in Berlin völlig unterschiedliche Ideologiebegriffe für diese Theorie bemüht wurden. Während HEIMANN für die Erstfassung den weiten wissenssoziologischen (an möglichen Positionen gemessen: unpolitischen) Ideologiebegriff MANNHEIMs beanspruchte, griff SCHULZ auf LIEBER zurück, dessen Ideologiebegriff wertender Art ist (vgl. HEIMANN 1962, S. 423 ff; SCHULZ 1965 a, S. 39 ff.). HEIMANN sah den Tatbestand, daß didaktische Vorgänge normativ strukturiert sind, daß dort Ideologien (im Sinne MANNHEIMs) eine Rolle spielen, und zwar eine so bedeutsame, daß didaktisch Handelnde dies nicht einfach negieren können. Deshalb verpflichtet lerntheoretische Didaktik Lehrer zu ständiger Ideologiekritik (»permanente Ideologie-Kritik«, HEIMANN 1962, S. 424). Wohlgemerkt: Lehrer im didaktischen Handlungsfeld erhalten diese Aufgabe zugesprochen, nicht die Theorie selbst, die nur die dafür nötige Kategorie zur Verfügung stellt. Warum gerade hier Lerntheorie an ihre Grenzen stößt, hat BLANKERTZ aufgedeckt: Der wertfreie wissenssoziologische Ideologiebegriff ermöglicht zwar Aufklärung entsprechender Umstände, nimmt aber dem Handelnden nicht die erforderliche Entscheidung ab und macht seine Entscheidung auch keinesfalls ideologiefrei. Seine Entscheidungen nach erfolgter Analyse sind »nicht mehr vorwissenschaftlich-naiv . . ., wohl aber nachwissenschaftlich-privat« (BLANKERTZ 1969, S. 109). Dennoch sieht er dort einen unschätzbaren Vorteil der lerntheoretischen Didaktik, und ich schließe mich hier seiner Auffassung an: »Sie hindert denjenigen, der sich ihrer bedient, daran, unvermittelt in das Kampfgetümmel zu stürzen, lobende und tadelnde Urteile nach allen Seiten auszuteilen, bevor die Bedingungen der fraglichen Situation vollständig erfaßt sind.« (S. 108)

Überhaupt liegt ein großer Verdienst lerntheoretischer Didaktik darin, dem didaktisch Handelnden vor seinen Entscheidungen eine ausführliche Analyse der Bedingungen abzuverlangen. In dem Umfang, wie ihn das »Berliner Modell« fordert, hat es eine explizite Bedingungsanalyse in der didaktischen Theoriebildung vorher nicht gegeben. Die Forderung nach umfassender und kritischer Erfassung und Analyse vorherrschender Bedingungen folgt auch aus der auf Prozeßhaftigkeit angelegten Art didaktischer Theoriebildung. Was das »Berliner Modell« leisten soll, ist vor allem die Angemessenheit didaktischen Denkens und didaktischer

Entscheidungen – als theoretische Seite didaktischer Vorgänge – bezüglich der vorfindbaren Wirklichkeit. Da eben diese ständig im Wandel ist, Theorien also auch nicht längerfristig sein können, muß didaktische Theorie selbst Prozeßform annehmen. Warum das so ist und wie das durch den Praktiker geleistet werden kann, führt das Berliner Strukturmodell anschaulich vor Augen.

Und hier hat es auch seine Grenzen. Es strukturiert den Zugriff des Handelnden auf die Wirklichkeit, hilft »Ordnung in Eindrücke« zu bringen, ohne jeglichen Handlungsimpuls oder Enscheidungsmaßstab. Das einzige Maß, das vorgegeben wird, ist das der Stimmigkeit; alle didaktischen Entscheidungen müssen aufeinander – wegen der zwischen ihnen angenommenen Interdependenz – und mit den situativen Bedingungen abgestimmt sein. Reicht dies aber aus für eine didaktische Theorie? Genügt die Vorgabe des Maßes »Stimmigkeit«? Ich meine: nein! Stimmigkeit didaktischer Entscheidungen mag Reibungslosigkeit des Lehrens und Lernens begründen, möglicherweise auch hohe Effizienz, aber pädagogisch wirksame Vorgänge sind dadurch allein noch nicht zu gewährleisten. Lerntheoretische Didaktik deckt also offenbar nicht alle Ebenen didaktischen Denkens und Handelns ab. Ihre – bei HEIMANN – ausschließliche Bindung an positivistisch-analytische Wissenschaftsauffassungen und ihre Erwartung an die Kraft der Rationalität schränken sie ein. Das mögliche Dilemma lerntheoretischer Didaktik sieht auch BLANKERTZ deutlich: »Entweder wird der Unterricht rein technologisch aufgefaßt und beliebigen außerpädagogischen Zwecken für die Durchsetzung ihrer Intentionen bereitgestellt; oder aber sie diktiert im Namen der Wertfreiheit dogmatisch die eigenen Werte der wie auch immer positivistisch amputierten technologischen Rationalität.« (1969, S. 110). Einen Ausweg sieht er nur in der Aufgabe der ausschließlichen Bindung an die positivistische und gleichzeitig Öffnung für andere Wissenschaftsauffassungen. Das geschieht dann in der Tat auch durch SCHULZ.

Wenn dieses Modell derartige Mängel aufweist, wie konnte es dennoch auf viele Jahre hinaus die didaktische Praxis prägen? Wenn außer acht gelassen wird, daß Lehrer immer jene didaktischen Theorien übernehmen, die ihnen während der Ausbildung angeboten werden – und das war über lange Jahre hinweg das »Berliner Modell« –, so bleiben vor allem zwei mögliche Begründungen. Zum einen die Faszination durch ein klar strukturiertes und scheinbar einfaches Modell: Wer das »Berliner Modell« mit seinen sauber voneinander unterschiedenen – und mit recht bekannten Kategorien bezeichneten – Handlungsdimensionen als in sich stringent geschlossenes Modell sieht, hofft wohl, daß auch seine Praxis sich so geordnet gestalten läßt und daß so eine ordentliche Praxis auch Erfolg – Lernerfolg bei Schülern – zeitigen muß. Die Erwartung, geordnetes Handeln sei zwangsläufig rechtes und erfolgreiches Handeln – das ist vermutlich ein Grund für die weite Verbreitung. Zum anderen die persönliche Inanspruchnahme des Modells: Wohl mehr unbewußt als bewußt ist gerade der technologische Charakter des Modells ausgewertet worden; eigene pädagogische – möglicherweise durchaus politisch, wenn nicht gar ideologisch gebundene – Zielsetzungen ließen sich auf diesem Modell in den Unterricht transportieren, ohne daß von seiner Seite aus dem Hindernisse in den Weg gelegt worden wären. Die Aufforderung zur permanenten Ideologiekritik ist – so meine Erfahrungen – selten auf die eigene Person, sondern meistens auf gesellschaftliche Umstände bezogen worden.

Das »Berliner Modell« hat besser als jedes andere bis dahin Ordnung in didaktisches Denken und Handeln gebracht, hat Vergleichbarkeit von didaktischem Handeln hergestellt und dadurch Gespräche gefördert. Und das kann es m. E. auch gegenwärtig immer noch besser leisten als andere Modelle. Seine Schwäche ist dadurch zu beheben, daß es nicht allein, sondern immer in Verbindung mit anderen didaktischen Ansätzen und pädagogischen Theorien vermittelt wird. Ein Vorteil lerntheoretischer Didaktik gegenüber anderen Ansätzen besteht darin, nicht bloß ein auf Unterrichtsplanung zielendes Modell entwickelt zu haben, sondern ein Modell, das im selben Maß zur Analyse von Unterricht aufruft. Entsprechend müßte in der Lehre allerdings mehr als bisher die Anwendung der Analyse auf den eigenen Unterricht herausgehoben und eingeübt werden.

## 7.2 Neue Konzeption: »Hamburger Modell« (SCHULZ)

### 7.2.1 Entwicklungen

Die Berliner Ausprägung lerntheoretischer Didaktik ist zur Grundlage vieler Denkansätze in der didaktischen Theoriebildung der letzten zwei Jahrzehnte geworden, und ihre Elemente sind in zahlreiche Einzelentwürfe eingegangen. Aber von der Weiterentwicklung zu einer »neuen« Konzeption kann nur für die unentwegten Bemühungen bei SCHULZ gesprochen werden. Nachdem SCHULZ als Mitarbeiter HEIMANNs in Berlin zunächst einige Jahre eine mit dessen Vorstellungen übereinstimmende Didaktik vertrat, setzte er sich seit etwa Mitte der 60er Jahre immer deutlicher für eine Variation des »Berliner Modells« ein. Der breiten Öffentlichkeit, besonders den Praktikern, stellte SCHULZ 1980 ein neues Konzept vor, dem er wegen seines inzwischen erfolgten Wechsels an die Hamburger Universität den Namen »Hamburger Modell« gab.

Das »Hamburger Modell« steht am Ende einer langen Entwicklung, die mit der skeptischen Einstellung zum technologischen Charakter des »Berliner Modells« begann. SCHULZ hat die Frage nach dem »cui bono« einer didaktischen Theorie gleich anfangs gestellt. Allerdings wird der gesellschaftspolitische Akzent dieser Fragestellung in der ersten großen Veröffentlichung von SCHULZ zur lerntheoretischen Didaktik (1965 a) noch sehr zurückhaltend angedeutet. Lediglich in einer Fußnote sowie einem Verweis auf drei Untersuchungen bringt er einen – gegenüber HEIMANN – veränderten Ideologiebegriff in die lerntheoretische Didaktik ein. An die Stelle des wertfreien und totalen Ideologiebegriffs von MANNHEIM setzt er jenen wertenden nach LIEBER (vgl. SCHULZ 1965 a, S. 40). Dadurch wird die »permanente Ideologiekritik« dieses Modells zur Kritik an solchem didaktischen Denken, das bloß affirmativ ist und didaktische Umstände konserviert, ohne sich selbst als möglicherweise falsch zu begreifen. Der veränderte Ideologiebegriff bleibt aber zunächst folgenlos für den Umgang mit dem lerntheoretischen Modell, weil er den Adressaten zu wenig nachhaltig vor Augen geführt wird.

In Überlegungen zu einer »didaktischen Theorie der Schule« greift SCHULZ zwar die seinerzeit in Gang kommende »schichtspezifische« Betrachtungsweise und vor allem auch die dazugehörige Sprache auf, gelangt aber über die Forderung nicht hinaus, daß Didaktik »die Begründungen, die für Setzungen angegeben werden, . . . auf ihre Interessenbezogenheit hin zu prüfen . . .« habe (SCHULZ 1969,

S. 71; vgl. auch S. 68ff.). Auch auf ausdrückliche Fragen hin hat SCHULZ in der damaligen Zeit seine kritischen Vorstellungen noch nicht präzisiert. So antwortete er nur am Rande, daß »Didaktik nicht zur Manipulationstheorie im Dienste jedweder Ziele« werden dürfte und daß Didaktik danach fragen müsse, ob in den von ihr untersuchten Umständen »nicht intentional und thematisch relevante Vorentscheidungen stecken, bestimmt von unreflektiert gebliebenen Auffassungen über Mensch und Gesellschaft« (SCHULZ 1967, S. 142 bzw. S. 143). Doch dies sind nur marginale Äußerungen bei SCHULZ in jener Zeit.

1970 spricht SCHULZ zwar von »radikaler Aufklärung« als Aufgabe einer Didaktik, aber er beschreibt diese nicht einmal im Ansatz konkreter (SCHULZ 1970, bes. S. 410). Dafür verfolgt er ein anderes Wort und nimmt es auf: *Engagement.* Didaktische Theorie, so verlangt er, hat sich nicht nur auf sich zu besinnen und die Regeln formaler Theoriebildung zu befolgen, sondern sie muß in eben jener Wirklichkeit engagiert sein, auf die sie sich bezieht. Anfangs noch als »notwendige Ergänzung der Theoriebildung« erklärt, wird Engagement 1972 als deren »Bestandteil« bezeichnet (SCHULZ 1972, S. 163). SCHULZ spricht von »kritischer, humanitär engagierter Didaktik« und zeigt auch gleich an, wo diese ihr Engagement hat, nämlich bei unterprivilegierten Kindern: »Alle Kinder sind eine unterdrückte Minderheit, an die gerade der unterdrückte Erwachsene den Tritt, den er empfangen hat, weitergeben kann. Sie sind es nachweislich in unterschiedlicher Weise, und deshalb ist es gerechtfertigt, die Zuwendung, die ihnen allen gehört, einem Teil in besonderem Maße zuteil werden zu lassen« (1972, S. 168 bzw. S. 182). Wert legt er darauf, für eine so verstandene kritische Didaktik zwar von »Engagement«, nicht aber von »Parteilichkeit« zu sprechen. In den siebziger Jahren entwickelt SCHULZ konsequent auch nach außen hin den kritischen Aspekt einer lerntheoretischen Didaktik. Dieser Aspekt wird zum integrierenden Bestandteil lerntheoretischer Didaktik, die SCHULZ 1980 endgültig – oder vorläufig? – beschreibt als »Wissenschaft vom emanzipatorisch relevanten, professionell pädagogischen Handeln in Unterricht und Schule« (SCHULZ 1980c, S. 48).

### 7.2.2 Theorie vom emanzipatorisch relevanten, professionell pädagogischen Handeln

Die Formel »emanzipatorisch relevante« Theorie für »professionell pädagogisches Handeln« stellt das Programm der neukonzipierten lerntheoretischen Didaktik vor Augen: *didaktische Theorie hat die Voraussetzungen emanzipatorisch wirksamen Unterrichts zu klären* und den Lehrern alle zur Gestaltung eines solchen Unterrichts erforderlichen Kenntnisse, Maßnahmen usw. zu vermitteln und an die Hand zu geben. Adressaten dieser Theorie sind Lehrer; Bezugspunkte der Theorie sind Lehrer und Schüler. Obwohl Lehrer in den Vordergrund der Betrachtung gerückt werden, versucht die neue lerntheoretische Didaktik die Interessen von Schülern und Lehrern in gleicher Weise aufzugreifen und zu verklammern. Durch solche Verklammerung löst SCHULZ den selbst gestellten Anspruch an eine »humanitär engagierte Didaktik« ein, deren Aufgabe dann nicht nur verkürzt darin gesehen wird, Lehrern ein umfassendes Instrumentarium zu technisch optimaler Unterrichtsgestaltung aufzubereiten, sondern ein Instrumentarium zu emanzipatorisch optimal wirksamem Unterricht (wobei technische Wirksamkeit einbeschlossen ist, wie später deutlicher darzustellen ist).

In ihrer Struktur – d. h. hier vor allem: in der Abgrenzung ihres Gegenstandsfeldes, ihrem methodischen Vorgehen, ihrer Kategorisierung und ihrer Darstellungs- und Vermittlungsform – richtet sich die neue lerntheoretische Didaktik nach den angenommenen Interessen und Bedürfnissen der Praktiker. In dieser Hinsicht gleicht sie somit der »alten« Konzeption; auch HEIMANN hatte seine Theorie am Lehrerbedürfnis ausgerichtet. Für SCHULZ ist es aber ein noch weitergehendes Axiom seiner Theoriebildung: »Alltagspraxis und Wissenschaftspraxis beziehen sich auf gleichartige, aufeinander verwiesene Handlungsfelder.« Und er fügt hinzu, worin das gemeinsame Ziel besteht: ». . . beide Praxen (lassen) sich letztlich vom pädagogischen Interesse an der Förderung aller Menschen zur Verfügung über sich selbst leiten.« (1980c, S. 46) Worin didaktische Praxis (Alltagspraxis) und didaktische Theorie (Wissenschaftspraxis) sich unterscheiden, das ist lediglich der Schwerpunkt, unter dem sie ihre Aufgabe jeweils angehen; unmittelbar und meist distanzlos *oder* mehr mittelbar und distanziert.

Großen Wert legt SCHULZ darauf, daß in die Didaktik nicht eine übersteigerte Auffassung von kritisch-emanzipatorischer Wissenschaft hineingetragen wird. Schon 1972 hatte er darauf hingewiesen, daß seines Erachtens die von HABERMAS unterschiedenen Positionen *erkenntnisleitenden Interesses* in der Didaktik keine große Rolle spielen könnten, d. h., daß eine daran vorgenommene Kategorisierung verhältnismäßig bedeutungslos sei, weil vielmehr die Kategorien *pädagogischen Interesses* stärkeres Gewicht hätten (vgl. SCHULZ 1972, S. 159 ff.). 1980 stellt er besonders heraus, daß seine Theorie emanzipatorisch relevanten Handelns keineswegs bloß dem Gesichtspunkt der *Wünschbarkeit* didaktischen Geschehens folgen dürfe, sondern von Anfang an auch dem der *Machbarkeit*. Didaktische Theorie kann mithin nur zu solchen Aussagen kommen, für die sowohl die Notwendigkeit als auch Möglichkeit geklärt ist: »Worüber man sich verständigt hat, das soll dann auch optimal realisiert werden; umgekehrt soll nur das optimiert werden, worüber man sich verständigt hat.« (SCHULZ 1980c, S. 51) Hier zeigt sich der pragmatische Grundsatz des »Hamburger Modells« besonders stark: keine unrealisierbaren Forderungen an Schule und Unterricht zu stellen, aber auch nicht bloß technisches Blendwerk in Schule und Unterricht zuzulassen.

Um eine Theorie solcher Art zu entwickeln, muß SCHULZ vor allem drei große Fragenkomplexe klären:
- Was soll unter Emanzipation verstanden werden?
- Welchen Beitrag kann Unterricht zu so verstandener Emanzipation überhaupt leisten?
- Wie kann Unterricht seinen derart eingeschätzten Beitrag erbringen?

Die Antworten von SCHULZ werden im folgenden vorgestellt, wobei der dritte Komplex ausführlich im nächsten Abschnitt über das »Handlungsmodell« dargestellt wird.

(a) Weiter oben wurde schon angegeben, was SCHULZ unter Emanzipation verstehen will; *als Zustand* die Verfügung von Menschen über sich selbst und *als Vorgang* die Förderung solcher Verfügung über sich selbst; dies beinhaltet immer auch den Abbau von entgegenstehenden Umständen: »Emanzipation als Befreiung von überflüssiger Herrschaft und zu möglichst weitgehender Verfügung aller über sich selbst« (SCHULZ 1980a, S. 81). Emanzipation wird erforderlich, weil in unserer Gesellschaft Menschen leben, die noch nicht über sich verfügen können, d. h. es gibt gesellschaftliche Umstände, Ungleichheiten,»Benachteiligungen ökonomisch bedingter, politischer und kultureller Art« (SCHULZ 1980c, S. 56), aus denen herauszuführen ist.

(b) SCHULZ' Auffassung über die schulischen Möglichkeiten zur Herbeiführung von Emanzipation unterscheiden sich stark von den oft radikalen Vorstellungen »kritischer« Didaktik und Pädagogik: Schule kann und hat solche Umstände nicht zu verändern. SCHULZ:»Solche Benachteiligungen ökonomisch bedingter, politischer und kultureller Art sind in der Regel nicht in Schulen entstanden und nicht durch sie änderbar.« (1980c, S. 56) Oder:»Emanzipation als Befreiung von überflüssiger Herrschaft und zu möglichst weitgehender Verfügung aller über sich selbst kann nicht in einer Institution allein geleistet werden, in der Herrschaft nicht begründet wird, deshalb auch nicht abgeschafft werden kann.« (1980a, S. 81) SCHULZ möchte die pädagogisch-didaktische Aufgabe der Emanzipation nicht in die Nähe revolutionärer Vorstellungen gerückt sehen. Für ihn kann Schule kein Ort unmittelbarer Veränderung der Gesellschaft sein (eine Vorstellung, die vielfach in pädagogische Gedanken der jüngsten Zeit eingegangen ist), weil Schule auch nicht maßgeblich an der realen Ausgestaltung der derzeitigen Gesellschaft beteiligt war. Hierin unterscheidet sich SCHULZ offensichtlich von vielen zeitgenössischen Didaktikern, die in der Schule eine entscheidende Instanz für die Zuteilung sozialer Chancen und somit auch für die soziale Strukturierung unserer Gesellschaft sehen.

(c) Wie aber kann Schule dennoch emanzipatorisch wirksam sein? Drei Antworten von SCHULZ:
– »Und wenn mit Hilfe der Lehrer die unkritische Verinnerlichung bestehender Zustände relativiert wird und die Befähigung zur Frage an die Verhältnisse, zum Durchspielen alternativer Antworten gegeben ist und erhalten bleibt, dann macht das und nur das meiner Ansicht nach die *emazipatorische Relevanz* von Unterricht aus.« (1980a, S. 81)
– »Aber die Benachteiligungen können durch Sozialisationsprozesse derartig internalisiert sein, daß man nicht zu denken, zu fühlen, zu handeln vermag, um sie aufzudecken und schließlich beseitigen zu können. Die Befähigung dazu durch Unterricht und Schulleben zu wecken, wachzuhalten, zu differenzieren, die subjektiven Folgen von Benachteiligung zu mildern und so die Fähigkeit zu erhalten, gegen sie anzugehen – dazu vermag humane Unterrichtswissenschaft notwendige (wenn auch nicht hinreichende) Voraussetzungen zu bieten. Insofern ist sie emanzipatorisch relevant.« (1980c, S. 56)
– »Was Emanzipationshilfe – für meine Begriffe – in der Schule nur heißen kann, ist dies: den Betroffenen zu befähigen, einerseits die ›Kelle‹ dort aufzunehmen, wo ›Vater‹ sie hingelegt hat; andererseits dies in dem Bewußtsein zu tun, daß er nun überprüfen muß, ob er an der Stelle weiterbauen will, wo ›Vater‹ aufgehört hat, und ob nicht etwas anderes als die ›Kelle‹ dazu nötig ist! . . . die Schule kann nicht an Stelle der Bürger entscheiden, wie die Gesellschaft von morgen aussehen darf.« (1978, S. 110 f.)

Besser als mit SCHULZ' eigenen Worten kann man es nicht ausdrücken: *Schule emanzipiert nicht, sondern ist allenfalls »emanzipatorisch relevant«*. Dies ist sie – und *muß* sie nach SCHULZ sein –, wenn sie Schüler zur eigenen Emanzipation instand setzt. Ebenso ist auch die didaktische Theorie nicht selbst zur Veränderung emanzipationshemmender Umstände aufgerufen, sondern sie zeigt die Bedingungen für die Möglichkeit eines emanzipatorisch relevanten Unterrichts auf. Didaktische Theorie ist also auf keinen Fall normativ in dem Sinne, daß sie selbst gesellschaftspolitische Ziele angäbe und vorgäbe. Didaktische Theorie gibt auch kein Handlungsprogramm vor, sondern stellt lediglich ein Modell möglichen Handelns zur Verfügung: So kann »die didaktische Forschung und ihre darauf gebaute Theorie den Lehrer in der Praxis nicht zum Kalfaktor machen, der ein vorentschiedenes Programm am Ort durchsetzt, und dies didaktisch rechtfertigen wollen« (SCHULZ 1980c, S. 54).

Nach der Auffassung von SCHULZ kann eine didaktische Theorie letzten Endes nur auf Schüler – als Betroffene didaktischer Vorgänge – und nicht auf die Gesellschaft Bezug nehmen. Seine Theorie kann deshalb auch keine bloß kritische Theorie sein, sondern *enthält den kritischen als einen von möglichen und notwendigen wissenschaftlichen Aspekten*. Seine Theorie erweist sich als eine Mischtheorie, in die Momente der geisteswissenschaftlichen, der empirisch-analytischen und auch der kritischen Wissenschaftsauffassung eingegangen sind. Nach seiner Meinung ist dies keine gewollt-künstliche Konstruktion, sondern Folge aus dem Axiom, daß die Theorie der Praxis zu entsprechen habe. Und da diese überaus komplex ist, kann auch nur eine entsprechend komplex gehaltene Theorie angemessenen Zugriff gewährleisten: »Der Monopolanspruch eines Wissenschaftstypus wird der Komplexität der Aufgabe nicht gerecht.« (SCHULZ 1980a, S. 85) Allerdings bekennt SCHULZ, daß sein Modell nicht allen Zwecken offensteht, daß die Formalkategorien »Emanzipation« usw. nicht beliebig gefüllt und in Anspruch genommen werden können. Er bindet seine Theorie unauflöslich an demokratische Gesellschaftsordnungen: »Nur in freiheitlich-demokratischen und sozialen Demokratien ist dies realisierbar.« (S. 80). Für didaktisches Handeln in freiheitlich-demokratischen und sozialen Gesellschaften also entwickelt er ein Handlungsmodell.

### 7.2.3 Das Handlungsmodell

Mit dem *Handlungs*modell unterscheidet sich die neue von der alten Konzeption lerntheoretischer Didaktik. HEIMANN hatte 1962 ein *Entscheidungs*modell vorgestellt, ein Modell, mit dessen Hilfe didaktische Entscheidungen für Planung und Analyse des Unterrichts vor Augen geführt wurden. Dieses Modell sah ausschließlich den Lehrer als Bezugspunkt didaktischer Theorie. Das »Hamburger Modell« hingegen sieht Lehrer und Schüler (letzten Endes alle beteiligten/betroffenen Personen) als Bezugspunkte der didaktischen Theorie. Das sie alle Verbindende ist nach Auffassung von SCHULZ das Handeln, d. h., daß sie miteinander auf irgendeine Weise in einem spezifischen Feld handelnd tätig sind: »Diese Handlungsaufgabe versuche ich in einem Modell so zu begreifen, daß wir besser eingreifen können, verantwortbarer, effizienter, aufgeklärt über die Bedingungen dieses Handelns und handelnd Stellung nehmend.« (SCHULZ 1980a, S. 80)

In einer Gesamtdarstellung greift SCHULZ zwar auf die vier Entscheidungsfelder des »Berliner Modells« zurück, übernimmt auch dessen Interdependenz-These,

fügt aber diese Momente anders zusammen und artikuliert das Umfeld didaktischen Handelns anders: Das didaktische Handeln (Unterricht) vollzieht sich zwischen Lehrer und Schülern, wobei konstitutive Momente in diesem Feld sind:
– *Unterrichtsziele,* d. h. Intentionen und Themen
– *Vermittlungsvariablen,* d. h. Methoden, Medien, schulorganisatorische Hilfen
– *Ausgangslage von Lehrenden und Lernenden*
– *Erfolgskontrolle.*

Eingelagert ist solches didaktische Handeln in »institutionelle Bedingungen« und umfassender immer auch in politisch-gesellschaftlich-ökonomische Umstände. Wer Unterricht analysiert oder plant, muß seinen Blick auf diese Momente und deren Verflechtung richten.

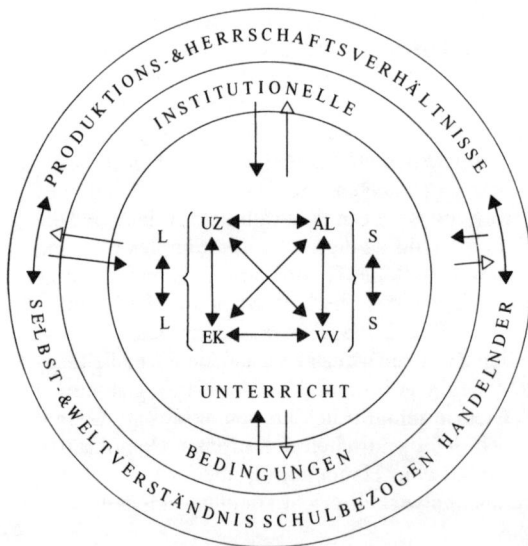

L = Lehrer als Partner unter-
S = Schüler richtsbezogener Planung

UZ = Unterrichtsziele: Intentionen und Themen

AL = Ausgangslage der Lernenden und Lehrenden

VV = Vermittlungsvariablen wie Methoden, Medien, schulorganisatorische Hilfen

EK = Erfolgskontrolle: Selbstkontrolle der Schüler und Lehrer

*Handlungsmomente didaktischen Planens in ihrem Implikationszusammenhang (SCHULZ 1980a, S. 83)*

Das »Hamburger Modell« zielt darauf ab, Lehrer instand zu setzen, einen Unterricht analysieren, planen, durchführen und kontrollieren zu können, der »emanzipatorisch relevant« ist, d. h., der die Fähigkeit der Schüler zu »Befreiung von überflüssiger Herrschaft und zu möglichst weitgehender Verfügung über sich selbst« fördert. Für eine solche Absicht ist besonders wichtig, Vorstellungen u. ä. über durch Unterricht zu verfolgende Ziele zu entwickeln (in der Modellskizze: UZ). SCHULZ bietet dem Lehrer drei Zielkategorien an: *»Kompetenz«, »Autonomie«, »Solidarität«.* Über die Steigerung von Kompetenz, Autonomie und Solidarität bei den Schülern kann Unterricht deren Verfügung über sich selbst fördern, wird also emanzipatorisch relevant. Besonders großen Wert legt SCHULZ

144

darauf, diese drei Zielsetzungen als unbedingt aufeinander angewiesen und als sich gegenseitig bedingend auszuweisen. Nur in ihrem Zusammenhang vermögen sie emanzipatorisch wirksam zu sein (1980c, S. 59 f.):

- »Kompetenz als Inbegriff des Wissens, Könnens, Eingestelltseins, die man zur individuellen Reproduktion der Gesellschaft, so wie sie ist, benötigt, . . . würde lediglich dazu beitragen, die Individuen an die Lebensbedingungen, in die sie hineingeboren sind, anzupassen, ohne ihre Handlungsfähigkeit diesen Bedingungen gegenüber zu verbessern.« Solche Handlungsfähigkeit ist unbedingt erforderlich, also:
- »Die gegenwärtigen und auch die alternativ dazu denkbaren Lebensumstände müssen relativiert werden, der Kritik und kreativer Veränderung zugänglich sein, damit sich Menschen aus der Gebundenheit an Lebensumstände befreien können, die ihnen nicht das jeweils größtmögliche Maß an Selbstbestimmung, an *Autonomie,* gewährleisten.« In unserer Gesellschaft kann solche Autonomie aber nie individuell, möglicherweise sogar auf Kosten anderer, erworben werden, sondern immer nur mit anderen zusammen, in Verantwortung allen anderen gegenüber:
- »*Solidarität* mit den jeweils konkret Benachteiligten besteht in der Erkenntnis, daß Befreiung für benachteiligte Gruppen, Klassen, Schichten gefordert werden muß, weil der einzelne nur frei in einer Gesellschaft von Freien, Gleichen, brüderlich Verbundenen sein kann.«

Nicht ohne Absicht hat SCHULZ die im »Berliner Modell« noch getrennten Momente »Ziele« und »Inhalte« zusammengefaßt. Ziele sind ohne Inhalte nicht realisierbar, sind – wie die curriculare Bewegung zeigte – nicht einmal ohne sie formulierbar. Die Inhalte bzw. Themen lassen sich nach SCHULZ in drei Kategorien fassen, d. h. sie sind in drei Erfahrungsbereichen ansiedelbar: »*Sacherfahrung*«, »*Sozialerfahrung*«, »*Gefühlserfahrung*«. SCHULZ greift hier offensichtlich auf aktuelle Vorstellungen über den Lernvorgang zurück, der als dauerhafte Veränderung von Verhaltensdispositionen auf Grund von Erfahrungen verstanden werden kann. Unterricht wird in diesem Fall als Raum angesehen, wo derartige, veränderungswirksame Erfahrungen angeboten werden. Erfahrungen zuzubereiten heißt, Unterricht zu thematisieren, und das kann nach SCHULZ vor allem in den drei genannten Richtungen geschehen, wobei auch diese in interdependentem Zusammenhang stehen (1980c S. 53):

| Themen (Erfahrungsaspekte) / Intentionen (Absichten) | I Kompetenz | II Autonomie | III Solidarität |
|---|---|---|---|
| Sacherfahrung 1 | I/1 | II/1 | III/1 |
| Gefühlserfahrung 2 | I/2 | II/2 | III/2 |
| Sozialerfahrung 3 | I/3 | II/3 | III/3 |

*Heuristische Matrix zur Bestimmung von Richtzielen emanzipatorisch relevanten, professionellen didaktischen Handelns (SCHULZ 1980a, S. 83)*

–»Sacherfahrung erwirbt man in Verbindung mit Sozialerfahrung, und die Gefühlserfahrung, die man dabei erwirbt, determiniert die Fähigkeit, Sachkenntnis
und soziale Beziehungen zu differenzieren.«

Die Zusammensetzung der Kategorien zu unterrichtlichen Zielsetzungen und
Themen ergibt eine Matrix, mit deren Hilfe man feststellen kann, ob und in welcher
(systematischen) Weise z. B. ein vorgesehener Unterricht auch tatsächlich emanzipatorisch relevant – im Sinne von SCHULZ – sein kann.

SCHULZ hat das Hamburger Modell für den Bereich der Unterrichtsplanung
näher bestimmt, obwohl seiner eigenen Aussage nach didaktisches Handeln mehr
als bloßes Planen ist (vgl. 1980a, S. 85). Planen scheint aber immer noch als eine der
bedeutsamsten Aufgaben des Lehrers, an den dieses Modell sich wendet, und
didaktisch Handelnder überhaupt eingeschätzt zu werden. Deshalb auch wohl hat
SCHULZ für diesen Bereich seine Vorstellungen am weitesten konkretisiert und
auch ein besonderes Buch dazu veröffentlicht (vgl. SCHULZ 1980d).

Bei seinen Vorschlägen zur Unterrichtsplanung versucht er vor allem den
Anspruch seiner Theorie, immer auch in gleicher Weise auf Schüler wie auf Lehrer
bezogen zu sein, einzulösen:»Ich bin immer mehr der Meinung, daß die Schüler für
eine ganze Reihe von wichtigen Teilen des Lernprozesses mindestens ebenbürtige,
wenn nicht bessere Experten sind als die Lehrer.« (SCHULZ 1980e, S. 246).

Dies kann nur über den Weg einer Beteiligung von Schülern an der Unterrichtsplanung geschehen. Dem meint SCHULZ durch eine Stufung der Planung entsprechen zu können, die zuläßt, daß Bedürfnisse und Interessen von Schülern jeweils
ihrer Artikulationsfähigkeit nach eingebracht werden können. Er unterscheidet
vier Planungsebenen (1980a, S. 82):

– »Die *Perspektivplanung,* die für einen längeren Zeitraum, über einzelne Unterrichtseinheiten hinaus, etwa für ein Semester, ein Jahr, den Durchgang durch
eine Schulform einen Handlungsrahmen entwirft, für ein Fach, eine Fächergruppe oder das Lehrplangefüge im ganzen.

– Die *Umrißplanung* der einzelnen Unterrichtseinheiten;

– Die *Prozeßplanung,* die Ordnung der Planungsentscheidungen in der Zeit, wo sie
nötig erscheint;

– Die *Planungskorrektur* während des Unterrichtsprozesses, wenn unerwartete
Gesichtspunkte es erforderlich erscheinen lassen.«

### 7.2.4 Zusammenfassung und kritische Einschätzung

Die Weiterentwicklung lerntheoretischer Didaktik durch SCHULZ findet schon
äußerlich ihren Ausdruck darin, daß nunmehr statt vom »Berliner Modell« vom
»Hamburger Modell« die Rede ist. Worin die hauptsächliche Änderung besteht,
sagt SCHULZ selbst zusammenfassend (1980a, S. 85): »In den letzten zehn Jahren
habe ich dazugelernt, daß die Trennung zwischen engagierter Praxis und distanzie-
render Theorie . . . nicht ohne Gefahr für ein nicht mehr genügend reflektiertes
Handeln und eine nicht mehr genügend handlungsrelevante Theoriebildung durch-
zuhalten ist und letztlich Motive nur verschleiert: Didaktische Reflexion geschieht,
wenn sie nicht nur verkürzter Rationalität verpflichtet ist, unter der Perspektive der
Förderung möglichst weitgehender Verfügung aller Menschen über sich selbst.«

Inwieweit es SCHULZ tatsächlich gelungen ist, seine neuartige Theorie in enger
Anlehnung an die Praxis zu konzipieren, wird ihre Annahme durch die Praktiker

zeigen müssen. Denn allein in der Schulpraxis wird sich erweisen, ob Alltags- und Wissenschaftspraxis zusammengehen. Was für die Theorie sicher von Vorteil ist – die differenzierte Kategorisierung didaktischen Handelns (vgl. Modellskizzen), weil sich dadurch vorgefundene und beabsichtigte Wirklichkeit präziser erfassen und trennschärfer analysieren läßt – wird sich in der Praxis wegen des damit verbundenen Aufwandes, unter Umständen auch wegen der nicht immer leicht verständlichen Terminologie, möglicherweise als hemmend erweisen. Ob die Wende von einem technologischen zu einem emanzipatorisch relevanten Modell den praktischen Bedürfnissen entspricht, muß ebenfalls noch fraglich bleiben. Lehrer in alltäglicher Unterrichtspraxis suchen weit häufiger nach Vorgaben zur Bewältigung kurzfristig entstehender technischer Probleme als nach langfristig absichernden Entwürfen. Wenn Lehrer aus solchen Gründen täglicher Bedrängnis das »Hamburger Modell« nicht wählen, so spricht das nicht so sehr gegen dessen Konzeption, sondern ist zum einen wiederum auf seine Präsentation, zum anderen aber auch auf den allgemeinen Ausbildungsmodus von Lehrern zurückzuführen.

Die neue lerntheoretische Didaktik wendet sich auf jeden Fall von der bloß technologischen Art des frühen »Berliner Modells« ab. Durch die Aufnahme kritischen Denkens setzt seine Inanspruchnahme zwar keine Parteilichkeit, wohl aber Engagement an den Problemen benachteiligter Schüler und Bürger voraus. Das kritische Moment ist strukturell im »Hamburger Modell« verankert; wer das Modell beansprucht, muß es mit seiner auf emanzipatorische Relevanz gerichteten Intention übernehmen. Unklar bleibt, gemessen an den Kategorien von HABERMAS, wie SCHULZ das erkenntnisleitende Interesse dieser Theorie gewichtet sehen möchte. Zur Zeit stellt sie sich noch als eine Mischtheorie dar, in die aus Gründen angenommener didaktischer Wirklichkeit Elemente aus geisteswissenschaftlicher, empirisch-analytischer und kritischer Wissenschaftsauffassung aufgenommen wurden. Hierin ähnelt neue lerntheoretische neuer bildungstheoretischer Didaktik; allerdings wird für sie nicht so extensiv wie bei KLAFKI eine metatheoretische Argumentation bezüglich der Notwendigkeit einer Mischtheorie geführt.

Verändert gegenüber dem »Berliner« ist beim »Hamburger Modell« auch die Auffassung über den Grundcharakter didaktischen Tuns. Bei HEIMANN war dies noch die Entscheidung des Lehrers, so daß sein Strukturmodell ein Entscheidungsmodell sein mußte, bei SCHULZ ist es nunmehr das Handeln, so daß er das »Hamburger Modell« als ein Handlungsmodell aufbaut. Darin kommt aber zusätzlich auch zum Ausdruck, daß SCHULZ Didaktik aus ihrem Selbstverständnis als Lehrerdidaktik zugunsten einer Lehrer-Schüler-Didaktik lösen will. Bisher hat sich die Theorie aber nur im Hinblick auf die Lehrertätigkeit konkreter ausgewiesen, auf deren professionelles Handeln, wobei vom Lehrer die Einbeziehung von Schülern in didaktisches Handeln erwartet und gefordert wird. Eine der Grundtendenz entsprechende Ansprache der Schüler steht auch beim »Hamburger Modell« noch aus.

Einen weiteren Anspruch muß SCHULZ ebenfalls noch einlösen. Er hat Planen ausdrücklich als nur einen Aspekt didaktischen Handelns bezeichnet und verlangt, eine didaktische Theorie dürfe nicht darauf beschränkt bleiben. Das »Hamburger Modell« weist zwar Postulate auf, die auch für anderes als bloß das Planungshandeln gelten können, kommt aber noch nicht auf diese zu sprechen, von der Entwicklung strategischer und anderer Hilfen ganz zu schweigen.

# Literatur

BLANKERTZ, Herwig: Theorien und Modelle der Didaktik. München 1969

DALE, Edgar: Audio-Visual Methods in Teaching. New York [12]1950

DAUENHAUER, Erich: Kategoriale Didaktik. Rintelen/München 1969

DICHANZ, Horst: Die Berliner Didaktik – reduktionistisch oder reduziert? In: Die Deutsche Schule, 73, 1981, H. 5, S. 267–275

DOLCH, Josef: Grundbegriffe der pädagogischen Fachsprache. 5., verb. Aufl. München 1965

HAUSMANN, Gottfried: Bemerkungen zur Didaktik als einer offenen Strukturtheorie des Lehrens und Lernens. In: Politik – Wissenschaft – Erziehung. Festschrift für Ernst Schütte (zum 65. Geburtstag). Frankfurt a. M. 1969, S. 98–103

HEIMANN, Paul: Pädagogische Theorie und Praktikum. Bemerkungen zu einem aktuellen Ausbildungsproblem. In: Pädagogik, 3, 1948, Nr. 7, S. 296–308

–: Informationen und Dokumente zur institutionellen Gestaltung der Lehrerbildung. In: Neuordnung der Lehrerbildung. Berlin [2]1956 a

–: Vergleichende Unterrichtslehre. Ihre Möglichkeiten und Methoden. In: ESPE (Hrsg.): Die Bedeutung der Vergleichenden Erziehungswissenschaft für Lehrerschaft und Schule. Berlin o. J. (1956 b), S. 72–79

–: Die Neuordnung der Lehrerbildung. In: Internationale Zeitschrift für Erziehungswissenschaft, 3, 1957, S. 444–455

–: Gegenwartsprobleme der Lehrerausbildung. In: Schule und Erziehung. Hrsg. v. HASELOFF/STACHOWIAK. Berlin 1960, S. 209–218

–: Didaktik als Theorie und Lehre. In: Die Deutsche Schule, 54, 1962, S. 407–427

–: Didaktik 1965. In: HEIMANN/OTTO/SCHULZ: Unterricht – Analyse und Planung. Hannover 1965, S. 7–12

–: Didaktik als Unterrichtswissenschaft. Hrsg. v. REICH/THOMAS. Stuttgart 1976

NORTHEMANN, W./OTTO, G. (Hrsg.): Geplante Information. Weinheim/Berlin/Basel 1969

SCHULZ, Wolfgang: Unterricht – Analyse und Planung. In: HEIMANN/OTTO/SCHULZ: Unterricht – Analyse und Planung. Hannover 1965 a

–: Drei Argumente gegen die Formulierung von Lernzielen und ihre Widerlegung. In: MAGER, R. F.: Lernziele und Programmierter Unterricht. Weinheim/Berlin/Basel 1965 b

–: Antworten auf Fragen der Schriftleitung. In: Rundgespräch, 1967, H. 3/4, S. 141–144

–: Umriß einer didaktischen Theorie der Schule. Die Deutsche Schule, 1969, 2, S. 61–72

–: Aufgaben der Didaktik. Eine Darstellung aus lehrtheoretischer Sicht. In: KOCHAN, D. C. (Hrsg.): Allgemeine Didaktik – Fachdidaktik – Fachwissenschaft. Darmstadt 1970, S. 403 bis 444

–: Unterricht zwischen Funktionalisierung und Emanzipationshilfe – Zwischenbilanz auf dem Wege zu einer kritischen Didaktik. In: RUPRECHT u. a.: Modelle grundlegender didaktischer Theorien. Hannover 1972, S. 155–184

–: Von der lerntheoretischen Didaktik zu einer kritisch-konstruktiven Unterrichtswissenschaft – Dialog mit Wolfgang SCHULZ. In: BORN/OTTO (Hrsg.): Didaktische Trends. München 1978, S. 85–115

–: Die lerntheoretische Didaktik. In: WPB 32, 1980 a, H. 2, S. 80–85

–: Ein Hamburger Modell der Unterrichtsplanung – Seine Funktionen in der Alltagspraxis. In: ADL-AMINI/KÜNZLI (Hrsg.): Didaktische Modelle und Unterrichtsplanung. München 1980 b, S. 49–87

–: Alltagspraxis und Wissenschaftspraxis in Unterricht und Schule. In: KÖNIG/SCHIER/VOHLAND (Hrsg.): Diskussion Unterrichtsvorbereitung – Verfahren und Modelle. München 1980 c, S. 45–77

–: Unterrichtsplanung. München 1980 d

– (u. a.): Abschlußdiskussion. Westermanns Pädagogische Beiträge, 32, 1980 e, S. 242–248

WINNEFELD, Friedrich: Pädagogischer Kontakt und pädagogisches Feld. München/Basel 1957

# 8 Informationstheoretisch-kybernetische Didaktik

Die *informationstheoretisch-kybernetische Didaktik* hat keine Tradition, die in die Geschichte pädagogischen und didaktischen Denkens zurückreicht. Dies betont auch ihr Hauptvertreter, VON CUBE (1965, S. 172): – »Der Begriff Didaktik, wie er im folgenden entwickelt wird, entstammt nicht der traditionellen pädagogischen Literatur, sondern wird unmittelbar vom Begriff der technisch-wissenschaftlichen Zivilisation her abgeleitet.«

Man kann zwar BLANKERTZ (1969, S. 49ff.) durchaus zustimmen, wenn er technisch-wissenschaftliches Denken seinerseits als mit langer Tradition versehen bezeichnet, aber das entsprechende didaktische Denken im engeren Sinne hat keine historischen Wurzeln. Erst in den 60er Jahren unseres Jahrhunderts wurde es durch Arbeiten vor allem von VON CUBE und FRANK in die Diskussion über didaktische Theoriebildung hineingetragen (CUBE 1965; 1968, S. 391 ff.; FRANK 1962; 1967, S. 1 ff.). Und ihre »Geschichte« scheint in unseren 90er Jahren auch schon wieder zu Ende zu gehen. Ihre »Väter« scheinen diese Position aufzugeben.

Ihre Bezeichnung hat diese Position gegenwärtiger Didaktik auf Grund der Übertragung von Kategorien und Modellvorstellungen aus Kybernetik und Informationstheorie auf Lern- und Lehrvorgänge erhalten. Zum einen wird besonders der seinerzeit von Norbert WIENER entwickelte *Regelkreis* aus der Kybernetik auch auf Lern- und Lehrvorgänge angewendet, weil diese als Vorgänge mit »offenem« Charakter aufgefaßt werden, in die regelnd eingegriffen werden kann. Zum anderen werden Lern- und Lehrvorgänge vorwiegend als *Informationsprozesse* begriffen, auf die Erkenntnisse informationstheoretischer Forschung übertragen werden können. Während anfangs mal von kybernetischer, mal von informationstheoretischer Didaktik die Rede war, scheint sich nunmehr die Doppelbezeichnung *informationstheoretisch-kybernetisch«* bzw. *»kybernetisch-informationstheoretisch«* eingebürgert zu haben, wie auch der Titel eines Aufsatzes von VON CUBE belegt (1980, S. 120ff.).

Von allen aktuellen Positionen in der Didaktik hat sich diese in den knapp zwanzig Jahren ihres Bestehens am wenigsten verändert (vgl. dazu PONGRATZ [1981], der sogar von »penetrantem Beharrungsvermögen« spricht). In ein Gespräch mit den übrigen Positionen ist sie immer nur zur schärfenden Darlegung ihrer eigenen Struktur eingetreten. Gegen die Übernahme von Argumenten und Strukturmomenten aus anderen Ansätzen hat sie sich streng gewehrt, ja geradezu hermetisch abgeschottet, wobei als Begründung auf die eindeutige Wurzelung in einer klar umgrenzten wissenschaftstheoretischen Position, nämlich dem *kritischen Rationalismus,* hingewiesen wurde, die eine solche Übernahme angeblich grundsätzlich verbietet. Verändert hat sich im Grunde nur ein einziger Punkt: Die Einschätzung der Bedeutung der Kybernetik für eine Didaktik. Während anfangs die »kybernetische Didaktik« als eigenständige Disziplin ausgegeben wurde, ist dies heute nicht mehr der Fall. Dabei hat wohl besonders die Kritik von BLANKERTZ eine große Rolle gespielt. VON CUBE gibt diese eine Änderung zu (1980, S. 123): – »Im Gegensatz zu früher bin ich heute der Auffassung, daß die Anwendung spezieller... Methoden auf denselben Gegenstandsbereich keine eigene Disziplin begründet; ich möchte daher – statt von kybernetischer Didaktik – von der Anwendung kybernetischer Methoden in der Erziehungswissenschaft... sprechen.

Insoweit sich der Ausdruck kybernetische Didaktik schon eingebürgert hat, verstehe ich ihn im angegebenen Sinne.« In der allgemeinen Diskussion bleibt die Formel »informationstheoretisch-kybernetisch« für diesen Ansatz erhalten.

## 8.1 Abgrenzung des Gegenstandsfeldes

Die informationstheoretisch-kybernetische Didaktik ist auf Lern- und Lehrvorgänge bezogen, sie begreift Lernen und Lehren als ausdrücklichen Bezugsbereich didaktischer Theoriebildung. Allerdings ist sie nicht auf Lernen und Lehren schlechthin bezogen, wie dies die bekannte Definition DOLCHs für eine weite Fassung des didaktischen Gegenstandsfeldes umreißt. Sie grenzt ihr Feld vielmehr auf eine Dimension dieses Gesamtbereichs ein. Um zunächst überhaupt einzelne Dimensionen innerhalb des Gesamtbereichs unterscheiden zu können, wird auf die im »Berliner Modell« gezeichnete Struktur von Lern- und Lehrvorgängen zurückgegriffen. Schon 1967 benützt FRANK das »Berliner Modell«, um seine Vorstellung vom »pädagogischen Raum« darzustellen (1967, S. 1). In der Gegenüberstellung ergibt sich folgende Zuordnung:

| »Elementarstrukturen« nach dem »Berliner Modell« | »Dimensionen des pädagogischen Raums« nach FRANK |
|---|---|
| – Intention | – Lehrziel |
| – Inhalt/Thema | – Lehrstoff |
| – Methode | – Lehralgorithmus |
| – Medium | – Medium |
| – anthropologisch–psychologische Voraussetzungen | – Psychostruktur |
| – sozio-kulturelle Voraussetzungen | – Soziostruktur |

FRANK bringt dies in eine anschauliche Skizze (1967, S. 1):

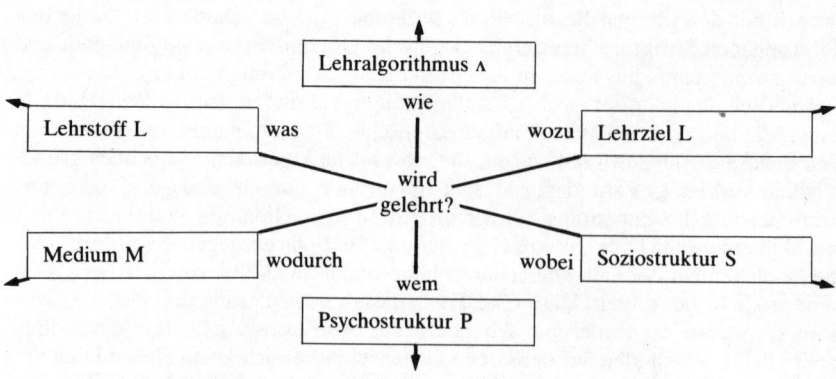

*Dimensionen des pädagogischen Raums nach FRANK*

Jeder Dimension des pädagogischen Raums kann eine besondere Frage zugeordnet werden, deren Beantwortung auf die in der jeweiligen Lern- und Lehrsituation reale Ausgestaltung und Erscheinungsweise der zugehörigen Dimension verweist:

- Lehrziel          – *wozu* wird gelehrt?
- Lehrstoff         – *was* wird gelehrt?
- Lehralgorithmus   – *wie* wird gelehrt?
- Medium            – *wodurch* wird gelehrt?
- Psychostruktur    – *wem* wird gelehrt?
- Soziostruktur     – *wobei* wird gelehrt?

Nur eine dieser Fragen wird als legitime Fragestellung einer Didaktik angesehen. FRANK stellt auch diese Frage in anschaulicher Weise dar (1967, S. 2):

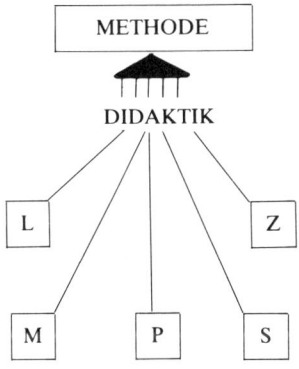

*ZEICHENERKLÄRUNG:*
L – Lehrstoff,
Z – Lehrziel,
M – Medium,
S – Soziostruktur,
P – Psychostruktur

*Kybernetische Definition der Didaktik als Abbildung im Sinne der modernen Mathematik nach FRANK*

*Didaktik wird eingeengt auf die Frage nach der Methode des Lernens und Lehrens.* Die Methodenfrage bildet ihr Gegenstandsfeld, so daß sie sich gegenüber der lerntheoretischen Didaktik von HEIMANN und SCHULZ als überaus »enge Fassung« einer Didaktik erweist. Welchen auf die Methodenfrage bezogenen Auftrag erhält nun die Didaktik?

## 8.2 Festlegung des Auftrages

Nach der soeben beschriebenen Eingrenzung des Gegenstandsfeldes könnte der Eindruck entstanden sein, informationstheoretisch-kybernetische Didaktik sei auf die Methodenfrage beschränkt, sei möglicherweise bloß die Neuauflage traditioneller Methodik mit modernerAusstattung. Das trifft aber nicht zu. Im Mittelpunkt des Auftrages dieser Didaktik steht die Methode in denkbar weitestem Sinne. Gemessen an den Vorstellungen des »Berliner Modells« wird der Didaktik nicht nur die Innenproblematik des Methodenfeldes aufgetragen, sondern auch dessen

Außenbeziehung, d. h. seine interdependente Verflechtung mit allen übrigen Dimensionen des Lern- und Lehrvorgangs. *Methodische Maßnahmen sind alle nur denkbaren Eingriffe in diesen Vorgang*, sie können sich auf Inhalt, Medien und Verfahren beziehen. Besonders VON CUBE hat den Auftrag dieser Didaktik näher beschrieben. Am bekanntesten (von mehreren Ansätzen zu einer Umschreibung) ist die folgende seiner Didaktik-Definitionen geworden (CUBE 1965, S. 173): »Unter Didaktik verstehen wir die Wissenschaft von den prinzipiellen Eingriffsmöglichkeiten und Konstruktionsmöglichkeiten im Bereich individueller und sozialer Lernprozesse des Menschen.« Deutlich wird zum Ausdruck gebracht, daß Didaktik nicht nur auf methodische Maßnahmen – dem üblichen Verständnis nach – bezogen ist, sondern auf prinzipiell alle Möglichkeiten, durch Eingriffe und Konstruktionen Lernvorgänge zu *steuern*. An anderer Stelle definiert VON CUBE (1980a, S. 123): »Die Wissenschaft der Entwicklung und Optimierung von Lehrstrategien bezeichne ich auch als Didaktik.« Der Auftrag von Didaktik wird also nicht darin gesehen, unmittelbar in das Lerngeschehen einzugreifen, sondern die das Lerngeschehen steuernde ›Lehre‹ so optimal wie nur möglich zu gestalten, d. h. *Strategien der Lehre zu entwickeln* oder auch nur zu *verbessern*, durch die Lernen so effizient wie nur irgend möglich werden kann. Daß solche optimale Steuerung machbar ist – darüber hinaus, daß Lernen überhaupt in jeder Hinsicht steuerbar ist –, bildet die Grundvoraussetzung dieser didaktischen Konzeption. Worauf Didaktik dabei besonders zielt, führt VON CUBE an (1977, S. 66): »Erziehungs- und Lehrstrategien können nach unterschiedlichen Kriterien optimiert werden: Zeit, Aufwand, Nebenwirkungen und subjektive Zustände des Adressaten.« Die dieser Didaktik gestellte Aufgabe besteht darin, letzten Endes für jede nur erdenkliche Lehr- und Lernsituation die »schlechthin optimale Strategie« (S. 66) zu ermitteln, jene, in der die Faktoren bzw. Faktorenkomplexe Zeit, Aufwand, Nebenwirkungen und subjektive Zustände des Adressaten so geordnet und konstruiert sind, daß das vorgegebene Lernziel am besten erreicht wird. Im einzelnen kann dies bedeuten (S. 66ff.):
– eine »Minimalisierung der Zeit« in Fällen, wo der Aufwand in Form von Materialien, Umständen usw. konstant bleibt
– eine »Minimalisierung des Realisierungsaufwandes« in Fällen, wo die Zeit konstant bleibt
– eine „bestimmte Beziehung« zwischen Zeit und Aufwand herzustellen, in der Weise, »daß bei kürzer werdender Zeit der Aufwand steigt und umgekehrt«
– eine »besonders hohe Zustimmung durch den Adressaten« zu erzielen bzw. »möglichst geringe negative Nebenwirkungen« zu verursachen; VON CUBE nennt beispielsweise Streß, Isolation usw.
Die informationstheoretisch-kybernetische Didaktik geht von der *Voraussetzung der Regelbarkeit von Lehr- und Lernvorgängen* aus und übernimmt den Auftrag, durch Entwicklung und Konstruktion von jeweils optimalen Strategien die Regelung so vornehmen zu können, daß Lehr- und Lernvorgänge höchste Effizienz erreichen, daß vorgesehene Lernziele in kürzester Zeit, mit geringstem Aufwand und kleinsten unerwünschten Nebenwirkungen verwirklicht werden: »Unter Didaktik verstehen wir die Aufstellung von Optimalstrategien zur Erreichung vorgegebener Erziehungsziele« (CUBE 1972, S. 117).

## 8.3 Der Regelkreis in der Didaktik

Auf den als »*Regelungsprozeß*« begriffenen Erziehungs- bzw. Lehr- und Lernvorgang wendet diese Didaktik den in der Kybernetik von WIENER für allgemeine Regelungsprozesse entwickelten *Regelkreis* an. Im Regelkreis sieht sie ein legitimes und zugleich effektives Mittel für die Didaktik, ihren Auftrag einzulösen. Um die Anwendung verständlich zu machen, schreibt VON CUBE (1972, S. 125): »... unter Erziehung (wird) ein Vorgang verstanden, in dem ein (Erziehungs-)Objekt unter ständiger Korrektur zu einem (Erziehungs-)Ziel gesteuert wird ... Erziehung ist somit ein zielansteuernder Prozeß in einem offenen System, d. h. also ein Regelungsprozeß.«

Von Regelung wird gesprochen, weil Lehr- und Lernprozesse nicht – einmal angestoßen – schnurstracks und unbeeinflußbar auf das gesetzte Ziel zu verlaufen, sondern weil wegen ständiger Einflüsse von innen und außen stets zielgerichtete Korrekturen erforderlich werden: »Regelung wird dann notwendig, wenn unberechenbare Störgrößen auftreten, oder wenn sich die Auswirkungen einer Steuerung nicht exakt vorhersagen lassen; sie ist also eine Steuerung mit ›Rückkoppelung‹. Der allgemeine Regelvorgang läßt sich daher auch als Regel-›kreis‹ darstellen« (CUBE 1972, S. 120).

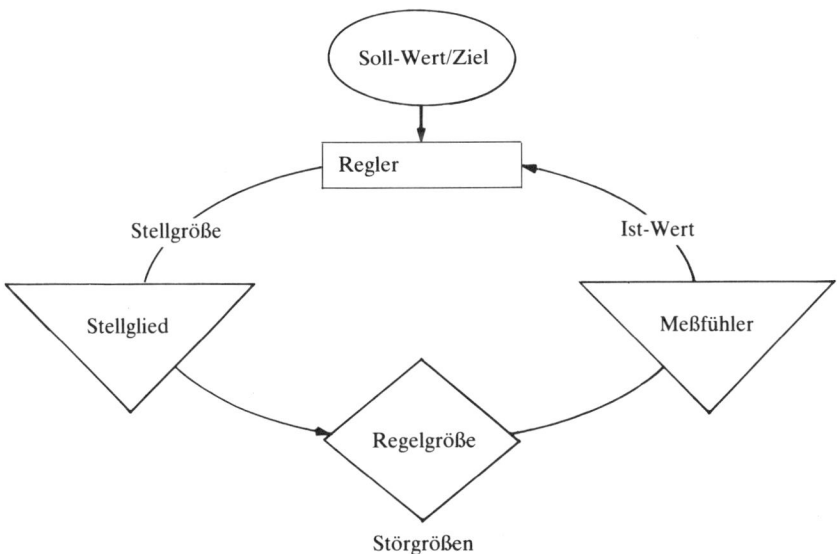

*Regelkreis nach VON CUBE*

Seit FRANK (1969, S. 11 ff.) wird zur Erläuterung des Regelkreises gern das Bild einer Schiffsbesatzung (in Anlehnung an PLUTARCH) herangezogen:
– Der Kapitän eines Schiffes bestimmt das Ziel, das angesteuert werden soll (*Soll-Wert*).

153

- Der Lotse ermittelt aus den gegebenen Umständen (*Ist-Wert*), z. B. Windrichtung und -geschwindigkeit, Standort des Schiffes usw. den auf das Ziel hin zu steuernden Kurs und die notwendige Taktik.
- Der Steuermann gibt die vom Lotsen errechneten Werte in das Schiff ein, beispielsweise über die Maschine, das Ruder (bzw. – in der Antike – auch an die Ruderer die Schlagzahl).
- Die Ruderer führen die erhaltenen Befehle aus, und das Schiff bewegt sich entsprechend fort.
- Der Lotse ermittelt auf Grund des veränderten Standortes sowie möglicherweise weiterer veränderter Umstände den neuen Kurs und die neue Taktik . . . usw.

Der Kreis schließt sich. *Außerhalb des Kreises bleibt dabei der Kapitän*, d. h. jener, der die Zielbestimmung des Schiffes vornahm. Er war hier nur einmal gefordert; der Regelungsvorgang läuft ganz ohne ihn ab. Auch auf alltägliche Vorgänge wird dieser Regelkreis angewendet, so z. B. auf die thermostatgesteuerte Heizanlage (CUBE 1972, S. 120): »Der ›Kapitän‹ sind wir selbst, indem wir die gewünschte Temperatur einstellen. Der ›Lotse‹ ist der Thermostat; er vergleicht den Ist-Wert mit dem Soll-Wert und gibt dem ›Steuermann‹, in diesem Fall einem Schalter, die entsprechenden Anweisungen: Wärmezufuhr steigern oder Wärmezufuhr drosseln: Daß das Heizgerät selbst nichts anderes darstellt als eine Art von ›Ruderern‹, ist selbstverständlich.« Und auf Lehr- und Lernvorgänge im Unterricht bezogen bietet sich folgendes Regelkreis-Modell (CUBE 1968b, S. 86):

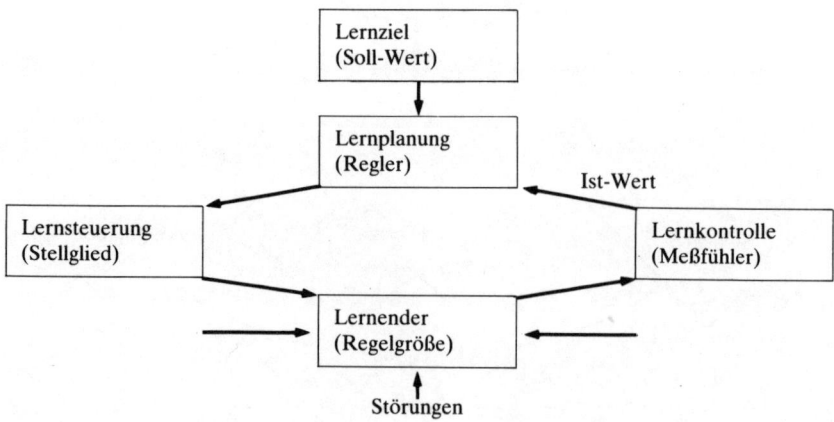

*Lernen und Lehren nach dem Regelkreis*

Es wäre falsch, die einzelnen »Teile« dieses Regelkreises Personen des Unterrichts zuzuordnen, z. B. den Lehrer als bloßen und ständigen »Regler« aufzufassen. VON CUBE wehrt sich entschieden gegen solche Inanspruchnahme: »Ich habe immer ausdrücklich gesagt, daß das Regelkreisschema ein Funktionsschema und kein Personenschema ist. D. h., daß der Lehrer, sofern er über Entscheidungsfreiheit verfügt, bei der Funktion der Zielsetzung gefordert ist. Aber in dem Augenblick, wo ich jetzt ein Ziel habe, da wechsele ich die Funktion zum Regler, indem ich versuche, dieses Ziel zu erreichen.« (1980a) Man wird die Anwendung des Regelkreises auf Lern- und Lehrvorgänge nur richtig einschätzen können, wenn man weiß, daß diese didaktische Konzeption die als Regelungsprozesse begriffenen *Vorgänge von Lernen und Lehren im wesentlichen als bloße Informationsprozesse auffaßt*. Doch bevor darauf näher eingegangen wird, soll auf die wohl bedeutsamste Konsequenz informationstheoretisch-kybernetischer Didaktik hingewiesen werden.

## 8.4 Ausklammerung der Zielfrage

Die Darstellung des kybernetischen Regelkreises anhand des Bildes einer Schiffsbesatzung nach PLUTARCH hat deutlich vor Augen geführt, daß die Funktion des »Kapitäns« außerhalb des Regelkreises bleibt. Seine Funktion, dem Schiff das Ziel vorzubestimmen und mitzuteilen, wird als nicht durch den Regelkreis abdeckbar angesehen. Die für die Regelung erreichbare ständige Rückkoppelung gilt nicht für die Kapitänsfunktion. Wenn dies so ist, dann kann konsequenterweise auch für das Feld von Erziehung bzw. Lernen und Lehren der Zielbereich nicht vom Regelkreis mit abgedeckt werden. Die zuvor wiedergegebene Übertragung des Regelkreises auf Lernen und Lehren hat dies auch gezeigt: *Das Lernziel (Soll-Wert) liegt außerhalb des Regelkreises.*

Die Didaktik ist für die Entwicklung und Konstruktion optimaler Lehrstrategien immer auf Zielvorgaben angewiesen. Sie kann nur fragen, wie solche Zielvorgaben auf optimale Weise verwirklicht werden können. Über Ziele macht sie keine Aussagen und *darf* sie keine Aussagen machen. Gerade dies ist der Punkt, um den teilweise erbitterte Diskussionen zwischen Vertretern der informationstheoretisch-kybernetischen Position und jenen der übrigen Positionen in der gegenwärtigen didaktischen Theoriebildung entbrannt sind und auch weiterhin noch geführt werden. Aussagen VON CUBEs zu diesem wesentlichen Merkmal informationstheoretisch-kybernetischer Didaktik sollen die Auffassung verdeutlichen:
– »Von zentraler Bedeutung für die gesamte Erziehungswissenschaft ist die Tatsache, daß die Soll-Werte gesetzt werden. Lehrziele sind immer persönliche oder politische Wertsetzungen; sie sind nicht wissenschaftlich ableitbar, sondern – im wörtlichen Sinne – willkürlich.« (1977, S. 27)
– »Die Zielsetzung ist jedoch, wie gesagt, keine Frage der Wissenschaften, und damit auch keine Frage der Experten, sondern das sind Wünsche, das sind Forderungen, das sind Bedürfnisse.« (1980b, S. 246)
– »Die beiden Funktionen des Zielsetzens und Zielerreichens müssen scharf auseinandergehalten werden: Erziehung ist ein Prozeß des Zielerreichens; die Setzung der Ziele geht diesem Prozeß voraus.« (1972, S. 125)
– »Hinsichtlich des Zielbereiches ist die *Aufstellung* und die *Untersuchung* von Zielen zu unterscheiden. Setzungen sind – als Forderungen – nicht mit wissenschaftlichen Methoden ableitbar oder ausdrückbar. . . . Daß gegebene Erziehungsziele mit wissenschaftlichen Methoden untersucht werden können – z. B. auf Widerspruchsfreiheit, semantische Eindeutigkeit, empirische Überprüfbar-

keit, historische oder gesellschaftliche Herkunft usw. –, steht außer Frage.«
(1972, S. 127)
– »Als Wissenschaft kann die Didaktik keine Ziele setzen. Aus Gründen einer
eindeutigen Begriffsbestimmung ist es zudem zweckmäßig, die wissenschaftliche
Untersuchung gegebener Erziehungsziele nicht als Didaktik zu bezeichnen. Das
bedeutet jedoch nicht, daß der Didaktiker auf die Setzung von Zielen oder auf
deren kritische Untersuchung verzichten müßte. Allerdings wechselt er bei der
Ausübung dieser Tätigkeiten seine Rolle: im ersten Fall wird er zum Politiker
oder zumindest zum normativen Pädagogen, im zweiten Falle zum Kultur- oder
Normenkritiker.« (1972, S. 132)
– »Als erstes ist festzustellen, daß die Setzung von Erziehungszielen (oder Lehrzie-
len) außerhalb wissenschaftlicher Aussagemöglichkeiten liegt: Lehrziele sind
(subjektive) Forderungen; sie sind weder wahr noch falsch, man kann sie nur
begründen oder legitimieren.« (1980a, S. 123)
Führen wir einmal nacheinander auf, was in diesen Aussagen über den Zielbereich gesagt wird:
1. Erziehung hat es selbstverständlich mit Zielen zu tun; eine Erziehung ohne Ziele
gibt es nicht. Diese Position leugnet die Tatsache von Erziehungs- bzw. Lernzielen
also keineswegs.
2. Zielsetzung und Zielerreichung werden strikt auseinandergehalten. Nur auf den
Bereich der Zielerreichung ist der Regelkreis angewandt, da der als Regelungsprozeß angesehene Erziehungsvorgang von vornherein nur mit diesem Prozeß der
Zielerreichung als identisch begriffen wird.
3. Erziehungs- und Lernziele kommen grundsätzlich auf nicht-wissenschaftliche
Weise zustande, sie sind Setzungen und Ausdruck subjektiver Interessen und
Bedürfnisse. Didaktik kann also keine Ziele setzen, zumindest als wissenschaftliche
Disziplin ist ihr dies unmöglich.
4. Selbstverständlich können Didaktiker, können Wissenschaftler Ziele setzen,
aber sie tun dies dann nicht mehr in ihrer Rolle und Funktion als Wissenschaftler
und im Rahmen ihres Auftrages als Didaktiker, sondern in Form subjektiver
Interessen- und Bedürfnisdarstellung als Forderungen an Erziehung bzw. Lehren
und Lernen.
5. Zielsetzungen können selbstverständlich Gegenstand wissenschaftlicher Untersuchungen sein, d. h. Erziehungswissenschaft hat zwar keine Zielentscheidungen zu
treffen, wohl aber den Vorgang und die Implikationen dieser Entscheidungen zu
untersuchen.
6. Die Untersuchung von Zielproblemen ist zwar Aufgabe der Erziehungswissenschaft, nicht aber Aufgabe der Didaktik. Didaktik ist mithin nur eine Teildisziplin
der Erziehungswissenschaft, aus deren Gegenstandsfeld ausdrücklich der Zielbereich ausgeklammert wird. Didaktik ist beschränkt auf den Bereich der »Entwicklung und Optimierung von Erziehungsstrategien und -techniken«, wohingegen die
»Analyse gegebener Erziehungsziele« eine außerdidaktische Aufgabe darstellt
(CUBE 1980a, S. 123).
Ganz offensichtlich ist eine so vorgenommene Begrenzung der Didaktik nicht auf
bloß willkürliche Definitionen der Vertreter dieser Position und auch nicht nur auf
die Übertragung des Regelkreises zurückzuführen. In der Tat steckt dahinter eine
grundlegende Auffassung darüber, was Wissenschaft überhaupt ist und leisten kann

und was dementsprechend auch einer Didaktik anvertraut bzw. abverlangt werden kann.

Die informationstheoretisch-kybernetische Didaktik fußt ganz und gar auf der Wissenschaftsauffassung des *kritischen Rationalismus*. Diese in der wissenschaftstheoretischen Diskussion verfochtene Position (neben jenen der *geisteswissenschaftlichen* und der *kritischen*) wird als einzig mögliche zur Begründung einer wissenschaftlichen Didaktik angenommen: »Hier geht es darum, den Wissenschaftsbegriff des Kritischen Rationalismus auf den Gegenstandsbereich der Erziehung und Ausbildung anzuwenden.« (CUBE 1980a, S. 123) Die Bindung an diesen Wissenschaftsbegriff erfolgt aufgrund der Annahme, nur seine metatheoretischen Implikationen könnten anerkannt werden; und diese Bindung wird dann auch zum Argument dafür, Zielprobleme aus der Didaktik auszuklammern: »Die Ausklammerung der Ziele aus der Erziehungswissenschaft ist eine notwendige Konsequenz des logisch-empirischen Wissenschaftsbegriffes!« (S. 123)

Als zuständig für die »Legitimation von Zielen« anstelle der Wissenschaft nennt VON CUBE »drei letzte Instanzen«, und zwar »Metaphysik, Verfahren und Bekenntnis« (1977, S. 92 ff.). Auf die Frage, ob nicht eine Didaktik, die Ziele ausklammere und in ihren Aussagen in Richtung auf die Praxis Zielaussagen ausschließe, Praktiker sehr einenge, antwortet VON CUBE: »Ich meine, daß gerade die kritischen Rationalisten diejenigen sind, die die Zielfrage dem Einzelnen viel stärker überlassen, als es diejenigen tun, die die Zielfrage für sich entscheiden und damit objektive Gültigkeit beanspruchen.« (1980b, S. 248) So bringt diese Position der Didaktik noch einmal zum Ausdruck, daß sie die *Frage der Erziehungs- und Lernziele zwar als Teil des Erziehungs- und Lehrgeschehens* ansieht, *nicht aber auch als Teil der Wissenschaft*. Ihr selbst herangezogener Wissenschaftsbegriff und dessen Interpretation schaffen mit der strikten Ausklammerung der Zielfrage Grenzen, über die informationstheoretisch-kybernetische Didaktik nicht ohne Verlust ihrer beanspruchten Wissenschaftlichkeit schreiten kann.


## 8.5 Redundanztheorie des Lernens und Lehrens

In den bisherigen Abschnitten ist zwar über die informationstheoretisch-kybernetische Didaktik, ihre Grundlagen, Strukturen, Argumente usw. gehandelt worden, nicht aber über ihre praxisrelevanten Aussagen oder Auswirkungen. Gibt es diese überhaupt (schon)? Die ständige Diskussion über die grundsätzliche Berechtigung einzelner didaktischer Ansätze hat von ihren praktischen Vorschlägen abgelenkt – auch von jenen des informationstheoretisch-kybernetischen Ansatzes. Versucht wurde einerseits, die informationstheoretisch-kybernetische Didaktik für den Bereich »programmierter Unterweisung« bei der Entwicklung von Lehrmaschinen und der Erstellung von Lehrprogrammen wirksam werden zu lassen. Andererseits hat VON CUBE den Entwurf einer praxisgerichteten Theorie unternommen, der sogenannten »*Redundanztheorie des Lernens und Lehrens*«. Nur auf ihre Bindung an die informationstheoretisch-kybernetische Didaktik, ihr Selbstverständnis und ihre Grobstruktur wird hier eingegangen, da sich m. E. bei allen sekundären Darstellungsversuchen gezeigt hat, daß weitgehend nur der entsprechende Text

VON CUBEs wiedergegeben wird, was ich für überflüssig halte (vgl. z. B. BLANKERTZ 1969, S. 71ff., bes. S. 80ff.; RUPRECHT 1974, S. 96ff.).

VON CUBE unterscheidet diesen Ansatz in der Didaktik von anderen mit den Worten: »Unter den möglichen wissenschaftlichen Ansätzen in der Didaktik zeichnet sich der kybernetische dadurch aus, daß er zur Erstellung der Optimalstrategien informationstheoretische Methoden benutzt.« (1972, S. 117) Zur Erfüllung ihres Auftrages, wie er bereits beschrieben wurde, greift diese Didaktik also auf die Informationstheorie, auf ihre Kategorien, Modelle und auch Einsichten zurück. Das geht selbstverständlich nur, wenn eine Voraussetzung dieser Didaktik darin besteht, Erziehung bzw. Lernen und Lehren als Informationsvorgänge aufzufassen. Dies ist in der Tat der Fall: *Erziehungs- bzw. Lern- und Lehrgeschehen werden wesentlich als ein Vorgang der Information, und zwar regelbarer Information aufgefaßt.* Nur so ist übrigens auch die Anwendung des kybernetischen Regelkreises auf solche Vorgänge gerechtfertigt, wie die Kybernetik-Definition von FRANK zeigt: „Kybernetik ist die mit dem begrifflichen Werkzeug der mathematischen Informationstheorie erfolgende Erforschung oder technische Beherrschung des Problemkreises der Aufnahme, Verarbeitung und raum-zeitlichen Übertragung von Nachrichten innerhalb oder zwischen Systemen.« (1969, Vorwort)

Wenn Lernen und Lehren als Informationsprozeß verstanden wird, dann hätte dieser didaktische Ansatz entsprechend seinem Selbstverständnis Strategien zu optimaler Information zu entwickeln. Zu welcher Grundauffassung diese Didaktik dabei gelangt, beschreibt VON CUBE (1980a, S. 123): »Die Verwendung informationstheoretischer Methoden auf den Gegenstandsbereich Lernen führt zu dem Ergebnis, daß Lernen als Abbau (subjektiver) Informationen aufgefaßt werden kann.« Dazu muß man sich vor Augen führen, daß zwischen *»objektiver«* und *»subjektiver« Information* unterschieden werden kann. Mit *subjektiver Information* wird der Informationsgehalt einer Nachricht, einer Sendung aus der Sicht des Empfängers bezeichnet. Nicht alles, was auf jemanden zugetragen und als Information beschrieben wird, hat für ihn gleichen Informationsgehalt. Da kann es einmal überaus umfangreiche, einmal begrenzte Nachrichten geben. Um den Umfang, die Quantität von Information angeben zu können, hat man Einheiten der Information mit *»bit«* bezeichnet. Von einem *bit* spricht man dort, wo der Informationswert aus nur zwei gleich wahrscheinlichen Möglichkeiten erwächst. Fragt jemand: »Ist Vater da?« und erhält die Antwort »Er ist da«, so handelt es sich um den Informationswert von einem *bit* (die andere einzige Wahrscheinlichkeit wäre ja gewesen: »Vater ist nicht da«). Für den Empfänger erweisen sich auf ihn gerichtete Botschaften wegen ihres Umfanges also als von unterschiedlichem Informationswert, weisen für ihn je nach Umfang unterschiedliche *bit* auf. Aber auch ein und dieselbe Botschaft, *objektiv* mit derselben Zahl von *bit,* kann für verschiedene Personen von unterschiedlichem Informationswert sein. Je nach spezifischem Vorwissen weist sie viele (bei niedriger Vorinformiertheit) oder nur wenige *bit* auf (bei hoher Vorinformiertheit). Es leuchtet ein, daß für die Ermittlung optimaler Informationsstrategien »subjektive« Information maßgeblich ist. Denn worauf es ankommt, ist, die Information so zu gestalten, heranzutragen usw., daß sie möglichst schnell an Wert abnimmt, d. h., daß der Informationswert schnell sinkt, subjektiv so schnell wie möglich keine *bit* mehr bietet.

Entgegen unserer landläufigen Vorstellung ist Lernen somit ein Prozeß des

*Informationsabbaus* (alles schon da!), Lehren der Versuch zu solchem subjektiven Informationsabbau. Was als *Informationsabbau* bezeichnet wird, kann – von der anderen Seite betrachtet – zugleich als *Redundanzaufbau* bzw. *Redundanzerzeugung* bezeichnet werden. Vom Empfänger einer Nachricht aus gesehen bedeutet das landläufige »informiert werden« den Abbau von subjektiver Information bzw, den Aufbau von Redundanz. Wenn jemand weiß, daß draußen Schnee liegt, bedeutet der Ausruf »Draußen liegt Schnee!« für ihn keine Information mehr, sondern erzeugt Redundanz (schon gewußt!). Man kann also durchaus sagen, daß die Entwicklung optimaler Strategien für Informationsprozesse aus der Sicht des Empfängers, des Lernenden, Strategien zu Redundanzabbau verlangt. Das bringt VON CUBE ebenfalls zum Ausdruck, wenn er für seine *Redundanztheorie der Didaktik* ausspricht: »Das bedeutet einmal, daß im Rahmen dieses Ansatzes Darstellungen gefunden werden müssen, die für das Lernsystem ein Minimum an subjektiver Information enthalten, und zum andern, daß Verfahren ermittelt werden müssen, die den Lernenden in die Lage versetzen, einen höheren Wirkungsgrad der Redundanzerzeugung zu erreichen.« (1972, S. 141)

VON CUBE führt auch aus, welchen Fragestellungen sich die informationstheoretisch-kybernetische Didaktik besonders zuwenden muß (vgl. 1972, S. 142 ff.):
– »die optimale Darstellung von Information«, d. h. die Art und Weise, in der zu Lernendes dem Schüler vorgehalten, dargeboten, nahegebracht wird usw.
– »die Aufstellung redundanzerzeugender Verfahren, die das Lernsystem selbst zur Anwendung bringt«, d. h. Lerntechniken, wobei es sich um wiederholbare (bestimmte Rechenverfahren usw.) oder einmalige (spezielle Arbeitsanweisungen, die eine bestimmte Technik vom Schüler verlangen) handeln kann.
– »Entwicklung der Lernvariablen«, d. h. die Ausbildung zu möglichst virtuosem Einsatz aller persönlichen Voraussetzungen auf seiten des Schülers (Vorwissen, Vorkönnen usw.).

Was dazu im einzelnen schon von dieser Didaktik gesagt wird, kann bei VON CUBE nachgelesen werden (1972, S. 143 ff.).

## 8.6 Zusammenfassung und kritische Einschätzung

Die informationstheoretisch-kybernetische Didaktik stellt eine scharf umgrenzbare Position in der gegenwärtigen didaktischen Theoriebildung dar. Wissenschaftstheoretisch besteht eine strikte Koppelung dieser didaktischen Position an die kritisch-rationale Wissenschaftsauffassung. Dadurch ist diese Didaktik auf deren methodisches Potential zur Erforschung der didaktischen Wirklichkeit beschränkt, d. h. auf empirische Verfahren. Entsprechend weist sie sich zugleich auch als didaktische Theorie mit technischem Erkenntnisinteresse aus. Letzten Endes zielt sie auf höchstmögliche Effizienzsteigerung didaktischer Vorgänge.

Diese didaktische Position besteht seit den 60er Jahren in weitgehend unveränderter und nicht weiter ausgebauter Form bis heute. Lediglich kleinere Ausarbeitungen sind festzustellen. Gewandelt hat sich nur eine Auffassung: Die Inanspruchnahme der Kybernetik für didaktische Zwecke wird nicht mehr als Neukonstitution einer Wissenschaft begriffen, sondern bloß noch als Übernahme eines bestimmten Verfahrens in die wissenschaftliche Didaktik. Während am Anfang mehr die

Übernahme von Vorstellungen aus Kybernetik und Informationstheorie gerechtfertigt wurde, wird in der Position gegenwärtig mehr Wert darauf gelegt, die kritisch rationale Grundlegung auszuweisen. Besonderes Merkmal dieser Position ist die Vorstellung vom Erziehungsvorgang als einem Regelungsprozeß. Dies rechtfertigt nach Auffassung ihrer Vertreter die Übertragung des in der Kybernetik entwickelten Regelkreises auf didaktische Vorgänge, um dadurch zu einer besseren Erfassung der Vorgänge und ihrer Momente und so wiederum zu einer besseren Steuerung zu gelangen. Dem zugrunde liegt auch die Auffassung, daß Erziehung vorwiegend Information sei, so daß entsprechend die Anwendbarkeit von Kategorien und Erkenntnissen der Informationstheorie auf Erziehungs- und Lernvorgänge angenommen wird. Erklärtes Ziel dieser Didaktik ist es, zur Optimierung von Erziehungs- und Lernprozessen beizutragen. Für dieses Selbstverständnis nimmt sie nicht nur in Kauf, das Problem der Zielfindung und -analyse von Erziehungs- und Lernprozessen auszuklammern, sondern sie hält die Aufnahme dieses Problems aufgrund ihrer selbgewählten wissenschaftstheoretischen Basis sogar für undenkbar. Informationstheoretisch-kybernetische Didaktik schließt Zielfragen von Erziehungs- und Lernvorgängen aus ihrem Gegenstandsfeld und ihrer wissenschaftlichen Fragestellung aus. Ziele werden als Voraussetzung der Frage nach Optimalstrategien aufgefaßt und gelten als wissenschaftlich nicht mehr hinterfragbar.

An dieser selbst vorgenommenen Beschränkung setzt in der Regel die äußerst massive Kritik an. BLANKERTZ beispielsweise spricht hinsichtlich dieser Position von einem »verstümmelten Begriff von Wissenschaft« und beklagt, daß diese Didaktik »von vornherein beschränkt auf mathematisch ausdrückbare Sachverhalte« und »auf die Aussagen der behavioristischen Psychologie« sei (1969, S. 54). In einem erst jüngst stattgefundenen Gespräch zwischen BLANKERTZ, VON CUBE und anderen erneuerte BLANKERTZ seine Kritik mit den Worten: »Für die Berücksichtigung von Zielen in didaktischen Konzepten brauchen wir uns nicht zu entscheiden, denn sie sind hier unhintergehbar enthalten. Die europäische Pädagogik hat das als die Eigenstruktur der Erziehung herausgearbeitet. Diese normative Kraft läßt sich durch kein Wertfreiheitspostulat aus der Erziehungswissenschaft entfernen. Zwar kann man diesen Aspekt leugnen, aber nur um den Preis eines naiven Dogmatismus. Und genau das werfe ich Ihnen vor: Sie können nichttechnologische Werte nur in der Willkür persönlicher Bekenntnisse vorstellen, nicht in der Verbindlichkeit der Tradition. Damit dementieren Sie die europäische Wissenschaftsgeschichte.« (BLANKERTZ 1980, S. 248) NICKLIS wirft dieser Theorie vor, »daß Meßkurven-, Modell- und Integralgleichungsdividenzen die Didaktik in der Theorie formalisieren, aber in der Praxis nicht humanisieren, daß der Erweis der absoluten Wissenschaftlichkeit der Erziehungswissenschaft durch Rückführung auf die Methodologie exakter Wissenschaft um den zu hohen Preis der totalen abstrahierenden Verflüchtigung der ihr eigenen Sachverhalte bezahlt werden muß und daß mit der Ideologieverdächtigung idealistisch argumentierender Gesprächspartner das wissenschaftliche Gespräch behindert wird«. Außerdem hält er den Vertretern dieser Position die vom Begründer der Kybernetik, WIENER, selbst getroffene Formulierung vom »übertriebenen Optimismus« der Kybernetiker vor (NICKLIS 1967, S. 139).

Auf diese und weitere Kritik soll hier nicht näher eingegangen werden, das kann an entsprechender Stelle nachgelesen werden (vgl. auch REICH 1977, S. 196 ff.; PONGRATZ 1981, S. 349 ff.). Hier soll nur eine kurze Einschätzung aus eigener Sicht gegeben werden. Die informationstheoretisch-kybernetische Didaktik ist eine mögliche Position in der didaktischen Theoriebildung; Ich halte es sehr wohl für möglich, daß von hier aus wertvolle Beiträge zur Erhellung der didaktischen Wirklichkeit geleistet werden können. Die besondere technologische Sichtweise kann helfen, technische Probleme zu klären. Sie ist auch eine nötige Sichtweise, denn es gibt nun einmal die technische Dimension jedes didaktischen Geschehens. Aus Kybernetik und aus Informationstheorie entlehnte Mittel können sicherlich zur Erhellung beitragen. Erziehung ist immer auch ein Informationsvorgang, und Erziehung ist immer auch ein Regelungsvorgang. Aber: Erziehung ist nicht nur ein relativ stetig ablaufender Prozeß mit einer kalkulierbaren Verzahnung seiner Momente und mit stabiler Rückkoppelung. Denn der Erziehungsprozeß beinhaltet keine gleichbleibenden oder sich kontinuierlich und stetig verändernden Faktoren, sondern hat es mit Menschen in ihrer gesamten Sprunghaftigkeit, Spontaneität und Unstetigkeit zu tun. Menschen tragen und erleiden den Erziehungsprozeß. Durch ihre Unstetigkeit wird auch der Prozeß selbst unstetig. Und wo unstetige Prozesse ablaufen, wo Spontaneitäten notwendigerweise den Prozeß zielgerichtet vorantreiben, da muß eine bloß kybernetische Betrachtung versagen. Ebenso versagen muß die Informationstheorie, wo erzieherische Kommunikation plötzlich unwägbar wird, wo nicht mehr die bloße Form der Beziehung, sondern deren Inhalte oder auch die Beziehung selbst zum Inhalt und zum ungewollten bzw. auch gewollten Moment erzieherischer Einflußnahme wird. Informationstheoretisch-kybernetische Didaktik kann mit ihren aus Kybernetik und Informationstheorie entlehnten Mitteln und bei ihrem technischen Interesse hier sehr wohl *mit* aufhellen helfen, nämlich in bezug auf die technischen Aspekte und Probleme. Sie kann aber nur eine neben anderen möglichen und notwendigen Positionen sein.

Auch hinsichtlich der Ausklammerung der Zielfrage muß sich diese Didaktik in der Tat heftige Kritik gefallen lassen. Und auch hierzu muß gesagt werden, daß eine didaktische Theorie, die die Zielfrage ausklammert, zwar denkbar ist, aber lediglich als eine Position neben anderen, nicht als eine Didaktik mit dem Anspruch, das gesamte Gegenstandsfeld und den gesamten Problembereich didaktischen Handelns theoretisch abdecken zu können. Es ist BLANKERTZ zuzustimmen, wenn er auf die Tatsache hinweist, daß die Einbeziehung der Zielfrage nicht mehr auflösbare Tradition europäischer Erziehungswissenschaft ist. Erziehung bzw. Lehren und Lernen sind zielgerichtete Vorgänge und implizieren immer ein Zielproblem. Das kann von einer auf sie gerichteten Wissenschaft nicht einfach geleugnet werden. Gerade dies aber tut die informationstheoretisch-kybernetische Didaktik, sie leugnet das Bestehen des Zielproblems für wissenschaftliche Didaktik. Dies liegt m. E. daran, daß ein falscher Ansatz zur Legitimation des eigenen wissenschaftlichen Status gewählt worden ist. Eine Didaktik sollte, wie jede Wissenschaft, von ihrem Gegenstandsfeld her bzw. auf das Gegenstandsfeld hin konstituiert werden. Hier gibt es m. E. kein Zurück mehr hinter die seinerzeit von der Geisteswissenschaft formulierte Erkenntnis, daß immer schon eine Praxis der Theorie vorausgehe. Informationstheoretisch-kybernetische Didaktik hingegen geht nicht von einer vorgängigen Praxis aus, sondern konstituiert sich im Gegenteil von wissenschaftstheoretischen, metatheoretischen Postulaten aus. Zumindest entsteht ein solcher Eindruck von dieser Didaktik, wenn man betrachtet, wie sie sich heute mit anderen Ansätzen auseinandersetzt und ihre eigene Grundstruktur verteidigt: dies geschieht stets mit grundsätzlichem Bezug auf die Wissenschaftstheorie. Am Anfang steht bei ihr die Entscheidung für eine wissenschaftstheoretische Grundauffassung, also dafür, welches die Aufgabe der Didaktik sei und wie die Didaktik diese ihre Aufgabe zu lösen habe. Die vorgefundenen metatheoretischen Kategorien werden unvermittelt und, ohne von der besonderen Struktur der didaktischen Wirklichkeit her reflektiert zu werden, übernommen und dann über die didaktische Wirklichkeit gestülpt. Dabei wird die Zielfrage abgeschnitten. Man kann sich des Eindrucks nicht erwehren, daß hier nach dem Motto verfahren wird, »daß nicht sein kann, was nicht sein darf«.

Ich will damit nicht in die rigorose, generelle Verurteilung dieses didaktischen Ansatzes einstimmen, ich halte ihn für möglich und für notwendig – aber eben nur als *einen* Ansatz innerhalb der gesamten didaktischen Theoriebildung, als einen, der mit seiner technologischen Sichtweise und seinen bei Kybernetik und Informationstheorie entlehnten Zugriffsmitteln und Erklärungsmustern viel für ein unvoreingenommenes Verständnis und eine bessere Beherrschung didaktischer Wirklichkeit leisten kann. Er muß aber seine Hypostase aufgeben. Wirkungsvoll wird er nur im Gespräch und in Zusammenarbeit mit allen übrigen Positionen der Didaktik. Ohne dies bleibt er auf technische Unterrichtsstrategien, wie beispielsweise den Programmierten Unterricht, beschränkt. Es scheint, als wenn auch VON CUBE selbst zunehmend einer solchen Auffassung zuneigt. Im übrigen hat er offensichtlich in den letzten Jahren fast alle Bemühungen um seinen eigenen Ansatz eingestellt.

Dieser didaktische Ansatz kann, meine ich, auch wie ein Stachel im Fleisch didaktischer Theoriebildung wirken – vor allem, wenn er die Selbstverständlichkeit des Umgangs mit Erziehungszielen bei den übrigen didaktischen Ansätzen immer wieder in Frage stellt. Denn darin hat VON CUBE recht: Nirgends findet sich in den übrigen didaktischen Ansätzen eine wissenschaftliche Legitimierung der besonderen Zielvorstellungen oder Zielformulierungen, wie sie in diesen Entwürfen vorkommen. Sie sind in der Regel bloße Abbildungen von entsprechenden Formeln in der bildungspolitischen Szene. Wissenschaft aber ist mehr als nur Abbildung der vorfindbaren Wirklichkeit oder eines Teiles von ihr. Informationstheoretisch-kybernetische Didaktik muß nicht selbst die Aufgabe der Zielfindung und -bestimmung übernehmen, aber die Diskussion der Zielfrage mit ihren Mitteln und von ihrem besonderen Standpunkt her mittragen.

## Literatur

BLANKERTZ, Herwig: Theorien und Modelle der Didaktik. München 1969
– (u. a.): Didaktisches Forum: Abschlußdiskussion. In: Westermanns Pädagogische Beiträge, 32, 1980, S. 242 ff.; wieder abgedruckt in: GUDJONS/TESKE/WINKEL (Hrsg.): Didaktische Theorien. Braunschweig 1981
CUBE, Felix von: Kybernetische Grundlagen des Lernens und Lehrens. Stuttgart 1965 ($^2$1968)
–: Was ist Kybernetik? Bremen 1967
–: Zum Begriff der Didaktik. In: Die Deutsche Schule, 60, 1968 a, S. 391–400
–: Der kybernetische Ansatz in der Didaktik. In: didactica, 2, 1968 b, H. 2, S. 79–98; wieder

abgedruckt in: KOCHAN, D. (Hrsg.): Allgemeine Didaktik – Fachdidaktik – Fachwissenschaft. Darmstadt 1970, S. 143–170

–: Der informationstheoretische Ansatz in der Didaktik. In: RUPRECHT/BECKMANN/CUBE/ SCHULZ: Modelle grundlegender didaktischer Theorien. Hannover 1972, S. 117–154

–: Erziehungswissenschaft. Möglichkeiten – Grenzen – Politischer Mißbrauch. Stuttgart 1977

–: Die kybernetisch-informationstheoretische Didaktik. In: Westermanns Pädagogische Beiträge, 32, 1980a, H. 3, S. 120–124

– (u. a.): Didaktisches Forum: Abschlußdiskussion. In: Westermanns Pädagogische Beiträge, 32, 1980b, S. 242ff.; wieder abgedruckt in: GUDJONS/TESKE/WINKEL (Hrsg.): Didaktische Theorien. Braunschweig 1981

FRANK, Helmar: Zur Objektivierbarkeit der Didaktik. In: programmiertes lernen und programmierter unterricht, 4, 1967, H. 1, S. 1ff.

–: Kybernetische Grundlagen der Pädagogik. Baden-Baden/Stuttgart ²1969

ITELSON, Lew B.: Mathematische und kybernetische Methoden in der Pädagogik. Berlin 1967

MEYER, G.: Kybernetik und Unterrichtsprozeß. Berlin 1966

NICKLIS, Werner S.: Kybernetik und Erziehungswissenschaft. Bad Heilbrunn 1967

PONGRATZ, Ludwig A.: Erziehungswissenschaft im Bannkreis instrumenteller Vernunft. In: Vierteljahresschrift für wissenschaftliche Pädagogik, 57, 1981, H. 3, S. 349–363

REICH, Kersten: Theorien der Allgemeinen Didaktik. Stuttgart 1977

RUPRECHT, Horst: Theorien des Lernens in erziehungswissenschaftlicher Sicht. München 1974

# 9 Kritisch-kommunikative Didaktik

Bei der kritisch-kommunikativen Didaktik handelt es sich um den jüngsten Zweig allgemeindidaktischer Theoriebildung, der sich erst in den letzten beiden Jahrzehnten entwickelte, und zwar völlig neu und ohne alle traditionellen Wurzeln. Obwohl die Bezeichnung »kritisch-kommunikativ" – zumindest der Bestandteil »kommunikativ« – heute in der didaktischen Diskussion überaus geläufig ist, läßt sich damit keinesfalls eine bestimmte einzelne Konzeption eindeutig verbinden. Unter den Bezeichnungen »kritisch-kommunikativ«, »kritisch« oder »kommunikativ« verbirgt sich vielmehr eine große Zahl von Ansätzen und einzelnen Beiträgen. Dazu gehören nicht nur SCHÄFER/SCHALLER (1973) und POPP (1976) mit ihren Ausführungen zu einer »kommunikativen Didaktik«, dazu gehören auch BÖNSCHs Erörterungen (1975), MESSNERs (1978) und MOSERs (1978) in der Curriculumtheorie beheimatete Ausführungen, RUMPFs unorthodoxe Kampfansagen (1976) und nicht zuletzt die Beiträge von WINKEL (1980) und SCHITTKO (1980) sowie viele andere mehr.

Erstmals bemühten wohl SCHÄFER/SCHALLER die Bezeichnung »kommunikativ« für eine besondere Position in der didaktischen Theorie (1971), gefolgt von POPP (1976). Zur systematischen Darstellung und Abhebung von Bezeichnungen anderer Positionen in der Didaktik verwendeten dann WINKEL (1976) in seiner Abhandlung über den »gestörten Unterricht« und PETERSSEN (1977) dieselbe Formel. Und erst in den letzten Jahren, als auch für eine modifizierte Auffassung bildungstheoretischer Didaktik schon von »kritisch« die Rede war (vgl. KLAFKI), wurde das doppelte Etikett »kritisch-kommunikativ« für eine neue didaktische Position aufgegriffen. Heute ist dies die treffende Bezeichnung.

In ihrem Etikett »kritisch-kommunikativ« kommt nicht nur zum Ausdruck, daß diese Didaktik gleichsam zwei – zwar zusammenhängende, aber auch unterscheidbare – Seiten aufweist, sondern auch daß sie gleichsam »zweigleisig« zustande gekommen ist. Bevor die beiden Seiten »kommunikativ« und »kritisch« erläutert werden, soll zunächst auf die beiden Entstehungskomplexe näher eingegangen werden.

## 9.1 »Kommunikativ« und »kritisch«: zwei Bestimmungsgründe einer neuen didaktischen Theorie

Es ist noch einmal zu betonen: Die kritisch-kommunikative Didaktik ist eine völlig neue Theorie, die in den Kreis der etablierten didaktischen Theorien hineingestoßen ist. Sie übernimmt keine wesentlichen Strukturmomente der tradierten Ansätze, sondern sie bringt eigene und neuartige mit sich und zwingt zur Auseinandersetzung mit diesen. Wenn für den Anfang dieser neuartigen Theoriebildung überhaupt von einer Beziehung zur überkommenen didaktischen Theorie gesprochen werden soll, dann ist wohl vor allem die ausgeprägte Kontra-Stellung zu diesen hervorzuheben. Kritisch-kommunikative Didaktik stellt sich anfangs gegen gängige didaktische Theorie und setzt eigene gegen deren Grundauffassungen. Vergröbernd läßt sich diese Tendenz zum einen an der Kategorie »kommunikativ«, zum anderen an der Kategorie »kritisch« darstellen: *»Kommunikativ« richtet sich die neue didaktische Position auf den Innenbereich von Unterricht und Schule –* bzw. Lehren und Lernen oder auch Erziehung – *und drängt auf Veränderungen; »kritisch« richtet sie sich mehr auf den Außenbereich dieser Vorgänge und drängt darin auf Veränderungen.*

Zu Beginn der 70er Jahre wurde die didaktische Diskussion von der andauernden Auseinandersetzung zwischen bildungs- und lerntheoretischer Didaktik sowie der aufkommenden curricularen Bewegung beherrscht.

Außer der Grundfrage, ob eine Didaktik überhaupt mit einem Bildungsbegriff arbeiten könnte, wurde die Frage nach didaktischen Prioritäten diskutiert: bildungstheoretische Didaktik behauptete, daß Lerninhalte größte Bedeutung hätten, curriculare Ansätze behaupteten dies von Lernzielen, und die lerntheoretische Didaktik hielt sich an die Interdependenz-These. Das theoretische wie praktische didaktische Bemühen richtete sich auf die Bestimmung und Auswahl von Lernzielen und Lerninhalten. Und es läßt sich nicht leugnen, daß über solchem Bemühen die Vermittlungsfrage in den Hintergrund rückte. Kaum noch erwähnt in der Auseinandersetzung über das Was des Lehrens und Lernens und über Prioritäten wurde der Schüler. In diese Situation bringt sich die kommunikative Didaktik mit ihrer *Forderung nach besonderer Beachtung der unterrichtlichen Vermittlungsfrage* und *angemessener Berücksichtigung der Schüler* ein.

Allerdings zielt sie nicht auf das traditionell »Methode« genannte Unterrichtsproblem, wenn von »Vermittlung« die Rede ist. Die Wirklichkeit des Lehrens und Lernens wird nicht mehr mit solchen überkommenen Kategorien – wie z.B. Methode – angegangen und zu strukturieren versucht. Zentrale Kategorie ist vielmehr *Kommunikation* geworden. Es sei gleich hier gesagt: Auch wenn stark auf Begriffe und Aussagen der Kommunikationswissenschaften zurückgegriffen wird, bildet sich keine kommunikationstheoretische Didaktik heraus. Mit ihrem Kernbegriff »kommunikativ« zielt diese didaktische Position nicht auf eine technische Lösung des Vermittlungsproblems in Lehr- und Lernvorgängen, sondern vielmehr ausdrücklich auf »soziale Dimensionen des didaktischen Feldes«, wie es im Untertitel von POPPs Buch »Kommunikative Didaktik« (1976) heißt. Unter Rückgriff vor allem auf Formulierungen von WATZLAWICK (1969/1978) gibt die kommunikative Didaktik sich das Programm, sich verstärkt dem kommunikativ-sozialen Aspekt von Lehren und Lernen, von Unterricht zuzuwenden. So sagen zum Beispiel SCHÄFER/SCHALLER (1973, S. 125): »Zunächst soll nun gefragt werden, welche globalen Aufgaben eine kritische und kommunikative Didaktik wird lösen müssen. Die Diskussion der Thematik und der Intention des Unterrichts wird neuerdings durch die sich breit entwickelnde Curriculum-Forschung bereichert. Die curriculare Dimension wird also berücksichtigt werden müssen (Inhaltsdimension). Zweitens muß die soziale Beziehungsdimension des Unterrichts von einer modernen Didaktik beachtet werden (Beziehungsdimension). Beide Dimensionen sind gleichberechtigt und voneinander nicht zu trennende Aspekte der Didaktik.«

Deutlich muß noch einmal gesagt werden: Mit »kommunikativ« verschreibt sich diese Didaktik nicht dem Problem technischer Lösungen für unterrichtliche Kommunikation, sondern sie vertieft sich in das *soziale Problem* aller didaktischen Vorgänge. Der Rückgriff auf Kategorien der Kommunikationstheorie macht – zum

Zeitpunkt des Entstehens des neuen Ansatzes – die Notwendigkeit solcher Zielsetzung besonders deutlich, vor allem auch mit Blick auf die seinerzeit bestehende Didaktik. Unterricht, Lehren und Lernen usw. werden als ein *kommunikatives Geschehen* aufgefaßt, als ein Geschehen, in dem verschiedene beteiligte Personen in eine Beziehung zueinander treten. Während die bisherige Didaktik sich mehr den Fragen des Warum, Worüber etc. solcher Beziehung zugewandt hat, wendet sich kommunikative Didaktik verstärkt solcher Beziehung selbst zu, rückt diese Beziehung in den Vordergrund ihrer Betrachtung und nimmt darüber hinaus das gesamte didaktische Geschehen vom *Beziehungsaspekt* her in den Blick. Daß dies aber nicht nur eine Veränderung des Betrachtungsstandpunktes ist, soll später unter dem Stichwort »Kommunikation« verdeutlicht werden. Hier soll deutlich werden: Die Unterscheidung in der Kommunikationstheorie zwischen einer Inhaltsdimension und einer Beziehungsdimension in kommunikativen Prozessen wird von der neuen Didaktik übernommen und auf didaktische – als kommunikative – Prozesse angewandt.

Die Einsicht der Kommunikationstheorie, daß für einen Kommunikationsprozeß nicht nur das Was von Bedeutung ist (d.h., worüber kommuniziert wird), sondern ebenso das Wie (d.h. die Art und Weise der Kommunikation), führt dann dazu, der bisher von der Didaktik vernachlässigten *Beziehungsdimension* größeres Augenmerk zu widmen. SCHÄFER/SCHALLER sagen dies sehr genau (1973, S. 180): »Die Inhalts- und die Beziehungsdimension sind aber nur zwei Aspekte des *einen* Kommunikationsprozesses. *Derselbe* Kommunikationsprozeß enthält nicht nur Mitteilungen über Themen, Sachverhalte und Tatbestände – mit einem Wort Informationen über Objekte (Inhaltsdimension), sondern *zugleich* Mitteilungen über die Art der sozialen Beziehung zwischen den Teilnehmern an Kommunikationsprozessen (Beziehungsdimension).« Eine Kommunikation zwischen Menschen – und eine solche ist jedes didaktische Geschehen – ist kein bloßer Austausch von objektiven Informationen, sondern zugleich immer ein Austausch von gegenseitigen Einstellungen, Einschätzungen usw., ist – wie SCHÄFER/SCHALLER sagen – »zugleich Mitteilung über die Art der sozialen Beziehung zwischen den Teilnehmern«. Und dies macht es nach Auffassung kommunikativer Didaktik geradezu zwingend notwendig, »kommunikativ« nicht bloß technisch zu begreifen und die kommunikative Frage als bloßen Anhang der Inhaltsfrage zu erörtern (wie in der alten Auffassung bildungstheoretischer Didaktik gemäß der These vom Primat der Inhalte!). »Kommunikativ« verweist grundsätzlich auf den sozialen Aspekt didaktischer Vorgänge, also ein Problem von eigenständiger Art: »Erst wenn die Unterscheidung und der Zusammenhang zwischen der Inhalts- und der Beziehungsdimension ernst genommen werden, wird sichtbar, daß die soziale Beziehungsdimension eine *eigene* Dimension darstellt und nicht als ein Moment der Methodik im herkömmlichen Sinn betrachtet werden darf.« (SCHÄFER/SCHALLER 1973, S. 182. Vgl. auch: BÖNSCH 1986)

Was in den Vordergrund rückt, ist die *unterrichtliche Interaktion*. Lehren und Lernen werden nicht mehr als bloße Information begriffen, sondern als ein interaktiver Vorgang, bei dem Menschen miteinander umgehen. Sie gehen in diesem Fall – didaktische Interaktion – zwar unter ganz bestimmten Absichten miteinander um, nämlich um zu lehren bzw. lernen, aber dies ist nicht mit bloßem Informationsfluß erklärbar. Durch kommunikationstheoretische Erkenntnisse wird nahegelegt, den sozialen, den *menschlichen Aspekt unterrichtlicher Interaktion* in den Vordergrund zu stellen. Und damit rückt zwangsläufig – aber gewollt – der Schüler in den Vordergrund kommunikativer Didaktik (hierauf wird später ausführlicher eingegangen).

Halten wir fest: »Kommunikativ« als Bezeichnung der neuen Didaktik signalisiert eine völlig neue und andersartige Sichtweise didaktischer Praxis durch didaktische Theorie, und zwar besonders des Innenbereichs didaktischer Vorgänge, deren soziale Beziehungsdimension als wichtigste erachtet wird. Von hier aus ergibt sich aber nicht nur eine formal veränderte Sichtweise didaktischer Wirklichkeit, sondern es folgen daraus auch veränderte inhaltliche Maßstäbe für die Bewertung didaktischer Vorgänge.

Nicht nur gegen die Innenstruktur überkommener Didaktik – besonders die Bevorzugung der Inhalts- vor der Beziehungsdimension – richtete sich die neue Didaktik. Ihre Bezeichnung »kritisch« bringt auch eine Abkehr vom bisherigen Selbstverständnis didaktischer Theoriebildung zum Ausdruck. In einer überaus scharfen Kritik an der – »bürgerlich« genannten – bisherigen Didaktik stellte HUISKEN deren seiner Meinung nach affirmativen Charakter heraus (1972, S. 214):»Während die Didaktik sich also in zunehmendem Maße mit der Effektivierung des Lernprozesses und dem optimalen Funktionieren der organisatorischen Rahmenbedingungen des Lernens beschäftigt, geraten die Bedingungen, unter denen heute Unterricht stattfindet und damit zugleich die Interessen, denen die Effektivierungsbemühungen zu dienen haben, weitgehend aus ihrem Blickfeld.« Und: Es ».. . scheint die herrschende Didaktik weder in der Lage zu sein, die Bedingungen zu untersuchen, unter denen heute Innovationen im Bereich des Unterrichts, der Schulorganisation und des gesamten Bildungswesens geschehen, noch fähig zu sein, die Bedingungen zu hinterfragen, die ihren eigenen theoretischen Wandel stimulieren.« (S. 218)

Die Situation bietet sich uns wohl klarer dar, wenn wir die von HABERMAS (1968) geprägten wissenschaftstheoretischen Kategorien in einem kurzen und vereinfachenden Exkurs bemühen: HABERMAS kam durch eine systematische Untersuchung einiger grundsätzlicher wissenschaftstheoretischer Konzeptionen zu der Auffassung, daß man im Grunde genommen alle modernen wissenschaftlichen Theorien drei Positionen zuordnen kann. Als wesentliches Merkmal einer Wissenschaft nennt er ihr »erkenntnisleitendes Interesse«, d. h. ihre grundlegende Absicht, deretwegen sie sich überhaupt um Erkenntnis des ihr zugewiesenen Wirklichkeitsbereiches bemüht. Er unterscheidet ein »praktisches« von einem »technischen« und einem »emanzipatorischen« Interesse. Das praktische Erkenntnisinteresse ist allen geisteswissenschaftlichen Theoriebildungen eigen, d. h. jenen Ansätzen, die, methodologisch betrachtet, »hermeneutisch« verfahren. Den empirisch verfahrenden positivistischen Wissenschaften entspricht das technische und den kritisch verfahrenden Wissenschaften das emanzipatorische Interesse. Von diesen drei Positionen aus gesehen, sind weder geisteswissenschaftlich noch positivistisch orientierte Theorien imstande, die vorgefundene Wirklichkeit zu ändern, weil sie dies nicht als ihre Aufgabe, als Aufgabe der Wissenschaft betrachten. Lediglich die kritische Position gestattet wissenschaftlichen Theorien, vorgefundene Wirklichkeit zu verändern; ja, dies ist sogar ihr genuines Anliegen.*

---

\* Ausführlicher werden die metatheoretischen Positionen auf S. 35 ff. behandelt.

Was dies für die kritische Aufgabe einer Didaktik bedeutet, soll in einem späteren Abschnitt erläutert werden; hier sei nur festgestellt: Als geisteswissenschaftlich verstand sich die bildungstheoretische Didaktik; als positivistisch begründet sah HEIMANN seine lerntheoretische Konzeption an, als positivistisch gibt sich die informationstheoretische Didaktik aus, und weitgehend positivistisch strukturiert sind auch die meisten Ausläufer der curricularen Bewegung. Mithin trifft HUIS-KENs Kritik durchaus zu, daß die seinerzeitige Didaktik zu bedeutsamen Veränderungen im Bereich didaktischer Wirklichkeit nicht fähig gewesen sei, weil sie deren umfassende Außenbedingungen nicht mit in den Blick bekommen konnte. Sie war auch gar nicht darauf ausgerichtet. Und auf diese Situation treffen die Vertreter einer »kritisch« aufgefaßten Didaktik der 70er Jahre. Sie vermissen eine auf Veränderung der bestehenden didaktischen Realitäten – und besonders deren gesellschaftliche Voraussetzungen – gerichtete Theoriebildung und installieren aus diesem Grunde die neue Didaktik. Diese soll kritisch sein: »Kritisch ist diese Didaktik insofern, als sie vorhandene Wirklichkeiten, die Ist-Werte unserer Gesellschaft, eben nicht unkritisch akzeptiert, sondern – soweit dies Schule überhaupt kann – permanent zu verbessern trachtet, in Sollens-Werte zu überführen sucht.« (WINKEL 1980, S. 200)

Soweit WINKEL hier weitere Momente anspricht, sei auf unsere folgenden Ausführungen verwiesen; hier soll nur festgehalten werden: Diese neue Didaktik ist kritisch, weil sie ein neues Selbstverständnis hat, ihre Aufgabe gegenüber der didaktischen – und, wie im Zitat angesprochen, auch der gesellschaftlichen Wirklichkeit notwendigerweise für eine »kritische« hält. Herkunftsort solchen Selbstverständnisses ist die »Frankfurter Schule« (HORKHEIMER, ADORNO, MARCUSE, HABERMAS), deren Auffassungen teilweise von der Erziehungswissenschaft zur Installierung ihrer kritischen Position übernommen wurden, von wo aus dann unmittelbare Impulse auch auf die Didaktik einwirken konnten. Allerdings hat sich die Radikalität kritischen Denkens, wie sie die »Frankfurter Schule« vorgab, in der didaktischen Theoriebildung nie durchgesetzt; allenfalls in der weiter gefaßten erziehungswissenschaftlichen Theoriebildung läßt sie sich gelegentlich auffinden, z.B. in der erwähnten Kritik von HUISKEN, bei GAMM, LEMPERT, MOLLENHAUER u. a. (vgl. BAST 1983).

Die kritisch–kommunikative Didaktik vereinigt also in sich zwei Komponenten: die *aus der Kommunikationstheorie übernommene Auffassung des didaktischen als eines kommunikativen Geschehens* und die *aus der kritischen Sozialwissenschaft übernommene Auffassung über die kritische Aufgabe didaktischer Theoriebildung.* Auf beide soll nun noch näher eingegangen werden.


## 9.2 Die »kommunikative« Aufgabe der Didaktik

»Kommunikativ« ist die Bezeichnung, mit der diese Didaktik nicht nur ihre Auffassung über die didaktische Wirklichkeit zum Ausdruck bringt, sondern zugleich auch ihren auf didaktische Vorgänge bezogenen Auftrag beschreibt. Auf der einen Seite wird dadurch das Lehr- und Lerngeschehen vor allem als ein *kommunikativer Vorgang* bewertet, auf der anderen Seite wird eine *besondere Art von Kommunikation* im Lehr- und Lerngeschehen als das Ziel angegeben, das diese

Didaktik zu verwirklichen hat. Diese beiden Implikationen von »kommunikativ« sieht auch WINKEL sehr deutlich:»... nennt sich diese Didaktik eine kommunikative, was zwei Bedeutungsebenen anspricht« (1980, S. 200). Und er fährt im Hinblick auf die erste Bedeutungsebene gleich fort:»Unterricht ist ein kommunikativer Prozeß.« Was WINKEL selbst dann im Anschluß an diese Feststellung leistet, ist eine Aufzählung von Strukturmerkmalen kommunikativer Prozesse, wobei er auf WATZLAWICK zurückgreift. Auf der ersten Bedeutungsebene zeigt sich ihm die didaktische Aufgabe darin, unterrichtliche Kommunikation durch Beachtung aller elf aufgeführten Strukturmerkmale und durch deren optimale Gestaltung so erfolgreich wie möglich anzulegen. Dabei ist »erfolgreich« aber nicht bloß technisch zu begreifen, im Sinne von »high efficiency«, sondern er verlangt die Berücksichtigung der beteiligten Personen in ihrer besonderen, ihrer menschlichen Art. Würde dies nicht der Fall sein, so würde die Vermittlungsfrage wiederum als bloße Methodenfrage im Anhang an die Inhaltsentscheidung gestellt; die Eigenständigkeit der Beziehungsdimension bliebe wiederum unbeachtet. Die Bedeutung gerade der Beziehungsdimension für diese Didaktik betont auch BAACKE (1978, S. 9): »Zunehmend wird erkannt, daß *Gegenstand und Präsentation eines Gegenstandes nicht nur sachadäquat, sondern auch interaktionsadäquat* vermittelt werden sollten.« Zum besseren Verständnis werden im folgenden jene Axiome der Kommunikationstheorie aufgeführt, auf die sich auch SCHALLER bei seinen metatheoretischen Erörterungen bezieht. Diese von WATZLAWICK formulierten Axiome bleiben hier unerörtert; sie können dort oder bei SCHALLER oder WINKEL nachgelesen werden. WATZLAWICK (1969) schreibt:

– »Man kann nicht nicht kommunizieren.« (S. 53)
– »Jede Kommunikation hat einen Inhalts- und einen Beziehungsaspekt, derart, daß letzterer den ersteren bestimmt und daher eine Metakommunikation ist.« (S. 56)
– »Jede inhaltliche Mitteilung informiert gleichzeitig darüber, wie ihr Inhalt verstanden werden soll.« (39)
– »Zwischenmenschliche Kommunikationsabläufe sind entweder symmetrisch oder komplementär, je nachdem, ob die Beziehung zwischen den Partnern auf Gleichheit oder Unterschiedlichkeit beruht.« (S. 70)

Mit der Übernahme dieser von der Kommunikationstheorie angenommenen Strukturmerkmale kommunikativer Vorgänge hat die kritisch–kommunikative Didaktik sich ein Raster geschaffen, mit dem sie Unterricht auf bestimmte Weise wahrnehmen und erfassen kann. Da sie auch die anthropologischen Grundannahmen mit übernimmt, die von der Kommunikationstheorie für die menschliche Kommunikation gemacht worden sind, hat sie mit dem zunächst bloß formalen Raster auch Bewertungsmaßstäbe übernommen, z.B. darüber, ob es sich bei Kommunizierenden in einer bestimmten Situation um gleichwertige oder abhängige Partner handelt.

Ein pädagogischer Bewertungsmaßstab fehlt dieser Didaktik noch; er kommt jedoch mit der »kritischen« Aufgabe hinein, darauf ist später einzugehen. Hier soll zunächst festgehalten werden, daß »kommunikativ« als bloß beschreibende Kategorie dieser Didaktik nicht ausreicht. Sie verbindet damit zugleich auch ihre Vorstellungen von ihrer didaktischen Aufgabe: »Nicht nur weil Unterricht ein kommunikativer Prozeß ist..., bezeichnet sie sich so, sondern auch deshalb, weil Lehren und Lernen kommunikativer werden *sollen.*«(WINKEL 1980, S. 200) Kommunikativer heißt »schülerorientierter, kooperativer, transparenter, mit- und selbstbestimmender, störungsärmer usw.« (WINKEL ebd.) Diese inhaltliche Bestimmung ist nicht aus der Kommunikationstheorie übernommen. Hier haben die *pädagogischen Vorstellungen und Wertungsmaßstäbe* des kritisch-kommunikativen Didaktikers wohl spontan gewirkt. Das ist erklärlich: der Kommunikationsbegriff lenkt die Aufmerksamkeit auf die Beziehungsdimension unterrichtlicher Vorgänge, damit auch auf die beteiligten Personen, und zwar hier wiederum besonders auf die Schüler. Wo menschliche Kommunikationsformen praktiziert werden sollen, sollte in der Regel eine *symmetrische Kommunikation* stattfinden, was wiederum gleichberechtigte Partner voraussetzt. Und das bedeutet, gemessen am üblichen Unterricht, die Forderung nach schülerorientierterem, kooperativerem usw. Unterricht. Wogegen kommunikative Didaktik sich aufgrund ihres selbstgewählten Kategoriensystems wehren muß, ist ein Unterricht, in dem Schüler als bloße Objekte gehandhabt werden. Für kommunikative Didaktik sind Schüler, wie alle beteiligten Personen, Subjekte des Unterrichts. Während WINKEL dies mit Ausdrücken wie »schülerorientiert« verhältnismäßig einfach und verständlich ausdrückt, erwächst daraus bei SCHALLER ein aufgetürmter und über weite Strecken unverständlicher Kategorienwust.

Kernforderungen an einen kommunikativ orientierten Unterricht bei SCHALLER sind die nach »symmetrischer Interaktion« und »rationaler Kommunikation« (1980, S. 369f.): »Was die Interaktionsweise zwischen Erzieher und Zögling angeht, ist für sie Symmetrie zu fordern, und was die zwischen ihnen statthabende Mitteilung betrifft, gilt für sie Rationalität.« SCHALLERs Forderungen laufen – zumindest dem Wortlaut nach – auf eine durch nichts gehemmte, in keinem Bereich eingeengte radikale Beteiligung von Schülern am Lehr- und Lernprozeß aus. Einerseits verlangt dies »rückhaltlose Information«, andererseits den Abbau aller »Herrschaftsverhältnisse«: »An die Stelle herkömmlichen Unterrichts und herkömmlicher Erziehung tritt hier die rückhaltlose Information und die permanente rationale Diskussion.« (SCHALLER 1978, S. 129) Und: »Erziehung im Sinne der Kommunikativen Pädagogik ist nicht-autoritär, um im Bereich pädagogischer Handlungen rationale Kommunikation, die gesamtgesellschaftliche Erwartung vorwegnehmend, zu ermöglichen. Hier ist keinerlei Herrschaftsverhältnis, auch kein auf ein Mehr an Wissen gegründetes am Platze. Rationale Kommunikation setzt Beteiligung und diese Emanzipation voraus.« (S. 116) Die letzte Bemerkung verweist auch schon auf die kritische Aufgabe dieser Didaktik. Halten wir fest: Die kommunikative Aufgabe dieser Didaktik besteht nicht nur darin, das Lehr- und Lerngeschehen als kommunikativen Prozeß zu betrachten und mit Hilfe von kommunikationstheoretischen Kategorien auszuloten sowie nach ihren Regeln einzugreifen. Kommunikative Aufgabe meint immer und vor allem auch die »kommunikativere« Gestaltung (WINKEL) von Unterricht, seine Veränderung in Richtung auf mehr Schülerorientierung, Kooperation usw. SCHALLER stellt mit einer Formulierung von MENZE fest, daß »nicht der Ansatz von der Kommunikation her, sondern eine bestimmte geforderte Kommunikationsweise das Entscheidende ist« (1980, S. 368).

Konsequenter als bisher verfährt WINKEL neuerdings, indem er nicht bloß die

Forderung nach *kommunikativerem* Unterricht stellt, sondern für die didaktische Theorie selbst auch die entsprechende Wende fordert. Und zwar spricht er hier – in Übereinstimmung mit ähnlichen Vorstellungen bei VON HENTIG (1966) – von der um eine *Mathetik* zu ergänzenden Didaktik (1993). Ganz offensichtlich sind ihm die bisherigen Bemühungen einer kommunikativen Didaktik noch zu sehr lehrerorientiert, entsprechen damit nicht der verlangten Anerkennung von Schülern als Subjekten des Unterrichts. Mathetik soll diesen Zustand zumindest abmildern, indem das Lernen in den Vordergrund aller maßgeblichen Betrachtungen gerückt wird. D. h.: Wo Didaktik, nach der vereinfachenden Formel von VON HENTIG, nach dem Lehren und seinen Grundlagen fragt, fragt Mathetik nach dem Lernen, entwickelt Aussagen darüber, wie Lehrer – und an diese wendet sie sich auf Grund der institutionellen Vorgaben eben immer noch! – Schüler zum von diesen gewollten, gewünschten, gemochten Lernen anleiten können. Mathetik sieht den Lehrer nach Auffassung WINKELs nicht als bloßen Informator, auch nicht als technologisch ausgerichteten Moderator, sondern als pädagogisch verantwortlichen Berater von Lernenden bei ihren notwendigen Lernprozessen. Mathetik füllt für WINKEL eine bisher in der kommunikativen Didaktik gebliebene Leerstelle aus: »Mathetik (das ist eine Kunst, die ein wirksames Lernen ermöglicht) und keine Didaktik (das ist eine Kunst, die ein wirksames Lehren ermöglicht) ...« (VON HENTIG, 1992).


## 9.3 Die »kritische« Aufgabe der Didaktik

Die »kritische« Aufgabe übernahm die Didaktik aus der »kritischen« Position in der Erziehungswissenschaft, die ihrerseits auf die von der »Frankfurter Schule« konzipierte kritische Sozialwissenschaft zurückgeht. In einem Satz von WINKEL (1980, S. 200) kommt zum Ausdruck, was eine »kritische« Didaktik ausmacht: »Kritisch ist diese Didaktik insofern, als sie vorhandene Wirklichkeiten, die Ist-Werte unserer Gesellschaft, eben nicht unkritisch akzeptiert, sondern ... permanent zu verbessern trachtet, in Sollens-Werte zu überführen trachtet.«

Blickt man auf die bisherigen didaktischen Ansätze (in ihren »alten« Ausprägungen) zurück, so stellt man fest, daß diese Art von kritischer Einstellung und kritischem Vorgehen tatsächlich noch nirgends zu finden war. Die bildungstheoretische Didaktik kritisierte zwar vorfindbare didaktische Strukturen und versuchte, sie in angemessenere zu wandeln, aber sie tat dies im Feld vorgefundener Realitäten. Die gesellschaftliche Einlagerung didaktischer Vorgänge wurde durchaus erkannt und berücksichtigt, aber didaktische Kritik blieb didaktische Kritik und enthielt sich strikt jeder gesellschaftlichen Stellungnahme. Letzten Endes beabsichtigte bildungstheoretische Didaktik zu einer optimalen Bewältigung vorfindbarer gesellschaftlich-didaktischer Praxis beizutragen. Ihren – im Bildungsbegriff gefaßten – Maßstab zu solchem Tun fand sie ebenfalls schon vor. Sie band sich an das Individuum, wenn sie Kritik an didaktischer Praxis übte und Verbesserungsvorschläge in Form von handbaren Handlungsmodellen machte. Bildungstheoretische Didaktik erwies sich als geisteswissenschaftlich orientiert. Lerntheoretische Didaktik in ihrer frühen HEIMANNschen Ausprägung war ebenfalls »unkritisch«, gemessen am Kritikverständnis der neuen Didaktik.

Die neue – sich selbst als kritisch bezeichnende – Didaktik beschränkt ihre Kritik nicht auf den traditionell als didaktisch abgegrenzten Raum (Unterricht, Lehren und Lernen o. ä.), sondern trägt sie in den gesellschaftlichen Bereich hinein. Das beruht auf ihrer Grundannahme, daß der Bereich didaktischer Wirklichkeit nur einen Teil gesamtgesellschaftlicher Wirklichkeit darstellt, und zwar dergestalt, daß Einflüsse aus dem umfassenden gesellschaftlichen Raum sich auch auf das didaktische Geschehen auswirken und umgekehrt Bewegungen von hier sich auch in den gesellschaftlichen Raum hinein fortsetzen. Dies führt geradezu zwangsläufig zu der Notwendigkeit, Verbesserungen didaktischer Praxis nicht nur durch Veränderungen im didaktischen Raum selbst vornehmen zu wollen, sondern auch Veränderungen im umgebenden gesamtgesellschaftlichen Raum anzustreben, wenn erkennbar wird, daß dort Ursachen beheimatet sind, die sich störend, hemmend, unterdrückend o. ä. auf didaktische Vorgänge auswirken. In der schon wiedergegebenen Beschreibung WINKELs wird diese Aufgabe der neuen Didaktik sehr deutlich: *Didaktik akzeptiert nicht einfach gesellschaftliche Zustände, sondern kritisiert sie, weist sie als nachteilig, als unzumutbar o. ä. für didaktische Prozesse aus und trachtet sie zu verändern.* Hier vollzieht sich eine radikale Wende des Selbstverständnisses von Didaktik. Didaktik verläßt nicht nur den Elfenbeinturm akademisch-theoretischer Reflexionen und wird in konkreten Handlungsanweisungen praktisch, *Didaktik erklärt sich vielmehr darüber hinaus als politisch.* SCHALLER formuliert für die kritische Erziehungswissenschaft, was wegen der Verschränkung von Erziehungswissenschaft und Didaktik auch für deren kritische Position gilt (1978, S. 125): »Pädagogik darf sich dann allerdings nicht mehr vom politischen Leben distanzieren. Erziehung ermöglicht der politischen Aktion, humane Perspektiven zu entwikkeln, wie andererseits die politische Lage zugleich auch die Bedingung einer kommunikativen Pädagogik ist. Daraus ergibt sich, daß die Kommunikative Pädagogik politisch ist und sein muß.« Kritische Didaktik ist zum einen politisch, weil sie die wissenschaftstheoretische Forderung nach Wertfreiheit aufgibt und statt dessen wertend und beurteilend – eben kritisch – in den didaktisch-gesellschaftlichen Zusammenhang eingreift. Kritische Didaktik ist zum anderen politisch, weil sie nicht mehr endlos abwartend auf gesamtgesellschaftliche Umstände hofft, die auch ihren erzieherischen Vorstellungen entsprechen, sondern aktiv in das gesamtgesellschaftliche Geschehen eingreift, um sich die politisch-sozialen Voraussetzungen für didaktisches Handeln zu schaffen. Daß hier keiner unmittelbaren politischen oder gar parteipolitischen Betätigung das Wort gesprochen wird, daß an die politische Wirksamkeit von Didaktik keine übersteigerten Erwartungen gestellt werden, macht SCHALLER klar (1973, S. 11): »Gewiß ist Erziehung nicht der Hebel der Veränderung; aber sie macht sichtbar, wo er anzusetzen ist.«

Das Verfahren solchermaßen als kritisch aufgefaßten Didaktik ist dem Wesen nach »zunächst destruktiv«. Hierauf weist auch BAACKE hin und fährt fort (1978, S. 30): »Kommunikative Didaktik hat die Tendenz, gerade die *Unterrichts-Routine* zu problematisieren und Alternativen zu favorisieren.« Deutlicher noch tritt der »destruktive« Zug kritischer Didaktik bei WINKEL zutage. Er weist dieser Didaktik ausdrücklich die Aufgabe zu, Störungen abzubauen, die den Unterricht nachteilig beeinflussen (1980, S. 204): »Sie hat die prinzipielle Störanfälligkeit jedweden Unterrichts in das Zentrum der Analyse und Planung gerückt . . .« Daß Unterricht zumindest in seiner heutigen Form gestört ist und nicht leisten kann, was er leisten soll, ist mithin ebenfalls eine Grundannahme kritischer Didaktik. Sie hat die Störungen aufzudecken und beseitigen zu helfen.

Über die unmittelbare Beziehung zum Unterricht hinaus ist kritische Didaktik auf viel umfassendere Weise destruktiv. Sie sieht nämlich ihre gesellschaftsbezogene Aufgabe darin, falschen und vorgeblich zutreffenden Vorstellungen über Unterricht, Lehren und Lernen usw. auf die Spur zu kommen und sie zu entlarven. *Kritische Didaktik praktiziert für ihren Bereich »Ideologiekritik«.* Sie beschränkt sich mithin nie auf die bloße Erfassung und Darstellung von Fakten, sondern analysiert diese stets ideologiekritisch daraufhin, ob sie nicht den eigentlichen Zielsetzungen des Lehrens und Lernens im Wege stehen oder gar stehen sollen.

Was »eigentliche Zielsetzung« des Lehrens und Lernens ist, darüber gibt es keine Zweifel in der kritischen Didaktik, zumindest was deren Ausdrucksformel betrifft, nämlich »*Emanzipation*«. Die *emanzipatorische Zielsetzung didaktischen Handelns* und das *emanzipatorische Erkenntnisinteresse didaktischer Theorie korrespondieren miteinander,* ja gehen ineinander über: »Für die Erziehungswissenschaft konstitutiv ist das Prinzip, das besagt, daß Erziehung und Bildung ihren Zweck in der Mündigkeit des Subjektes habe; dem korrespondiert, daß das erkenntnisleitende Interesse der Erziehungswissenschaft das Interesse an Emanzipation ist.« (MOLLENHAUER 1968, S. 10) Über das inhaltliche Verständnis von Emanzipation ist es zu Auseinandersetzungen gekommen, etwa bei der Frage, ob Emanzipation als letztes Ziel der Erziehung oder als Voraussetzung zu dessen Erreichung anzusehen ist (vgl. SCHALLER 1974, S. 71). Mit unterschiedlichsten Füllwörtern wird Emanzipation umschrieben. In einem aber sind sich alle Vertreter kritischer Didaktik einig: Wo Emanzipation das Lehr- und Lerngeschehen – unmittelbar in der Praxis oder mittelbar über die Theorie – bestimmt, da darf keiner bloßen Individualbildung mehr das Wort geredet werden, da muß vielmehr die *soziale Existenz des Menschen* an erster Stelle und entscheidend mit einfließen. *Solidarität mit allen Menschen* – abgeschwächt auch: mit anderen – ist essentielles Moment von Erziehung und Lehren und Lernen. Die deutschsprachige kritische Didaktik, soweit sie wissenschaftlich reflektiert vorgetragen wurde, koppelt Emanzipation und demokratische Gesellschaftsordnung aneinander. Dies sagt sehr deutlich u. a. WINKEL (1980, S. 204): Kritisch-kommunikative Didaktik »begreift Lehren und Lernen also als solidarische Akte menschlicher Emanzipation, d. h. als Befreiung aus Un- und Falschwissen, inhumaner Lebensführung usw., mit dem Ziel einer permanenten Demokratisierung und Humanisierung der gesellschaftlichen Praxis – auch und gerade in der Schule«.

Abschließend ist noch darauf hinzuweisen, daß kritisch-kommunikative Didaktik mit der »Handlungsforschung« zusammengeht. BAACKE (1978, S. 15) führt dazu aus: »›Kommunikative Didaktik‹ führt mit einiger Konsequenz zu ›kommunikativer Unterrichtsforschung‹, deren Ergebnisse praxisbezogen gewonnen werden und direkt in die Praxis zurückgegeben werden . . . (= Handlungsforschung; W. H. P.). Unterrichtsbeobachtung dient nicht dazu, Daten über Schüler und Lehrer einzusammeln und sie allenfalls anschließend mit dem Lehrer zu besprechen, sondern dem Zur-Verfügung-Stellen von Beobachtungen für den Unterricht selbst.« Selbst über ihren Forschungsansatz und deren Verfahren versucht also kritisch-kommunikative Didaktik ihre Forderung nach »kommunikativerem« Unterricht einzulösen.

## 9.4 Zusammenfassung und kritische Einschätzung

Die kritisch-kommunikative Didaktik verbindet in sich kommunikative und kritische Momente. Der *Kommunikationsbegriff stellt ihre zentrierende Kategorie dar;* in ihm wird die grundsätzliche Auffassung der Didaktik über die besondere Struktur ihres Gegenstandsfeldes, über den besonderen Charakter didaktischen Geschehens, zum Ausdruck gebracht. *Didaktische Vorgänge sind kommunikative Vorgänge.* Dabei handelt es sich allerdings nicht bloß um einen begrifflichen Austausch, d. h., Kommunikation wird nicht einfach an die Stelle von Bildung, Lernen u. ä. gesetzt, weil auf diese Weise die Hilfe der Kommunikationstheorie zur Klärung technischer didaktischer Probleme gewonnen würde. Bildung, Lernen usw. werden völlig anders aufgefaßt als in der bisherigen Didaktik:»Was sie unter Erziehung und Bildung versteht, ist etwas total anderes als die herkömmlicherweise unter diesen Begriffen gefaßten Prozesse.« (SCHALLER 1978, S. 44) Lernen – Bildung, Erziehung usw. – wird nicht länger bloß als Vorbereitungsprozeß auf das gesellschaftliche Leben aufgefaßt, und zwar als ein Vorbereitungsprozeß, in dem selbst Abhängigkeiten herrschen dürfen, auch wenn spätere Unabhängigkeit das Ziel ist. Lernen wird vielmehr als ein gleichwertiger Teilbereich des gesamtgesellschaftlichen Lebens begriffen, für den eben deshalb auch dessen Regeln gelten. Unterrichtliche Kommunikation findet zwischen gleichrangigen Partnern statt. Da diese regulative Vorstellung gegenwärtig noch längst nicht erreicht ist, weil zu viele Einflüsse als »Störungen« auftreten, sieht kommunikative Didaktik ihre Aufgabe darin, *Schule und Unterricht »kommunikativer« zu gestalten und an die Zielvorstellung demokratischer, humaner Gestaltung heranzuführen.* Dies geschieht insbesondere dadurch, daß Störungen – Hindernisse auf dem Weg zu schülerorientiertem und kooperativem Unterricht – aufgedeckt und abgebaut werden. Unterricht wird in dieser didaktischen Konzeption nicht mehr bloß als ein Mittel sozialen Lebens, sondern selbst als ein Zweck begriffen.

*»Kritisch« stellt die bedeutsamste Kategorie für das Selbstverständnis dieser Didaktik dar;* »kritisch« erweist sich als metatheoretische, als wissenschaftstheoretische Kategorie. Die Selbsteinschätzung dieser Didaktik als notwendigerweise kritische Disziplin folgt zwangsläufig aus ihrer Auffassung über die gesellschaftliche Einbindung und den gesellschaftlichen Charakter didaktischen Geschehens: Weil die Struktur ihres Gegenstandsfeldes so beschaffen ist, muß auch die Theorie sich entsprechend geben. Kritisch verhält diese Didaktik sich nicht nur gegenüber ihrem Innenbereich, also gegenüber Lehren und Lernen, Unterricht usw. im eng begrenzten Sinne, sondern auch gegenüber dem Außenbereich, also gegenüber den umfassenden, institutionellen, gesellschaftlichen Rahmenbedingungen von Lehren und Lernen. Ihre Aufgabe sieht sie nicht bloß darin, im engeren Bereich optimale Voraussetzungen für Lehren und Lernen zu schaffen, sondern besonders auch darin, Unzulänglichkeiten, Widersprüche usw. im umgebenden äußeren Bereich aufzudecken, anzuprangern und Veränderungen zu veranlassen. *Kritische Didaktik versteht sich als politisch* und greift in das sozial-politische Geschehen ein, um beste Voraussetzungen für Lehren und Lernen zu schaffen.

Ihr wichtigstes Instrument hierfür ist die *Ideologiekritik.* Diese setzt sie ein, um falsches Verständnis, vorgebliche Begründungen usw. für den Unterricht als falsch, als bloß vorgeblich zu entlarven. Ihr *Maßstab ist die Emanzipation* der betroffenen

Lernenden – diese aber in der Gemeinschaft aller Menschen gesehen. *Emanzipation* – in den einzelnen Entwürfen durchaus unterschiedlich begriffen – *ist Handlungsziel* allen didaktischen Geschehens; Emanzipation ist auch das Ziel aller theoretischen Bemühungen, *ist erkenntnisleitendes Interesse* kritischer Didaktik.

Abgesehen von sekundären kritischen Einwänden gegen diese Didaktik ist Kritik vor allem in drei Punkten vorzutragen:

1. Gegenwärtig zeigt sich die kritisch-kommunikative Didaktik noch immer als »destruktiv«, d. h., sie zeigt zwar sehr viele negative Erscheinungen in der didaktischen Wirklichkeit auf, ohne aber positive Vorschläge dem entgegenzustellen. Wie BAACKE feststellt: »Hier steckt die kommunikative Didaktik in einem gewissen Dilemma.« (1978, S. 30) Solch destruktive Tendenz hat nach meinen Beobachtungen in der Praxis nicht selten zu Verunsicherungen bei den Lehrern geführt.

2. Gegenwärtig zeigt sich die kritisch-kommunikative Didaktik als zu formal und allgemein. Sie gibt zwar Kategorien für die Reflexion geplanten oder erlebten Unterrichts vor, gelegentlich auch Raster für Analyse und Planung von Unterricht, ja sogar schon einmal ein verkürztes Planungsbeispiel (WINKEL), aber diese Vorgaben sind von zu großer Allgemeinheit, als daß sie ohne weiteres praxisrelevant werden könnten. Vor allem fehlt ein breiter Eingang in fachdidaktische Ansätze, von Ausnahmen abgesehen (z. B. für den Geschichtsunterricht: A. KUHN). Der übliche Weg in die Schulpraxis führt bei uns jedoch über die Fachdidaktik, weil Unterricht traditionell in Fächern differenziert erteilt wird. Daß solch formal gehaltene Didaktik falsch, geradezu verkehrend in Anspruch genommen werden könnte, befürchtet REICH: »SCHALLER entgeht mit seinem inhaltsentleerten Konzept nicht der Gefahr, unter Umständen fruchtbar für undemokratische Erziehungsvorstellungen zu werden.« (1977, S. 361)

Wie kommunikative Didaktik sich in die Praxis hineinschieben kann, hat mit Überlegungen und Vorstellungen zur Unterrichtsplanung BIERMANN inzwischen gezeigt (1985). In stringenter Verfolgung kommunikativ orientierten didaktischen Denkens – der kritische Aspekt rückt bei ihm sehr in den Hintergrund – entwirft BIERMANN ein Planungsmodell mit zwei Realisierungsansätzen:

Zurückgehend auf VON HENTIGs Feststellung, daß schulisches Lernen immer zugleich einerseits ein *»Lernen durch Lehre«* und andererseits ein *»Lernen aus Erfahrung«* ist, rät er zum einen ein *»partizipatives«* Planungsmodell an, bei dem Schüler an Planungen so beteiligt werden sollten, wie das den jeweiligen Umständen entsprechend möglich ist, zum anderen empfiehlt er ein grundsätzlich *»kooperatives«* Planungsmodell, das ganz und gar schülerorientiert ist.

BIERMANNs Ansatz scheint mir wegen seiner pragmatischen Einschätzung der tatsächlichen Möglichkeiten, kommunikative pädagogische Prinzipien im Schulalltag zu verwirklichen, besonders geeignet zu sein, die kritisch-kommunikative Didaktik aus dem Zirkel bloßer Eigenreflexion herauszuführen (vgl. dazu bes. auch PETERSSEN 1988, S. 169 ff.).

3. Kritisch-kommunikative Didaktik bietet sich teilweise in einer überzogen-abstrakten Sprache dar und macht sich so für einen großen Kreis unverständlich.

Systematische Kritik an der Position, vor allem am Standpunkt WINKELs, trägt auch RUSTEMEYER vor (1985), indem er besonders vier Punkte benennt: den seiner Meinung nach *eklektizistischen* Charakter dieser Didaktik; die *große*

*Nähe* dieser Didaktik zu anderen gegenwärtigen Ansätzen; die angeblich erfolgte *Aufgabe des kommunikativen Anspruchs* zugunsten bloß noch pragmatischer Absichten; die *zu große Praxisorientiertheit* (läuft meiner Kritik geradezu entgegen, wer hat denn nun wohl recht? Vgl. auch die Replik von WINKEL 1985).

Über dieser Kritik, die letzten Endes anzeigt, daß kritisch-kommunikative Didaktik noch in einem frühen Stadium ihrer Entwicklung steckt, darf aber ihr großer Vorzug nicht vergessen werden: *Sie hat die Didaktik wieder auf den Schüler hingelenkt.* Mit ihrer Forderung nach größerer Schülerorientierung hat sie zunächst bewußt gemacht, daß didaktische Theorie in Gefahr stand, Schüler bloß noch als Objekte einer in sich rotierenden Theoriebildung zu berücksichtigen. *Kritisch-kommunikative Didaktik macht den Schüler wieder zum Bezugspunkt didaktischen Denkens.* Daß auch innerhalb dieser Position allerdings wieder politische Fixierungen zur Manipulation von Schülern führen, darf nicht verschwiegen werden; Manipulation erscheint aber gerade hier besonders unangebracht.

Interessant im soeben erörterten Zusammenhang der Schülerzuwendung ist deren Deutung durch TERHART. Dieser sieht darin eine Weiterführung der effektivitätssteigernden Absicht lernzielorientierter und informationstheoretischer Didaktik. Weil es diesen nicht gelang, den Unterricht insgesamt und völlig der zielgerichteten Steuerung zu unterwerfen, weil ein »Rest« blieb, »so wird kommunikative Didaktik zur Ersatztechnologie, die die schwindende Loyalität und Anstrengungsbereitschaft der Schüler einerseits und die wachsenden Anforderungen von Schule und Gesellschaft durch (scheinbar) subjekt- bzw. schülerorientierte Strategien wieder ausbalanciert. Ähnlich, wie im Beschäftigungssystem der Taylorismus durch die ›human relation‹-Bewegung abgelöst wird, genauso treten ›kommunikative‹ Unterrichtstheorien an die Stelle von ›technologischen‹« (TERHART 1983, S. 184).

Ist es denkbar, daß kritisch-kommunikative Didaktik in der Tat bloß mit anderen, mit angepaßteren – und das hieße hier: humaneren, im Sinne von menschlich entsprechenderen – Mitteln letzten Endes auch nur auf unterrichtliche Effizienz zielt? Ist Schülerorientierung bloß das subtilere Verfahren gegenüber denen der übrigen didaktischen Ansätze? Die Vertreter der kritisch-kommunikativen Didaktik haben zahlreiche kritische Anmerkungen und Vorwürfe gegenüber ihrer Position aufgenommen und beantwortet, auf TERHARTs Angriffe aber haben sie bisher meines Wissens nach geschwiegen. Warum? Sicherlich kann man den Argumentationszusammenhang und die praktischen Vorschläge der kritisch-kommunikativen Didaktik so beanspruchen, wie TERHART das offensichtlich befürchtet. Sicherlich wird auch in der Praxis eine solche Beanspruchung – möglicherweise sogar recht häufig – vorkommen, wird die didaktisch-theoretische Begründung bloßer Schein sein, bloß der Beruhigung und Beschwichtigung dienen, wohingegen praktisch ganz andere Ziele verfolgt werden. Aber dies kann man wohl kaum der Position und ihrem mehrschichtigen Argumentationsmuster zum Vorwurf machen. Keine Theorie ist gegen falsche Inanspruchnahme, gegen ihre Verkehrung gefeit (zur Verteidigung gegenüber kritischen Anmerkungen usw. vgl. bes. die Replik des gegenwärtig sich selbst als Hauptvertreter der kommunikativen Didaktik gebenden WINKEL 1985, S. 721 ff.).

Ich halte diese Didaktik – mit ihrer Zentrierung auf den Schüler, mit ihrer gesellschaftlichen Sichtweise, mit ihrem Kommunikationsbegriff – für eine wichtige und notwendige Ergänzung zur gegenwärtigen didaktischen Theoriebildung. Daß dies von Vertretern der übrigen Positionen anerkannt wird, äußert sich darin, daß sie wesentliche Momente aus der kritisch-kommunikativen Didaktik übernommen haben. Für die kritisch-kommunikative Didaktik selbst stellt dies WINKEL fest: Sie »steht nicht in polemischer Frontstellung gegenüber den anderen vier didaktischen Theorien, sondern möchte deren Einseitigkeiten und Verkürzungen zum Anlaß nehmen, mit dieser neuen Theorie die sicherlich allemal komplexere Praxis schulischen Wirkens adäquater zu verstehen« (1980, S. 204). Mit dieser Äußerung ist die anfänglich aufgebaute Frontstellung kritisch-kommunikativer Didaktiker gegen die herkömmliche Didaktik wohl überwunden, sicherlich zum Nutzen von Schulpraxis und -praktikern.

## Literatur

BAACKE, Dieter: Kommunikation und Kompetenz. München 1971
–: Vom Nutzen und Nachteil der »Kommunikativen Didaktik« für die Planung und Durchführung von Unterricht. Schriftenreihe des Pädagogischen Instituts der Landeshauptstadt Düsseldorf, H. 38, 1978
BAST, Roland: Grundbegriffe der Pädagogik. Düsseldorf 1983
BIERMANN, Rudolf: Interaktion im Unterricht. Darmstadt 1978
–: Aufgabe Unterrichtsplanung. Essen 1985
BÖNSCH, Manfred: Beiträge zu einer kritischen und instrumentellen Didaktik. München 1975
–: Beziehungsdidaktik. In: TWELLMANN, W. (Hrsg.): Handbuch Schule und Unterricht, Bd. 8.1. Düsseldorf 1986, S. 78–85
DIDAKTISCHES FORUM: Abschlußdiskussion. In: Westermanns Pädagogische Beiträge, 32, 1980, S. 242–248; wieder abgedruckt in: GUDJONS/TESKE/WINKEL (Hrsg.): Didaktische Theorien. Braunschweig 1981, S. 95–110
FISCHER, Hans-Joachim: Kritische Pädagogik und kritisch-rationale Pädagogik. Frankfurt a. M./Bern 1981
HABERMAS, Jürgen: Erkenntnis und Interesse. In: Technik und Wissenschaft als »Ideologie«. Frankfurt a. M. 1968
HENTIG, Hartmut von: Glaube: Fluchten aus der Aufklärung, Düsseldorf 1992
HUISKEN, Freerk: Zur Kritik bürgerlicher Didaktik und Bildungsökonomie. München 1972
LÖWISCH, Dieter-Jürgen: Erziehung und kritische Theorie. München 1974
MESSNER, Rudolf: Theorien der Unterrichtsplanung und schulischer Alltag. In: Westermanns Pädagogische Beiträge, 30, 1978, S. 382–389
MOLLENHAUER, Klaus: Erziehung und Emanzipation. München 1968
MOSER, Heinz: Aktionsforschung als kritische Theorie der Sozialwissenschaften. München ²1978
PETERSSEN, Wilhelm H.: Gegenwärtige Didaktik. Positionen, Entwürfe, Modelle. Ravensburg 1977
–: Handbuch Unterrichtsplanung. 5., überarb. u. aktual. Aufl. München 1992
POPP, Walter (Hrsg.): Kommunikative Didaktik. Weinheim/Basel 1976
REICH, Kersten: Theorien der Allgemeinen Didaktik. Stuttgart 1977
RUMPF, Horst: Unterricht und Identität. München 1976
RUSTEMEYER, Wolfgang: Kommunikation oder Didaktik? Aporien Kommunikativer Didaktik und Konstruktionsprobleme kommunikativer Bildungstheorie. In: Pädagogische Rundschau, 39. Jg. 1985, H. 1, S. 61–85
SCHÄFER, Karl-Hermann/SCHALLER, Klaus: Kritische Erziehungswissenschaft und kommunikative Didaktik. Heidelberg 1971; 2., verb. u. erw. Aufl. 1973

SCHALLER, Klaus: Einführung in die kritische Erziehungswissenschaft. Darmstadt 1974

–: Einführung in die Kommunikative Pädagogik. Freiburg 1978

–: Was ist eigentlich die Pädagogik der Kommunikation? In: Westermanns Pädagogische Beiträge, 32, 1980, H. 9, S. 368–373

SCHITTKO, Klaus: Ansätze zu einer kritischen Didaktik. In: Die Deutsche Schule, 72, 1980, H. 11, S. 652–659

TERHART, Ewald: Unterrichtsmethode als Problem. Weinheim 1983

WATZLAWICK/BEAVIN/JACKSON: Menschliche Kommunikation. Stuttgart 1969; [4]1978

WINKEL, Rainer: Der gestörte Unterricht. Bochum 1976; [2]1980

–: Die kritisch-kommunikative Didaktik. In: Westermanns Pädagogische Beiträge, 32, 1980, H. 5, S. 200–204; wieder abgedruckt in: GUDJONS/TESKE/WINKEL (Hrsg.): Didaktische Theorien. Braunschweig 1981, S. 79–93

–: Wider die Vorwegregelung und Beliebigkeit des Lehrens und Lernens oder: Zur Verdeutlichung der kritisch-kommunikativen Didaktik (Eine Replik). In: Pädagogische Rundschau, 39. Jg. 1985, S. 721–732

–: Von der Didaktik zur Mathetik?, in: Pädagogisches Forum, 1993, S. 146–151

# 10 Curriculare Bewegung

Statt – wie hier – von »curricularer Bewegung« wird häufig auch von »curricularer Didaktik« gesprochen, so z. B. bei MEYER (1980) und WINKEL (1976). KLAFKI verwendet die Begriffe »Didaktik« und »Curriculumtheorie« sogar identisch: »Insofern kann man im folgenden überall dort, wo ich um der sprachlichen Vereinfachung willen nur von ›Didaktik‹ spreche, auch ›Curriculumtheorie‹ einsetzen.« (1976, S. 78) Er begründet diese Gleichsetzung mit seiner Auffassung, daß Curriculumtheorie dasselbe Feld abdecke und dieselbe Aufgabe habe wie Didaktik. Curriculumtheorie unterscheide sich nur durch »den Aspekt der konsequenten, mit wissenschaftlichen Hilfsmitteln« betriebenen Art von Didaktik, könne mithin als »Weiterentwicklung« der traditionellen Didaktik begriffen werden (ebd.). Hinsichtlich des *konsequenten Wissenschaftscharakters der Curriculumtheorie* muß KLAFKI zugestimmt werden (hierauf wird später noch eingegangen), nicht jedoch hinsichtlich der Gleichsetzung von Didaktik und Curriculumtheorie.

Wo solche Gleichsetzung vorgenommen wird, liegt die Gefahr nahe, Didaktik auf den Aufgabenbereich der Planung von Lehren und Lernen einzuengen. Umgekehrt ist aber auch eine solche – in vielen Fällen weitgehend unüberlegte – Vorstellung von Didaktik als einer Planungstheorie der Grund dafür, sie mit Curriculumtheorie gleichzusetzen. Und gerade eine derartig enge Vorstellung über die Aufgabe von Didaktik ist m. E. in der Diskussion ihrer Vertreter (in Westermanns Pädagogische Beiträge 1980) und an den dabei vorgelegten Handlungsmodellen, die ausschließlich Planungshilfen bieten, deutlich geworden. So stellt auch BECKMANN fest, daß sich Didaktik gegenwärtig in der Gefahr einer Verengung ihres Aufgabenbereiches befindet (vgl. BECKMANN 1981, S. 87 ff.). »Curriculum« ist in der Tat bei uns zu einem Begriff geworden, der auf Planungsprobleme im Feld des Lehrens und Lernens bezogen wird. Und die Curriculumtheorie hat im letzten Jahrzehnt zahlreiche Modelle für wissenschaftliches und unmittelbar didaktisches Handeln zur Lösung von Planungsproblemen angeboten. Um diese besondere Tendenz zu betonen, wende ich mich gegen eine Gleichsetzung und spreche statt dessen von »curricularer Bewegung« innerhalb der allgemeindidaktischen Theoriebildung, d. h. als von einer auf Planungsprobleme bezogenen Theoriebildung.

Wenn von »*Bewegung*« statt von Didaktik – wie im Falle lerntheoretischer, kommunikativer usw. Didaktik – gesprochen wird, dann deshalb, weil dieser Ansatz seinen Ursprung nicht in der traditionellen deutschsprachigen Didaktik hat. Es handelt sich um eine von außen (vor allem aus dem angloamerikanischen sowie dem schwedischen Raum) in die Didaktikdiskussion und die didaktische Entwicklung eingeführte Konzeption. An anderer Stelle ist schon erwähnt worden, wie fruchtbar und innovativ verändernd sich diese Konzeption auf die traditionellen deutschsprachigen Didaktik-Positionen ausgewirkt hat (vgl. das Kapitel über den »Wandel in der gegenwärtigen Didaktik«). Die Übernahme der *Orientierung didaktischer Entscheidungen vor allem an Lernzielen*, die Hineinnahme *hierarchisierenden Lernzieldenkens* sowie der *Lernzielkontrolle* in das allgemeindidaktische Denken zeigen dies an. Mir scheint die curriculare Bewegung – gemessen an der überkommenen Didaktikdiskussion – überaus unorthodox und weitgehend pragmatisch zu sein. Ihr diesen Charakter zu erhalten und damit auch ihre weiterhin innovative Potenz für didaktisches Denken und Handeln, wäre m.E. eher gewährleistet, wenn sie sprachlich nicht gleichgeschaltet wird.

Der gesamten curricularen Bewegung, die sehr viele Varianten aufweist, ist das *um Lernziele zentrierende Denken und Vorgehen* zueigen. Und zwar bilden die soeben erwähnten drei Momente die gemeinsame Grundstruktur aller Ansätze innerhalb der curricularen Bewegung: die *zentrale Stellung des Lernziel-Begriffes,* die *Hierarchisierung von Ziel-Vorstellungen* und die *Forderung nach Kontrolle des Lernens.* Auf sie soll im folgenden zuerst eingegangen werden.

Doch muß hier auch ein Hinweis auf die beiden grundsätzlichen Komponenten der curricularen Bewegung gegeben werden, die man voneinander unterscheiden sollte: die *»Curriculumtheorie«* und die *»Theorie des lernzielorientierten Unterrichts«.* Auf demselben Fundament stehend, unterscheiden sich diese beiden einerseits in ihrem Bezugsfeld, andererseits in ihrer Zugriffsart auf dieses Feld. *Curriculumtheorie* befaßt sich besonders mit *langfristiger Planung,* wie sie auch mit dem Begriff *»Lehrplan«* umrissen wird, und sie tut dies mit *wissenschaftlichen Mitteln. Lernzielorientierter Unterricht* meint *kurzfristige* – allenfalls noch mittelfristige – *Lehr- und Lernplanung,* und ihre Theorie bietet *pragmatische Lösungshilfen* an. Auf beide Komponenten der curricularen Bewegung soll eingegangen werden (wobei die Darstellung wie schon in den vorangegangenen Kapiteln nicht auf Vollständigkeit ausgelegt ist bzw. sein kann).

## 10.1 Zur Stellung und Funktion des Lernziels

Der Begriff *»Lernziel«* ist der Fixpunkt, an dem alle Theoriebildung innerhalb der curricularen Bewegung festgemacht ist und um den sie sich dreht. Das soll nicht heißen, daß die curriculare Bewegung darauf beschränkt ist. Wie die Theoriebildung am Lernzielbegriff festgemacht ist, soll in den folgenden Abschnitten der Grundstruktur nach beschrieben werden. Doch zuvor muß der Lernzielbegriff selbst geklärt werden.

Statt von *Lern*ziel ist gelegentlich auch von *Lehr*ziel die Rede (vgl. z. B. KLAUER 1974). »Lernziel« ist eine bloß formale Kategorie, mit der ein besonderes Moment didaktischer Vorgänge bezeichnet wird, das sich deutlich von anderen unterscheidet. »Lernziel« bezeichnet die in Lehr- und Lernvorgängen enthaltenen *Vorstellungen über die Zielsetzung solcher Vorgänge.* An der inhaltlichen Zielbestimmung gemessen, ist der Lernzielbegriff auf alle nur denkbaren Möglichkeiten zu beziehen.

Der Lernzielbegriff beinhaltet zwar keine inhaltliche Entscheidung für die eine oder andere denkbare Zielsetzung in Lehr- und Lernprozessen, ist aber grundsätzlich mit behavioristischen Vorstellungen verbunden, denn die Zielsetzung von Lehr- und Lernvorgängen wird entsprechend behavioristischer Auffassung in der Veränderung des Verhaltens einzelner Personen gesehen (zum Begriff des Verhaltens vgl. PETERSSEN 1974, bes. S. 15 ff.; SKOWRONEK 1970, bes. S. 10 ff.). Dies darf nun allerdings nicht so aufgefaßt werden, daß in der curricularen Bewegung Lernen stets und unmittelbar als verhaltensändernd wirksam begriffen würde. Als Ziel allen Lehrens und Lernens wird vielmehr die *Veränderung der*

*Dispositionen von Verhalten* angesehen, die dann ihrerseits auch verändertes Verhalten bewirken bzw. zulassen. *Lernziele bezeichnen also Absichten zur Veränderung von Verhaltensdispositionen.* Solche Absichten sind – den Beteiligten mehr oder weniger bewußt – allen Lehr- und Lernvorgängen inhärent.

### 10.1.1 Priorität von Lernzielen

In der deutschsprachigen Didaktik ist stets die große Bedeutung der Entscheidungen über derartige Absichten erkannt und betont worden. Aber keiner der etablierten didaktischen Ansätze hat dieses Entscheidungsmoment zum zentralen Orientierungspunkt der besonderen Theoriebildung gemacht. Das geschieht erstmals durch die curriculare Bewegung, in der das Moment »Lernziel« durchgängig Priorität erhält.

In der ursprünglichen Fassung *bildungstheoretischer Didaktik* wurde die These vom Primat der Inhalte vertreten und didaktisches Denken an Inhaltsprobleme gekoppelt. Allerdings war für diese Didaktik die Zielfrage ein für allemal durch die unauflösbar mit ihr verbundene Bildungstheorie vorgeklärt worden. Die *lerntheoretische Didaktik* vertritt die These von der Interdependenz aller didaktischen Entscheidungen und bindet sich an kein didaktisches Moment besonders. Die *informationstheoretische Didaktik* sieht ihren Auftrag in der optimalen Verwirklichung vorgegebener Zielsetzungen, ohne sich überhaupt in irgendeiner Weise mit der Zieldimension zu befassen. Und die *kommunikative Didaktik* stellt mit Kommunikation und Interaktion die Entscheidung über die Sozialformen in Lehr- und Lernprozessen in den Mittelpunkt.

In der *curricularen Bewegung* nun kreist didaktisches Denken um die Lernzieldimension. Anders aber als in der bildungstheoretischen Didaktik kann nicht von Primat, sondern allenfalls von Priorität gesprochen werden. Mit der bildungstheoretischen These wurde der ständige Wirkprimat inhaltlicher Strukturmomente in Lehr- und Lernprozessen vor allen anderen angesprochen, besonders denen der Methode, und auf der didaktischen Ebene ebenso der ständige Primat inhaltlicher Entscheidungen vor allen anderen. Weil die Wirklichkeit des Lehrens und Lernens als so strukturiert aufgefaßt wurde, meinte man, das Denken darüber entsprechend gestalten zu müssen (vgl. das Kapitel über die bildungstheoretische Didaktik). Anders in der curricularen Bewegung: Für die Realität des Lehr- und Lerngeschehens wird kein ständiger Wirkprimat angenommen, hierfür geht man vielmehr von *Interdepenz* aus; *für das Denken über diese Realität aber wird der Komponente »Lernziel« Priorität eingeräumt.* Denken und Entscheidungen über Lernziele erhalten höchsten Rang und werden an den Anfang didaktischer Theoriebildung gestellt.

Selten findet sich ein expliziter Hinweis darauf, aus welchem Grund dem Lernziel solche Priorität eingeräumt wird. Es ist aber wohl richtig, anzunehmen, daß dies geschieht, um didaktische Theoriebildung und durch diese auch didaktische Wirklichkeit so effektiv wie möglich zu machen. Lernzielen wird Priorität eingeräumt in der Hoffnung, dadurch didaktisches Handeln sowie Lernen möglichst effektiv werden zu lassen. Die curriculare Bewegung hat den unverkennbaren Zug zur »high efficiency«, zur Effizienzsteigerung didaktischer Vorgänge. Verbunden ist dies mit der optimistischen Auffassung der weitgehenden Machbarkeit von Lehr- und Lernvorgängen, vor allem beabsichtigter Lernergebnisse. Die Lernziel-Priorität ist übrigens inzwischen aus diesem Konzept auch in die Neufassung bildungstheoretischer Didaktik übergegangen und dort an die Stelle des Inhaltsprimats getreten.

Ob *Curriculumtheorie* oder die *Theorie des lernzielorientierten Unterrichts,* das Lernziel steht im Zentrum ihrer kategorialen Systeme und wird zum Ansatzpunkt aller Theoriebildungen. MÖLLER schreibt über ihren Ansatz, den sie als »curriculare Didaktik« am besten mit der Bezeichnung »lernzielorientierter Ansatz« charakterisiert sieht (1981, S. 63 f.):

– »daß hier der Zielerstellungsprozeß in den Aufgabenbereich der Curriculumentwickler als *ein* zentraler Bestandteil hineingenommen wird und Ziele nicht als etwas Vorgegebenes, von irgendeiner außenstehenden Instanz oder Institution Alleinentwickeltes betrachtet werden;
– daß deshalb ein handhabbares Instrumentarium für den Zielerstellungsprozeß mit einzelnen praktikablen, erlernbaren Handlungsschritten vorgestellt wird;
– daß dabei die Betonung auf einer eindeutigen Beschreibung dieser Ziele liegt . . .;
– daß präzise Ziele unabdingbare, wenn auch nicht hinreichende Voraussetzungen für eine effektive Methodenauswahl sind;
– und daß außerdem der Erfolg des Lernens und Lehrens bzw. des erstellten Curriculums nur anhand der Ziele wirkungsvoll überprüft werden kann.«

Die bei MÖLLER über die bloße Priorität von Lernzielen hinaus noch erwähnten Merkmale dieses Ansatzes – Beschreibung, Kontrolle usw. – werden an anderer Stelle miterörtert. Da die curriculare Bewegung, wie erwähnt, sich ausschließlich mit der Planung von Lern- und Lehrvorgängen befaßt, bedeutet Priorität von Lernzielen hier: *einerseits stehen die mit Entscheidungen über Lernziele verbundenen Probleme im Mittelpunkt der Überlegungen und aller Forschung, andererseits beginnt alle praktische Planung mit der Entscheidung über Lernziele, was dann zu lernzielorientierten Modellen und Strategien in der Planung führt.*

### 10.1.2 Hierarchie von Lernzielen

Eines der Hauptprobleme mit Lernzielen ist deren mögliche Ordnung. Die Zahl in Frage kommender Lernziele ist unermeßlich groß. Für systematische Lehr- und Lernprozesse muß die curriculare Bewegung deshalb auch entsprechende Ordnungssysteme zur Verfügung stellen. Wichtig in diesem Zusammenhang ist (aus einer Bemerkung MÖLLERs im obigen Zitat könnte sonst ein falscher Schluß gezogen werden), daß die meisten Ansätze in dieser Bewegung selbst keine Auswahl aus denkbaren Lernzielen treffen, sondern lediglich über das Angebot von Auswahl- und Ordnungsvorschlägen an die Praxis die notwendige systematische Auswahl und Ordnung begründen wollen. FLECHSIG unterscheidet »Entdeckkungs- und Entwicklungsprozesse einerseits und Entscheidungsprozesse andererseits« und führt darüber aus: »Während es in einer ersten Phase darauf ankommt, eine möglichst große Zahl alternativer Lernziele überhaupt in den Blick zu bekommen, zu reflektieren, zu diskutieren und zu formulieren, ohne daß bereits irgendwelche Restriktionen vorgenommen werden, die zur Befürwortung oder Ablehnung von Lernzielen führen, liegt in der Entscheidungsphase der Hauptakzent auf einer systematischen Auswahl einzelner Lernziele aus dem Gesamtkatalog, wobei unter ›systematisch‹ zu verstehen ist, daß diese Auswahl unter Berücksichtigung definierter Kriterien geschieht.« (o. J., Teil II, S. 27) Für diese Art von Entscheidungen sowie für die anschließend notwendig werdende Ordnung stellt die curriculare Bewegung Theorien, Modelle und Strategien zur Verfügung.

*Ordnungsmodelle* beziehen sich entweder auf das Problem, Lernziele *nebeneinander ordnen* zu müssen, oder auf das Problem, sie *nacheinander ordnen* zu müssen. Soweit die Nebeneinanderordnung nach traditionellen Kriterien erfolgt, hat die curriculare Bewegung diese übernommen (z. B. nach Schularten oder Unterrichtsfächern). Sie hat aber auch – im Anschluß an behavioristische Klassifikationssysteme – eigene Ordnungsraster entwickelt, und zwar in Form sogenannter »Taxonomien« (vgl. MÖLLER 1973; BLOOM u. a. 1973; KRATHWOHL/BLOOM/ MASIA 1975). Verhaltensänderungen – und damit Lernen – werden in drei unterscheidbaren, miteinander verbundenen Bereichen angenommen:
– im *kognitiven* (alle Veränderungen im Bereich von Wissen und intellektuellen Fähigkeiten),
– im *psycho-motorischen* (alle Veränderungen im Bereich motorischer und manipulativer Fertigkeiten) und
– im *affektiven Bereich* (alle Veränderungen im Bereich von Einstellungen, Überzeugungen, Werthaltungen).

Eine entsprechende Ordnung kannte die deutschsprachige Didaktik schon in der Unterscheidung von Wissen, Können, Haltung. Was aber die curriculare Bewegung neu bringt, ist ein durchdachtes und detailliertes System für die Nacheinanderordnung von Lernzielen.

Grundannahme ist, daß im Lehr- und Lernprozeß die zeitliche Aufeinanderfolge von einzelnen Lernzielen davon abhängig zu machen ist, welchen Stellenwert die in einem Lernziel ausgedrückte erwünschte Verhaltensänderung für umfassendere erwünschte Verhaltensänderungen hat. Z.B. kann die Kenntnis, daß die Eiche ein Laubbaum ist, erst erworben werden, wenn die Kenntnisse, was eine Eiche und was ein Laubbaum ist, vorhanden sind. Kennzeichnend für die curriculare Bewegung ist die Annahme einer strengen *Hierarchie* für die Beziehung zwischen allen Lernzielen. Und daher bemüht sie sich, solche Hierarchie aufzuhellen und entsprechende Ordnungsraster zur Verfügung zu stellen. Am bekanntesten sind die von BLOOM, KRATHWOHL und MASIA entwickelten Taxonomien für den kognitiven und affektiven Lernbereich geworden (eine ausführliche Darstellung findet sich bei PETERSSEN 1982, S. 285 ff.).

Zurückgehend auf die Auffassung, Lernen sei Verhaltensänderung, bezieht sich die Hierarchisierung von Lernzielen auf zwei Aspekte, auf deren *materialen* und deren *formalen* Aspekt. Wie TABA formulierte (1962, S. 200): ». . . eine Darstellung von Lernzielen sollte beides beschreiben, die Art des erwarteten Verhaltens und den Inhalt oder Kontext, auf das das Verhalten angewandt wird.« Für geplante Lehr- und Lernvorgänge nur den formalen Verhaltensaspekt zu beschreiben, wäre unsinnig. Wenn dennoch der Eindruck aufkommen konnte, daß in der curricularen Bewegung ausschließlich der formale Aspekt eine Rolle spiele, so wohl deshalb, weil die bisher entwickelten hierarchischen Ordnungssysteme sich bloß auf die formale Komponente von Lernzielen beziehen. Für diesen Bereich wissen wir gegenwärtig recht gut – mit Ausnahme für das psycho-motorische Lernen –, wie sich die Verhaltensmomente aufeinander beziehen und wie sie hierarchisch zueinander stehen. Für den inhaltlichen Aspekt hat die curriculare Bewegung entsprechende hierarchische Raster noch nicht entwickelt, weil sie dies nicht als ihre Aufgabe begreift. Als allgemein aufgefaßter Ansatz liefert sie Beiträge fachübergreifender Art. Inhalte aber sind bei uns traditionell fachorganisiert, und dort in den fachspezifischen Disziplinen sind auch auf den Inhaltsaspekt von Lernzielen bezogene Ordnungssysteme zu entwickeln. Hierauf und daß dies tatsächlich geschieht, verweist KLAUER (1974, S. 20): »Die Aufgliederung des Inhaltsaspektes orientiert sich im allgemeinen an den Schulfächern bzw. an den Fachwissenschaften. Deshalb verzichtet man zumeist darauf, eine fachübergreifende Systematik der Inhaltsdimension zu entwickeln, um der jeweiligen fachspezifischen Systematik zu folgen. Dabei ergibt sich in der Regel eine Parallele zur Entwicklung auf seiten des Verhaltensaspektes, die meist nicht beachtet wird: Der Inhaltsaspekt wird nämlich ebenfalls oft hierarchisch geordnet, zumindest in einzelnen Teilbereichen.«

Die hierarchischen Kategorisierungssysteme für Verhalten – die sogenannten *Taxonomien* – sind zwar bloß formaler Art, bieten aber der didaktischen Praxis wertvolle Hilfe an. Als Entscheidungshilfen können sie überall dort wirksam werden, wo Entscheidungen über die Folge von Lernzielen getroffen werden müssen, indem sie bei der Feststellung helfen, ob und welche Zielsetzungen anderen vorausgehen müssen. Dabei können sie auch auf vorhandene Lücken im Lernprozeß aufmerksam machen und so didaktische Notwendigkeiten sichtbar werden lassen. Über die hierarchischen Lernzielraster der curricularen Bewegung gelangten Erkenntnisse der Lernpsychologie in die Didaktik hinein.

Die traditionelle Didaktik hat hierarchische Vorstellungen entsprechender Art nur in Andeutungen aufgewiesen, so z. B. die von HEIMANN ins Gespräch gebrachten Stufen der Intentionen (vgl. HEIMANN 1962). Die aktuelle Didaktik hat inzwischen aber die Anregungen der curricularen Bewegung aufgegriffen und für den Bereich von Lernzielen ebenfalls Hierarchisierungsraster entwickelt, so. z. B. bei KLAFKI für die kritisch-konstruktive Spielart der bildungstheoretischen und bei SCHULZ für das „Hamburger Modell" der lerntheoretischen Didaktik (vgl. KLAFKI 1980; SCHULZ 1980). Der Vorteil hierarchischer Ordnungssysteme für didaktische Entscheidungen über Lernziele ist offenbar allseits gesehen worden.

### 10.1.3 Kontrolle von Lernzielen

Von allen Strukturmerkmalen der curricularen Bewegung gehört das der Kontrolle von Lernzielen zu den wichtigsten. Es hat in der didaktischen Praxis zwar schon immer zahlreiche Anlässe und auch Maßnahmen gegeben, Lernkontrollen durchzuführen, aber keiner der etablierten theoretischen Ansätze hat dieses Problem jemals deutlich gesehen, in sich aufgenommen und systematisch Handlungsvorschläge für die Praxis entwickelt. Allenfalls im Regelkreis informationstheoretischer Didaktik hat Kontrolle einen Platz erhalten, von dort aber keinen unmittelbaren Weg in die alltägliche didaktische Praxis gefunden. In der curricularen Bewegung wird Lernzielkontrolle als ein unabdingbares Moment allen didaktischen Handelns begriffen, und die Theorie nimmt es in allen Ansätzen in sich auf. Nachdem die Notwendigkeit der ständigen Lernkontrolle einmal so deutlich betont wurde, ist dies auch von den übrigen didaktischen Positionen gesehen und aufgegriffen worden. Lernkontrolle ist heute in allen didaktischen Theorien ein nicht mehr wegzudenkendes Moment.

Didaktisches Handeln – in der Regel oft auf die Phase der Vorbereitung von Lernprozessen beschränkt gesehen – wird in der curricularen Bewegung in drei Phasen unterteilt: *Planung/Vorbereitung des Lehrens und Lernens – eigentliches Lehren und Lernen – Kontrolle des Lehrens und Lernens*. Diese drei Phasen werden als zusammenhängend begriffen: Bereits in der Planungs- und Vorbereitungsphase werden Lehr- und Lernkontrollen mitentwickelt; in der Lehr- und Lernphase wird so gehandelt, daß Kontrollen möglich werden; die Kontrolle erwächst gleichsam aus den ersten beiden Phasen, es wird nur mehr noch der Kontrollakt vollzogen. Die Kontrollergebnisse bleiben nicht für sich stehen, schließen den Vorgang nicht einfach ab, sondern gehen unmittelbar in neue Planungsüberlegungen ein, lösen möglicherweise einen neuen Lehr- und Lernakt aus oder begründen einen neuen Lehr- und Lernvorgang mit. Kontrollergebnisse zeigen die Notwendigkeit didaktischer Revisionen oder die Möglichkeit didaktischen Fortschreitens an, da sie Auskunft darüber geben, ob ein vorgesehener Lehr- und Lernakt verwirklicht werden konnte und wie er verwirklicht wurde. Didaktisches Handeln wird durch die Hineinnahme der Lernkontrolle zu einem »endlosen« Handeln, wobei sie Maßstäbe zu weiterem adäquatem Lehr- und Lernhandeln liefert.

Durch die Aufnahme der Lernkontrolle bindet sich die curriculare Bewegung an den Behaviorismus. Im Behaviorismus findet sie jene Vorstellungen, auf die sie zurückgreifen kann, um die Kontrolle von Lernzielen auch tatsächlich durchführen zu können. Sie orientiert sich dabei am *Verhaltensbegriff*. Lernen wird als die Veränderung von Verhaltensdispositionen begriffen, was bedeutet, daß alles Lernen sich auch in Verhaltensänderungen äußern kann und dadurch der Beobachtung zugänglich ist.

## Exkurs: Lernen und Verhalten

Da mit »Verhalten« immer ein Beobachtbares, sinnlich Wahrnehmbares bezeichnet wird, ist also als ein besonderes Merkmal von Lernvorgängen zu nennen, daß sie ausschließlich an Aktivitäten von Individuen sichtbar werden. Und zwar muß es zwei aufeinanderfolgende Zustände eines Individuums geben, die sich durch verschiedene Aktivitäten als unterschiedlich ausweisen. So drückt z. B. das Sprichwort »Gebranntes Kind scheut Feuer« derartig unterschiedliche Zustände aus: ein Kind ist grundsätzlich geneigt, heiße Gegenstände anzufassen, ist ein erster Zustand; aufgrund einer Erfahrung ändert sich der Zustand des Kindes dahingehend, heiße Gegenstände zu scheuen. Was zur Änderung der Zustände, ablesbar am Verhalten des Kindes zu heißen Gegenständen, führte, kann nur ein Lernprozeß gewesen sein. Oder: jemand weiß nicht, daß Paris die Hauptstadt Frankreichs ist; wenn er es fünfzehn Minuten später nun doch weiß, dann kann dies nur darauf zurückzuführen sein, daß er eben dies gelernt hat.

Um nicht immer wieder von zwei unterscheidbaren »Zuständen« sprechen zu müssen, hat man die Ausdrücke *»Ausgangsverhalten«* und *»Endverhalten«* eingeführt. »Ausgangsverhalten« bezeichnet jenen Zustand, den ein Lernender *vor* einem Lernprozeß hat, »Endverhalten« hingegen jenen veränderterten Zustand, den er *nach* einem Lernprozeß aufweist.

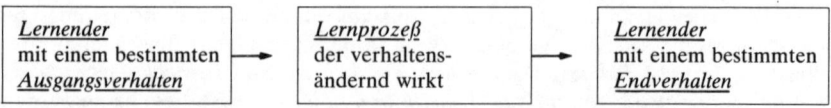

| Lernender mit einem bestimmten *Ausgangsverhalten* | Lernprozeß der verhaltens- ändernd wirkt | Lernender mit einem bestimmten *Endverhalten* |

*Verkürzte Darstellung des Lernprozesses als eines verhaltensändernden Prozesses*

Man begegnet häufig der irrigen Auffassung, Lernen sei mit Verhalten identisch. Und aus dieser Auffassung resultieren nicht selten extreme Abneigungen gegen eine verhaltenspsychologisch orientierte Auslegung des Lernens sowie starre Zurückweisungen von Erkenntnissen der modernen Psychologie. Gedankenlos wird die anfangs von ernst zu nehmenden Kritikern ganz anders gemeinte Formel von der Übertragung des »Rattenverhaltens« auf menschliches Lernen zum Ausgangspunkt polemischer Abwehrreaktionen gegen moderne wissenschaftliche Befunde und Ergebnisse.

Lernen ist also nicht als identisch mit Verhalten aufzufassen. Die Relation von »Lernen« und »Verhalten« wird von SKOWRONEK ausgedrückt: »Lernen ist immer... von wahrnehmbaren Vollzügen her zu erschließen, darf aber nicht mit diesen identifiziert werden.« (1970, S. 11) Noch einmal: es gibt kein Lernen, das nicht von wahrnehmbaren Aktivitäten ablesbar wäre, aber sichtbares Verhalten ist keineswegs identisch mit Lernen, es ist lediglich *Indikator* für Lernleistungen. Dies kann uns das oben gebrachte Beispiel erläutern. Die Lernleistung wird beschrieben als: *Wissen, daß Paris die Hauptstadt Frankreichs ist.* Eine Aktivität, ein »Verhalten«, an der diese Lernleistung wahrnehmbar wird, kann z.B. sein, daß das gemeinte Individuum auf eine entsprechende Aufforderung hin »Paris« *in fünf Kästen eines Kreuzworträtsels einträgt* oder auch einfach sagt, *»Paris ist die Hauptstadt Frankreichs«.* Dadurch, daß jemand dies sagt, schreibt oder auf andere Art wahrnehmbar macht, dadurch also, daß er es in Verhalten übersetzt, zeigt er, daß er eben dies gelernt hat. Seine wahrnehmbaren Aktivitäten sind Indikatoren für die von ihm vollzogene Lernleistung.

Dafür, daß umgekehrt Verhaltensänderungen nicht immer nur auf ein Lernen verweisen, bringt SKOWRONEK ein Beispiel: Drogen können das Verhalten zeitweise verändern, ohne daß ein Lernvorgang vorliegt. Wo z.B. ein Sportler unter Einfluß von Weckaminen eine zeitweilig höhere Leistung vollbringt, die auch wahrnehmbar ist, da ist das nicht Ereignis eines Lernprozesses – Übung, Training usw. –, sondern eine bloß einmalige physiologische Reaktion.

Dies Beispiel verweist uns auf einen weiteren Aspekt des »Lernens«. Von Lernen kann nicht gesprochen werden, wenn nur einmalige oder zeitweilige Verhaltensänderungen feststellbar sind. Von Lernen kann vielmehr erst die Rede sein, wenn es sich um *dauerhafte Veränderungen des Verhaltens handelt.* Der oben erwähnte Sportler kann die höhere Leistung zwar wiederholt vollbringen, aber dazu bedarf er unter Umständen jeweils wieder der Weckamine. Die einmalige Einnahme führt nicht zu dauerhafter Leistungssteigerung. Was er allenfalls gelernt hat, ist der Tatbestand, daß Weckamine seine Leistungsfähigkeit zu steigern vermögen. Er hat also ein spezifisches Wissen erworben, nämlich über die Auswirkung von Weckaminen auf seine Leistung. Daß er dies in der Tat gelernt hat, würde erschließbar aus der Tatsache, daß er sich zur Leistungssteigerung immer wieder der Weckamine bediente.

Auf ein weiteres Merkmal des Lernens weist ebenfalls SKOWRONEK (S. 10ff.) hin: die Verhaltensänderungen dürfen nicht auf immanent angelegte und gleichsam naturgesetzlich ablaufende Reifungsvorgänge zurückgehen. Nur solche Veränderungen können als Merkmale von Lernleistungen angesehen werden, die auf *Erfahrungsvorgängen* beruhen. Ob Erfahrungen bewußt oder unbewußt eingeleitet, ob sie gezielt oder ungezielt, absichtsvoll oder zufällig waren, spielt dabei keine Rolle. Jeder zu Verhaltensänderungen bei Individuen führende Erfahrungsvorgang kann als ein Lernprozeß aufgefaßt werden. Für uns ist dieser »Erfahrungsvorgang« von besonderer Bedeutung. Denn Unterricht bzw. Lehren und Lernen sind als entsprechende Vorgänge zu begreifen.

Was sich die curriculare Bewegung für die von ihr geforderte ständige Lernzielkontrolle zunutze macht, ist also die *Parallele von nicht wahrnehmbarem Lernen und wahrnehmbarem Verhalten.* Schon in der Planungsphase erfolgt die *Zuordnung von Verhaltensakten zu Lernakten; Verhaltensakte werden als Indikatoren für Lernen verwendet* und *Lernziele als Verhaltensziele* formuliert. (Auf weitere Einzelheiten geht der Abschnitt über lernzielorientierten Unterricht ein.)

Zwangsläufig entwickelt sich in der curricularen Bewegung auch ein besonderes *Verständnis von Unterricht. Unterricht wird entsprechend der Auffassung von Lernen als ein Ort, eine Veranstaltung aufgefaßt, durch die Schüler Erfahrungen machen und durch diese ihr Verhalten ändern können.* Dabei werden die Erfahrungen, sprich: Unterricht, in der Planungsphase bereits so vorstrukturiert, daß sie geradezu fast unausweichlich auf die vorentschiedenen Lernziele – und deren als Verhaltensänderungen konstruierte Kontrolle – hinführen müssen. Unterricht wird als ein grundsätzlich konstruierbarer Erfahrungsbereich aufgefaßt, Lernen weitgehend als steuerbar. Da hierfür der Konstruktionsphase, der Planung, besondere Bedeutung zukommt, zentriert die curriculare Bewegung ihre Bemühungen vorwiegend auf diese Planungsphase.

## 10.2 Curriculumtheorie

Der Begriff »Curriculum« war bereits in früherer Zeit als »curriculum vitae« bei uns bekannt. In dem hier und heute gebräuchlichen Sinne ist er als pädagogischer Terminus aus anglo-amerikanischer und schwedischer Erziehungswissenschaft wieder eingeführt worden, und zwar zuerst wohl durch ROBINSOHNs berühmt gewordene Forderung nach der »Bildungsreform als Revision des Curriculum« (1967). Von hier aus ist er in die Nähe des traditionellen Begriffes »Lehrplan« gelangt, den er inzwischen fast völlig ersetzt hat.

### 10.2.1 Curriculum versus Lehrplan

Es ist deshalb keineswegs falsch, den überkommenen Begriff »Lehrplan« mit »Curriculum« zu übersetzen; es wäre jedoch falsch, wenn man beide gleichsetzte. Wesentliche Unterschiede zeigen sich vor allem in zweifacher Hinsicht: im *wissen-*

*schaftlichen Anspruch* des Curriculums einerseits und in seinem *Umfangsbereich* andererseits.

Der wohl wesentlichste Unterschied zwischen Curriculumtheorie und der Lehrplantheorie besteht im besonderen Anspruch, das gesamte Curriculum hinsichtlich seines Entstehungs- und Entwicklungsprozesses wie seines Aussagesystems unter wissenschaftliche Kontrolle zu bekommen. Die Lehrplantheorie innerhalb der deutschsprachigen Erziehungswissenschaft hat vielfache Ansätze zur Strukturerforschung von Lehrplänen gelegt, so z. B. bei DÖRPFELD (1873) und WENIGER (1933). Auch eine längshistorische Untersuchung wurde vorgelegt, in der die zahlreichen Lehrplanmuster herausgearbeitet wurden (DOLCH 1965). Zu keiner Zeit aber wurden Modelle zur Erstellung und Entwicklung von Lehrplänen vorgelegt. WENIGER versucht in seiner berühmten Lehrplantheorie zu erklären, wie Lehrpläne zustande kommen. Er sieht sie als mehrschichtiges Ergebnis einer politischen Auseinandersetzung zwischen gesellschaftlichen Mächten und deren Ansprüchen an das Bildungssystem, und er erläutert auch die Rolle des Staates für die Lehrplanerstellung: der Staat – obwohl auch selbst eine der genannten gesellschaftlichen Mächte – ist jene neutrale Instanz, die alle konkurrierenden Ansprüche in sich aufnimmt und daraus einen einheitlichen, für alle Betroffenen im jeweiligen Geltungsbereich gültigen Lehrplan erstellt. Auf diese Weise erklärt WENIGER zwar, wie ein Lehrplan seiner Auffassung nach zustande kommt, aber er zeigt nicht auf, wie Lehrpläne planvoll und zielgerichtet erstellt werden können.

Gerade dies aber ist die erklärte Absicht der Curriculumtheorie: *Strategien zu entwickeln für die Erstellung von Curricula.* So formuliert beispielsweise BLANKERTZ für die Abhebung der Curriculum- von der geisteswissenschaftlichen Lehrplan-Forschung (1971, S. 18): »Wir stellen also direkt die Frage, was an theoretischer Vorarbeit zu leisten sei, wenn ein Lehrplan mit den Mitteln der Wissenschaft aufgestellt werden soll.« *Die Frage nach den »Mitteln der Wissenschaft« und nach ihrem Einsatz entsprechend wissenschaftlichen Maßstäben steht also im Mittelpunkt curriculumtheoretischer Überlegungen.* Wenn ein Curriculum nach der bekannten Definition von JOHNSON als »eine strukturierte Reihe intendierter Lernergebnisse« (in: ACHTENHAGEN/MEYER 1971, S. 34) aufgefaßt wird, dann richtet sich wissenschaftliche Curriculumarbeit darauf, alle damit verbundenen Entscheidungsprozesse zu erforschen und aus den dabei gewonnenen Einsichten Handlungs- bzw. Entscheidungsstrategien zu entwickeln. Diese müssen vor allem für die drei Bereiche Planung, Durchführung, Evaluation/Kontrolle von Lehr- und Lernprozessen entwickelt werden. Es leuchtet ein, daß je nach Ansatz, Interesse usw. Strategien von unterschiedlichster Art und Reichweite entstehen. Auf sie soll hier nicht eingegangen werden (vgl. ACHTENHAGEN/MEYER 1971; BLANKERTZ 1971; ZIECHMANN 1979; FREY 1972).

Lehrplan und Curriculum unterscheiden sich aber auch hinsichtlich des *Umfangs* des Curriculumbegriffes. KNAB definiert Curriculum als »eine Beschreibung der Aufgaben der Schule und Form einer organisierten Sequenz von Lernerfahrungen, die auf beabsichtigte Verhaltensdispositionen gerichtet sind« (in: ACHTENHAGEN/MEYER 1971, S. 159). Ein erster Unterschied ergibt sich schon aus der den Lernzielen eingeräumten Priorität. *Deutschsprachige Lehrpläne waren inhaltsorientiert,* d. h. sie machten Aussagen über Lerninhalte und Lernthemen. Zielsetzungen für Lernprozesse werden als darin impliziert angesehen und deshalb nicht ausdrücklich verbalisiert. *Curricula hingegen sind grundständig an Lernzielen orientiert* und machen vor allem anderen Aussagen über Lernziele. Sie legen auf diese Weise immer auch den Prozeß der Legitimierung und Bestimmung von Zielsetzungen offen.

Was aber in diesem Zusammenhang noch bedeutsamer ist: Spätestens seit den sprachlogischen Untersuchungen von TOPITSCH weiß man, daß Lehrpläne hinsichtlich ihrer inhaltlichen Vorgaben weitgehend mit »Leerformeln« arbeiten und die Last der Konkretisierung im letzten Stadium der Lernplanung den unmittelbar Lehrenden überlassen (vgl. TOPITSCH 1960, S. 124 ff.). Und hier stellt das Curriculum den alternativen Anspruch: *Curricula sollen keine vagen und vieldeutigen, sondern möglichst eindeutige Formulierungen enthalten, die von allen in Frage kommenden Adressaten ohne Mühe zu interpretieren sind.* Curricula erreichen dies besonders dadurch, daß sie klare Angaben über Lernziele machen, wobei diese als Verhaltenszustände von Lernenden beschrieben werden, sowie eine klar strukturierte Folge solcher Lernziele vorgeben und – wo immer möglich – Angaben über die Art und Weise von Lernerfahrungen machen, durch die diese Ziele verwirklicht werden können.

Wie weit die ins einzelne gehende Formulierung solcher Vorgaben im Curriculum geht, hängt davon ab, ob mehr die Vorstellung eines »offenen« oder eines »geschlossenen« Curriculum verfolgt wird. Während ein geschlossenes Curriculum alle Angaben über alle einen Lernvorgang betreffenden Entscheidungen verbindlich vorgibt, also eigene Entscheidungen (des Lehrers z. B.) kaum noch zuläßt, beschränkt ein offenes Curriculum sich darauf, nur die Ziele verbindlich vorzugeben und alle weiteren Angaben über Methoden, Medien usw. in Form von bloßen Hinweisen und Ratschlägen zu machen.

Das schon erörterte Moment der Lernzielkontrolle ist, im Gegensatz zum traditionellen Lehrplan, wichtiges Merkmal des Curriculum. Während die traditionellen Lehrpläne bloß Vorentwürfe von Praxis sind, bauen Curricula systematisch die für später gewünschte Rückmeldung über ihre eigene Wirksamkeit und Angemessenheit ein. *Evaluation als Selbstüberprüfung ist Teil eines Curriculums.* Dadurch wird das, was der Begriff »Curriculum« bezeichnet, zu einem *permanenten Prozeß.* Lernplanung und Lernpraxis werden immer besser aufeinander abgestimmt. Auf solche Weise erhält das Curriculum Prozeßform; Curricula sind per se stets in Veränderung.

## 10.2.2 Curriculumtheoretische Ansätze

Es soll hier keine Übersicht über alle Ansätze innerhalb der Curriculumtheorie angestrebt werden; das wäre im Rahmen dieser Darstellung didaktischer Theoriebildung zuviel verlangt. Wer speziell über Curriculumtheorie mehr erfahren will, sei auf die Literatur (s. S. 96 f.) hingewiesen. Unsere kurze Darstellung hier ist auf das Einführungsbuch von HESSE/MANZ (1972) bezogen. Sie unterscheiden u. a. folgende Ansätze:

– das *qualifikatorische Konzept* nach ROBINSOHN, das in Berlin verfolgt wurde;
– die *mittelfristige Curriculumforschung,* wie sie in Münster im Anschluß an BLANKERTZ entwickelt wurde;
– das *LOT-Projekt* von FLECHSIG in Konstanz;
– das *explizite und implizite Curriculumkonzept* von FREY in Freiburg (Schweiz).

(a) Als erstes (und wohl auch bekanntestes) Curriculumprojekt in Deutschland ist das von ROBINSOHN zur Bildungsreform zu nennen. ROBINSOHN wollte die schulische Bildung auf eine neue Grundlage stellen und sah dazu die Notwendigkeit gegeben, besonders die Lehrpläne bzw. Curricula völlig umzugestalten. Er beschrieb Bildung »als Vorgang«, als »Ausstattung zum Verhalten in der Welt« (1967, S. 13). Aufgabe der mit Bildung beauftragten Schule ist es, solche »Ausstattung« vorzunehmen. Und hier stellte sich vor allem die Frage nach den Inhalten schulisch betriebener Bildung: Was soll im Unterricht gelehrt und gelernt werden? Woher und wie gewinnt man Lehr- und Lerninhalte? Die Antwort ROBINSOHNs und damit sein Konzept lassen sich vereinfacht folgendermaßen darstellen (verändert nach KNAB in: ACHTENHAGEN/MEYER 1971, S. 161):

1. – *Identifizierung und Analyse von SITUATIONEN,*
   in denen der Heranwachsende voraussichtlich wird leben müssen;
   dies wird durch »Zugänge von Wissenschaft und Praxis her« versucht
2. – *Definition von QUALIFIKATIONEN,*
   die zur Bewältigung der »Situationen« erforderlich sind;
   dies sollen Human- und Sozialwissenschaften sowie Didaktik leisten
3. – *Gewinnung von ELEMENTEN*
   der definierten »Qualifikationen«;
   dies sollen Fachwissenschaften und außerwissenschaftliche Sachbereiche erbringen
4. – *Verknüpfung von Elementen, Qualifikationen und weiteren Curriculummomenten zum CURRICULUM*

Diese typische Verlaufsstruktur hat dem Konzept auch die Bezeichnung »*qualifikatorischer*« *Curriculumansatz* eingetragen. Das künftige Leben des Heranwachsenden in der Gesellschaft wird zum Ansatzpunkt aller curricularen Überlegungen und nicht mehr – wie seinerzeit üblich – die etablierten Institutionen, wie beispielsweise die Wissenschaften. Wissenschaften und Wissenschaftler werden nur zur Dienstleistung für Bildungsüberlegungen zugelassen. Das ROBINSOHNsche Konzept ist wohl das am konsequentesten reformerische, es löst nicht nur den Begriff »Lehrplan« durch den Begriff »Curriculum« ab, es orientiert die Strategie zur Erstellung von Curricula völlig neuartig und konsequent so unmittelbar wie möglich an den betroffenen Schülern. Es hat sich nicht durchsetzen können, weil die methodischen Probleme bis heute nicht zufriedenstellend gelöst werden konnten (wer soll die erforderlichen Entscheidungen treffen, wie sollen sie getroffen werden?). Erstaunlich ist aber, daß gerade jene Pädagogen, die sehr nachhaltig auf den Erziehungs- und Bildungsansprüchen von Heranwachsenden bestehen, sich vehement gegen dieses Konzept stellten und ihm schlechtweg keine Chance zur Weiterentwicklung einräumten (vgl. z. B. NICKLIS in: KOZDON 1981, S. 87 ff.).

(b) Die »*mittelfristige*« *Curriculum-Forschung* ist von BLANKERTZ begründet worden (vgl. 1971). Was sie intendiert, ist beispielhaft von ACHTENHAGEN für fremdsprachlichen Unterricht durchdacht worden. Er sieht eine derart umfassende Curriculumreform, wie sie ROBINSOHN beabsichtigte, als nicht möglich an und beschränkt seinen Ansatz deshalb auf fachspezifisches Vorgehen. Dort soll ein verwendbares Curriculum folgendermaßen entwickelt werden:

1. Kritische Überprüfung bestehender Lehrpläne; es sollen alle »vagen und

damit unkontrollierbaren Zielformeln« (ACHTENHAGEN/MENCK 1970, S. 411) sowie alle mit dem Emanzipationsanspruch der Pädagogik nicht vereinbaren Angaben eliminiert werden.

2. Entwicklung von »Kriterien einer konstruktiven Lehrplan- und Unterrichtsgestaltung« (ebd.); dabei geht es nicht nur um die Auswahl in Frage kommender Inhalte, sondern auch um deren Ordnung. Prüfkriterium ist zum einen wieder der Emanzipationsanspruch, zum anderen aber auch der spezifische Erkenntnisstand der zugehörigen Fachwissenschaft.

(c) Das herausragende Merkmal des *LOT-Projekts* (*l*ernziel*o*rientierte *T*ests) von FLECHSIG ist der konsequente Versuch, das Curriculumproblem mit rationalen, mit ausschließlich wissenschaftlichen Methoden zu lösen. An Problemen, die es zu lösen gilt, sieht FLECHSIG (o. J., S. 6ff.):
– die *Entdeckung und Entwicklung von Lernzielen*,
– die *Entscheidung über Lernziele*,
– die *Operationalisierung von Lernzielen*,
– die *Klassifizierung von Lernzielen*,
– die *Koordination von Lernzielen* und
– die *Revision aller Maßnahmen über Lernziele*.
FLECHSIG bindet seine Konzeption ebenfalls an etablierte Schulfächer – z. B. Elementarunterricht in Französisch – und stellt an ihnen im einzelnen dar, mit welcher Vielfalt von Methoden Curriculumforschung betrieben werden kann und sollte. Sein Ansatz beschränkt sich auf Lernziele. Obwohl es seine Absicht war, eine erfahrungswissenschaftlich begründete Entwicklungspraxis für Curricula zu konzipieren, ist es bei seinen ersten lernzielorientierten Versuchen geblieben.

(d) Auf empirisch-analytischem Verfahren will auch FREY seine Curriculumforschung begründen. Ein besonderer Zug seines Ansatzes ist, daß er zwischen dem umfassenden, für einen Geltungsbereich gültigen Lehrplan – als dem »expliziten« – und dem engeren Planungsbereich von Lehren – als dem »impliziten« Curriculum – unterscheidet (FREY/AREGGER 1971, S. 18ff.). Seine Absicht geht dahin, Lehrer als für das implizite Curriculum zuständig auch an der wissenschaftlichen Entwicklung expliziter Curricula zu beteiligen und außerdem explizite Curricula so offen wie möglich für implizit erforderlich werdende Modifikationen und Präzisionen zu lassen.

Hier deutet sich ein entscheidender Zug deutschsprachiger Curriculumtheorie an, der sich bis heute stets verstärkt und ausgeprägt hat. In die anfangs oft auf technische Fragen beschränkte und zum Teil in bloßer Theorie – wenn nicht gar Metatheorie – belassene Diskussion schiebt sich zusehends stärker die Praxis. Damit wird die Curriculumtheorie aus dem bloßen wissenschaftlichen Betrieb herausgeführt und in die Praxis der Planung von Unterricht hineingestellt. Hierfür hat sich – obwohl es außer der zentralen Absicht viele Varianten gibt – die einheitliche Bezeichnung »praxisnahe« Curriculumentwicklung eingebürgert. Eine Zeit lang schien es so, als könne diese praxisnahe Curriculumentwicklung sich ausbreiten und wirksam werden; es entstanden sogenannte »regionale Zentren«, in denen dezentralisiert Entwicklungsarbeit für Curricula geleistet wurde. Inzwischen aber haben die in Deutschland zuständigen Kultusverwaltungen der Bundesländer die gesamte Lehrplanentwicklung wieder fest in die Hände der Administration genommen.

## 10.3 Theorie des lernzielorientierten Unterrichts

Wenn Ch. MÖLLER von curricularer Didaktik spricht, so meint sie den Bereich, der hier als *Theorie lernzielorientierten Unterrichts* beschrieben und von der Curriculumtheorie abgehoben wird. Die Curriculumtheorie ist entstanden im Bemühen um eine Neugestaltung der Lehrpläne mit dem Ziel langfristiger und umfassender Planung schulisch organisierten Lehrens und Lernens. Die Theorie lernzielorientierten Unterrichts hingegen ist aus dem Bemühen hervorgegangen, dem Lehrer für seine Planungsaufgaben neuartige Hilfen zu geben, d. h., für jene Planungen, die der Lehrer im Anschluß an Lehrplanvorgaben bis hin zur unmittelbaren Vorbereitung von Unterrichtspraxis durchführt.

### 10.3.1 Zweckrationale Unterrichtsplanung

Die den Lernzielen eingeräumte Priorität bei der gesamten Unterrichtsplanung kommt in der Bezeichnung »lernzielorientiert« deutlich zum Ausdruck. MÖLLER hat in einem – inzwischen weitverbreiteten – *Kategoriensystem für Lernziele* die Planungsaufgabe des Lehrers im Anschluß an den Lehrplan sehr gut beschrieben. Sie unterscheidet zwischen Richtzielen, Grobzielen und Feinzielen. Dabei ist der Grad an Abstraktheit bzw. Konkretheit der sprachlichen Formulierung von Zielen das Kriterium (MÖLLER 1973):

*Richtziele:* Sie sind äußerst abstrakt gehalten und vieldeutig, so daß alternative Interpretationen möglich sind.

Z. B. Schüler sollen Wechselbeziehung zwischen Mensch und Landschaft einsehen.

*Grobziele:* Sie sind so konkret gehalten, daß zwar viele, aber nicht alle alternativen Interpretationen ausgeschlossen sind.

Z. B. Schüler sollen um Notwendigkeit des Deichbaus an der deutschen Nordseeküste wissen.

*Feinziele:* Sie sind so eindeutig gehalten, daß nur eine Interpretation möglich ist.

Z. B. Schüler sollen wissen, daß in Ostfriesland der Marschengürtel teils unter NN liegt.

Die lernzielorientierte Planungsaufgabe des Lehrers in der Alltagspraxis besteht darin, aus Richt- und Grobzielen jene Lernziele zu entwickeln, die im Unterricht verwirklicht werden können. Daß hier vom Lehrer bedeutsame Entscheidungen, und zwar Wertentscheidungen verlangt werden und sich seine Aufgabe nicht in bloß logischer Deduktion erschöpft – wie MÖLLER offenbar immer noch annimmt –, ist inzwischen nachgewiesen worden (vgl. MÖLLER 1973; MEYER 1972; PETERSSEN 1974). Für diese Aufgabe hat sich ein mehrstufiges Vorgehen als sinnvoll erwiesen (vgl. PETERSSEN 1981, S. 215 ff.; 1982, S. 89 ff.):

1. *Bestimmung und Legitimierung eines Lernziels sowie seine Abstimmung auf die verfügbare Zeit.*
2. *Elementarisierung des Lernziels in die zu seiner Erreichung für erforderlich gehaltenen Momente.*

3. *Überprüfung und Ordnung der durch Elementarisierung bestimmten Teillernziele.*
4. *Operationalisierung der Teillernziele.*
5. *Entscheidung über weitere zielförderliche Maßnahmen.*
Die gesamte pädagogische und didaktische Arbeit des Lehrers kulminiert hier in seiner Auseinandersetzung mit den Lernzielen. Am Anfang aller konkreten Unterrichtsplanung stehen Entscheidungen über Lernziele, d. h. über vorgesehene Lernzwecke, im einzelnen über das, *was* Schüler lernen sollen und *mit welchem Grad an Intensität* sie dies lernen sollen. Entschieden wird dabei über Inhalt und Art der Verhaltensdispositionen, die für Schüler als wünschenswert gehalten werden. Diese Art von Planung – auch der daraus resultierende Unterricht – ist also *zweckrational.*

An den Zwecken werden die weiterhin für erforderlich gehaltenen Entscheidungen gemessen. Methoden, Medien und Sozialformen des Unterrichts werden einzig danach bestimmt und eingesetzt, ob sie zur Erreichung vorentschiedener Lernziele beitragen. Die Gefahr liegt nahe, daß bloße innere Reibungslosigkeit und Effizienz zum bestimmenden Maßstab der Planung werden. Die Rezeption dieses Planungskonzepts hat denn auch entsprechende Befürchtungen in vielen Fällen sich bewahrheiten lassen und auch die Unterrichtswirklichkeit ist allzu oft bloß danach beurteilt worden, ob die gesetzten Zwecke erreicht wurden (vgl. RUMPF 1976; PETERSSEN 1982).

Obwohl die zweckrationale Struktur dieser Konzeption derartige Gefahren mit sich bringt, müssen entsprechende negative Folgen nicht unbedingt eintreten, wenn das technische Konzept pädagogischen Zielsetzungen untergeordnet wird. Eine vorurteilsfreie und ausgewogene Betrachtung wird die Theorie lernzielorientierten Unterrichts als eine von vielen Konzeptionen ansehen, auf die nicht verzichtet werden kann. Inzwischen ist ergänzend die schülerorientierte und offene Planungskonzeption hinzugetreten (vgl. BRÜGELMANN 1972, S. 95ff.; HEIPKE 1974, S. 15ff.).

### 10.3.2 Operationale Lernzieldefinition

Zu falscher Einschätzung lernzielorientierten Unterrichts ist es vor allem auch gekommen, weil eines seiner Momente – die *Operationalisierung* – besonders fixiert wurde. In vielen Fällen ist die Theorie lernzielorientierten Unterrichts verengt worden einzig auf das Problem der Operationalisierung.

*Operationalisierung von Lernzielen ist die Antwort auf das selbstgewählte Prinzip der Überprüfung und Kontrolle aller didaktischen Vorgänge.* Für die Operationalisierung greift man auf Verfahren zurück, wie sie empirisch vorgehende Wissenschaften entwickelt haben, nämlich die Übersetzung von Forschungsfragen in beobachtbare Erscheinungen und Vorgänge. Dies kann lernzielorientierte Theorie tun, weil sie grundsätzlich eine *Parallele von Lernen und Verhalten* annimmt. Lernen selbst nicht wahrnehmbar, äußert sich in beobachtbaren Verhaltensvollzügen, z. B. die erlernte Fähigkeit zur Rechtschreibung in der tatsächlichen Richtigschreibung des Wortes »Rhythmus«. Die Vorstellung über solche Parallelität gestattet es, von beobachtbarem Verhalten auf Lernvollzüge zu schließen, z. B. von der hörbaren Aussage »Ebbe und Flut sind von Mondphasen abhängig« auf die durch Lernen erworbene entsprechende Kenntnis. Für die Planung geht man den umgekehrten Weg: Für gewünschte Lernergebnisse werden jene parallelen Verhaltensvorgänge gesucht, aus denen man später auf vollzogene Lernakte schließen kann. So wird man in unserem Beispiel die *Lernzielangabe* machen: »*Der Schüler soll sagen, daß Ebbe und Flut von den Mondphasen abhängig sind.*« In solchen Fällen spricht man von Operationalisierung von Lernzielen, d. h., man beschreibt wahrnehmbare Operationen – Handlungen – des Schülers, aus denen man schließen will, daß er gelernt hat, was er lernen soll.

In der Praxis hat sich für die Operationalisierung ein von MAGER vorgeschlagenes Verfahren eingebürgert; das drei Forderungen stellt (1965):

1. *Lernziele müssen als eindeutige Beschreibung des beim Schüler erwarteten Endverhaltens formuliert werden.*
2. *Lernziele müssen so formuliert werden, daß die dem Schüler für sein Verhalten gestatteten Hilfen bekannt sind.*
3. *Lernziele müssen so formuliert werden, daß ein Maßstab das erwartete Minimum des Verhaltens angibt.*

Obwohl die Konzeption eine Überprüfung des gesamten Lehr- und Lernvorgangs intendiert, um gegebenenfalls notwendige Revisionen usw. einzuleiten, führt diese Art von Überprüfung häufig dazu, daß der Schüler bloß überprüft wird, ohne daß von ihm aus Rückschlüsse auf den gesamten Vorgang gezogen würden. Verantwortlich für – vor allem – den Mißerfolg wird so oft kurzsichtig und fälschlich der Schüler gemacht. Die von der curricularen Bewegung eigentlich angezielte ständige Überprüfung des Lehr-Lernvorgangs – einschließlich der Planung – verkommt wegen der gewählten Form oft zu bloßer Lernzustandskontrolle, die – außer für den Schüler in Form von Noten und Zensuren – keine Folgen hat.

## 10.4 Zusammenfassung und kritische Einschätzung

Die als curriculare Bewegung bezeichnete Konzeption ist aus anglo-amerikanischer und schwedischer Erziehungswissenschaft zu uns gekommen. Als *Theorie der Planung von Lehr- und Lernvorgängen* ordnet sie sich in die traditionelle didaktische Theoriebildung ein. In sich weist sie zwei Komplexe auf: die *Curriculumtheorie* als die auf Lehrplan und umfassendere und langfristige Planungsvorgänge bezogene Theorie und die *Theorie des lernzielorientierten Unterrichts,* die sich auf kurzfristige Lehr- und Lernplanung bezieht. Beide Teilkomplexe haben je für sich zahlreiche Ansätze entwickelt, weisen aber grundsätzlich übereinstimmende Züge auf. Übereinstimmend zeigen sie sich in drei Momenten: – *In der Orientierung aller Planung an Lernzielen, denen Priorität bei der Planung eingeräumt wird* (Lernziel-Priorität); – *in der Hierarchisierung aller Lernziele* (Lernziel-Hierarchie); – *in der Betonung der Notwendigkeit von Kontrolle allen Lehrens und Lernens* (Lernziel-Kontrolle). Unterschiede, abgesehen vom Bezugsbereich (lang- bzw. kurzfristige Planung), zeigen sich darin, daß die Curriculumtheorie danach trachtet, Planungsprobleme konsequent wissenschaftlichen Lösungen näherzubringen, die lernzielorientierte Planungstheorie aber durchaus auch pragmatische Lösung anerkennt. Dabei ist bei beiden wiederum übereinstimmend die Absicht, Planungen grundsätzlich *rationaler Kontrolle* zu unterziehen und unkontrollierte Entscheidungen soweit wie möglich auszuschalten.

Die curriculare Bewegung hat die überkommene Didaktik nachhaltig beeinflußt, wo diese sich auf Planungsprobleme bezieht. Die Forderungen nach Orientierung der Planung an Lernzielen, nach hierarchischer Ordnung von Lernzielen und nach Lernkontrolle haben sich in allen didaktischen Ansätzen durchgesetzt. Unter technischen Gesichtspunkten betrachtet, haben sich diese Prinzipien und daraus resultierende Strategien und Maßnahmen offenbar als so effektiv erwiesen, daß die Vertreter traditioneller Ansätze in der Didaktik meinten, nicht länger darauf verzichten zu können. Von seiten der Theorie scheint die curriculare Bewegung also anerkannt zu sein, und zwar vor allem wegen ihrer praktischen Wirksamkeit. Und auch die Praxis scheint das so zu sehen, wie ein Blick auf die weite tatsächliche Verbreitung der Konzeption zeigt.

Im Hinblick auf die etablierten Theorien der Didaktik liegt ein Verdienst lernzielorientierter Theorie besonders darin, die Theorien aus ihrer oftmals sehr großen Praxisferne und dem Zustand ständiger Selbstreflexion dahin geführt zu haben, verständliche und praktikable Planungsmodelle für alltäglichen Unterricht zu entwickeln. In der Praxis hat lernzielorientierte Planungstheorie zu durchdachter, schülerorientierter Planung, verbunden mit formativen Erfolgskontrollen, geführt.

Wenn dieser Ansatz so häufig wegen seiner scheinbar bloß technologischen Ausrichtung kritisiert wird, so übersieht solche Kritik einiges. Die strenge Methodisierung aller Planungsvollzüge ist zweifellos Absicht; aber die übermäßige Betonung der technischen Seite – vor allem durch Lehrer – in der Planungspraxis hat äußere Ursachen. In vielen Fällen ist das Konzept ganz offensichtlich nicht richtig verstanden worden; es ist auf wenige seiner Momente, besonders auf einzelne Vollzugsformen – und hier wiederum besonders auf die der Operationalisierung von Lernzielen –, eingeengt worden. Übereilte Rezeption in der Praxis – verständlich aus der Hilflosigkeit aufgrund des schon lange dauernden Fehlens von im alltäglichen Planungsgeschäft einsetzbaren Modellen – ist hierfür wohl der Hauptgrund. Die technische Faszination des Konzepts hat wohl auch den Eindruck erweckt, die eigentlich Betroffenen aller didaktischen Maßnahmen, die Schüler, würden nicht hinreichend berücksichtigt oder gar negiert. Aber auch dies liegt nicht ursprünglich im Konzept, sondern ist in seiner Beanspruchung verursacht. Das Konzept lernzielorientierten Unterrichts verlangt m. E. geradezu die Anknüpfung aller Planung und die Anbindung aller Entscheidungen an die Person der betroffenen Schüler. Wo dies nicht geschehen ist, da ist bloß die innere Logik der vorgeschlagenen Planungsmodelle gesehen worden, bloß Wert auf deren reibungslose Umsetzung gelegt worden. Und zugegeben: Die Eigenart dieser Konzeption und ihre Selbstdarstellung mögen nicht zuletzt für solche Verkürzungen verantwortlich sein. Die pädagogische Diskussion ist über lange Zeit hin vernachlässigt worden. Technische Perfektion stand im Vordergrund der entsprechenden erziehungswissenschaftlichen Forschung, nicht die Frage eigener Berechtigung im Erziehungsfeld. Wenn hier ein Mangel vorlag, so ist er aber inzwischen durch das Zusammengehen der curricularen Bewegung mit der traditionellen Didaktik wohl behoben. Es sei an unsere These erinnert, daß die curriculare Bewegung nicht als eigenständiger didaktischer Ansatz gewertet werden sollte, sondern als eine willkommene Ergänzung zu den bewährten Ansätzen. Ihr besonderer Wert liegt darin, daß sie eine praktikable Technik eingebracht hat, wo bisher nur Grundsatzfragen diskutiert wurden, und daß sie wissenschaftliche und rationale Gesichtspunkte an die Stelle verschwommener Vorstellungen setzte. Wie aus der Verschmelzung von Elementen der curricularen Bewegung mit den Ansätzen deutschsprachiger Didaktik sinnvolle, d. h. pädagogisch verantwortbare und praktisch anwendbare neue Konzeptionen entstehen können, zeigt sich z. B. an Vorschlägen zu schülerorientierter Unterrichtsplanung einerseits, an Vorschlägen zu praxisnaher Curriculumentwicklung andererseits.

Für eine sich ausdrücklich gegen die Theorie lernzielorientierten Unterrichts richtende Konzeption weist KUHL durch eine interessante kleine Studie nach, daß sie sich – obwohl von ehemals Lernzielorientierung favorisierenden Didaktikern erstellt – wiederum bei den »alten« Ansätzen einfindet. KUHL spricht hier von der *konstruktivistischen Didaktik* (1993, S. 36ff.). Er untersucht einen in der Physik erstellten fachdidaktischen Ansatz konstruktivistisch unterlegten Unterrichts. Entsprechend der Grundannahme des Konstruktivismus: »Die Wirklichkeit, in der ich lebe, ist nur meine Konstruktion« (KUHL 1993, S. 43), soll Unterricht allen Schülern Gelegenheit geben, sich ihre eigene Wirklichkeit durch je subjektiv mögliche Erfahrungen aufzubauen. Lernzielorientierter Unterricht hingegen macht in der Regel ein- und dasselbe Lernziel für alle betroffenen Schüler verbindlich. KUHL bemüht für seine Kritik am konstruktivistischen Ansatz u. a. die neue Spielart der »Systemtheorie« nach LUHMANN. Sein Ergebnis: Konstruktivistische Didaktik ist bloß scheinbar radikal schülerorientiert; tatsächlich ist sie eine wissenschaftliche Strategie zur »Rückgewinnung der Kontrolle über die Erziehung« (S. 51). Denn sie macht nach seiner Auffassung nur von der ökonomischen Subjektivität des Schülers Gebrauch, läßt ihn ansonsten aber – wie alle Didaktiken – in Reih und Glied die jeweiligen Unterrichtserfahrungen machen. Allenfalls macht er diese Erfahrungen mit mehr subjektivem Vergnügen als üblich, weil das Arrangement *spielorientiert* vorgenommen wird, d. h. Schülern für die Auseinandersetzung mit dem Erfahrbaren methodisch größerer Spielraum als im Schulunterricht üblich eingeräumt wird.

## Literatur

ACHTENHAGEN, Frank/MENCK, Peter: Langfristige Curriculumentwicklung und mittelfristige Curriculumplanung. In: Zeitschrift für Pädagogik, 16, 1970, S. 407–429
–/MEYER, Hilbert L.: Curriculumrevision – Möglichkeiten und Grenzen. München 1971
BECKMANN, Hans-Karl (Hrsg.): Schulpädagogik und Fachdidaktik. München 1981
BLANKERTZ, HERWIG: Curriculumforschung – Strategien, Strukturierung, Konstruktion. Essen ²1971
BLOOM, Benjamin S., et al.: Taxonomie von Lernzielen im kognitiven Bereich. Weinheim/Basel ²1973
BRÜGELMANN, Hans: Offene Curricula. In: Zeitschrift für Pädagogik 18, 1972, S. 95ff.
DÖRPFELD, Friedrich W.: Schriften zur Theorie des Lehrplans. 1873 (Bad Heilbrunn 1962)
DOLCH, Josef: Lehrplan des Abendlandes. Ratingen 1965
FLECHSIG, Karl-Heinz: Leitfaden zum Kolleg »Theorie des Unterrichts«. Konstanz o. J.
FREY, Karl: Theorien des Curriculum. Weinheim/Basel ²1972
–/AREGGER, Kurt: Curriculumtheoretische Ansätze in einem Entwicklungsbericht. Arbeitspapiere und Kurzberichte aus dem Pädagogischen Institut der Universität Freiburg (Schweiz). Nr. 15. Weinheim 1971

HEIMANN, Paul: Didaktik als Theorie und Lehre. In: Die Deutsche Schule, 1962, S. 407–427

HEIPKE, Klaus: Lehrziele und Handlungsziele im Unterricht. In: betrifft: erziehung, 8, 1974, S. 15–19

HESSE, Hans Albrecht/MANZ, Wolfgang: Einführung in die Curriculumforschung. Stuttgart 1972

HUHSE, Klaus: Theorie und Praxis der Curriculum-Entwicklung. Berlin 1968

KLAFKI, Wolfgang: Zum Verhältnis von Didaktik und Methodik. In: Zeitschrift für Pädagogik, 22, 1976, S. 77–94

–: Die bildungstheoretische Didaktik im Rahmen kritisch-konstruktiver Erziehungswissenschaft – Zur Neufassung der Didaktischen Analyse. In: Westermanns Pädagogische Beiträge, 32, 1980, S. 32–37

KLAUER, Karl Josef: Methodik der Lernzieldefinition und Lehrstoffanalyse. Düsseldorf 1974

KOZDON, Baldur (Hrsg.): Lernzielpädagogik – Fortschritt oder Sackgasse? Bad Heilbrunn 1981

KRATHWOHL/BLOOM/MASIA: Taxonomie von Lernzielen im affektiven Bereich. Weinheim/Basel 1975

KUHL, André M.: Soll die Didaktik konstruktivistisch werden?, in: Pädagogische Korrespondenz, H. 12, 1993, S. 36–55

LEMKE, Dietrich: Lernzielorientierter Unterricht – revidiert. Frankfurt a. M./Bern/New York 1981

MAGER, Robert F.: Lernziele und Programmierter Unterricht. Weinheim 1965

MEYER, Hilbert L.: Einführung in die Curriculum-Methodologie. München 1972

–: Trainingsprogramm zur Lernzielanalyse. Frankfurt 1974

–: Leitfaden zur Unterrichtsplanung. Königstein/Ts. 1980

MÖLLER, Christine: Technik der Lernplanung. 4., völlig neugest. Aufl. Weinheim/Basel 1973

–: Die curriculare Didaktik – Oder: Der lernzielorientierte Ansatz. In: GUDJONS/TESKE/WINKEL (Hrsg.): Didaktische Theorien. Braunschweig 1981, S. 63–77

PETERSSEN, Wilhelm H.: Grundlagen und Praxis des lernzielorientierten Unterrichts. Ravensburg 1974

–: Lernziel. Begriff, Struktur, Probleme: In: TWELLMANN, Walter (Hrsg.): Handbuch Schule und Unterricht, Bd. 4, 1. Düsseldorf 1981, S. 215–232

–: Handbuch Unterrichtsplanung. Grundfragen, Modelle, Stufen, Dimensionen. 5., überarb. u. aktual. Aufl. München 1992

ROBINSOHN, Saul B.: Bildungsreform als Revision des Curriculum. Neuwied/Berlin 1967

RUMPF, Horst: Zweifel am Monopol des zweckrationalen Unterrichtskonzepts. In: DERS.: Unterricht und Identität. München 1976. S. 29–52

SCHULZ, Wolfgang: Die lerntheoretische Didaktik – Oder: Didaktisches Handeln im Schulfeld. Modellskizze einer professionellen Tätigkeit. In: Westermanns Pädagogische Beiträge, 32, 1980, S. 80–85

SKOWRONEK, Helmut: Lernen und Lernfähigkeit. München $^2$1970

TABA, Hilda: Curriculum Development. New York 1962

TOPITSCH, Ernst: Zeitgenössische Bildungspläne in sprachkritischer Betrachtung. In: HASELOFF/STACKOWIAK (Hrsg.): Schule und Erziehung. Berlin 1960, S. 124 ff.

WENIGER, Erich: Theorie der Bildungsinhalte und des Lehrplans. Weinheim 1952 (1933)

WHEELER, D. K.: Phasen und Probleme des Curriculum-Prozesses. Ravensburg 1974

WINKEL, Rainer: Der gestörte Unterricht. Bochum 1976

ZIECHMANN, Jürgen: Curriculum-Diskussion und Unterrichtspraxis. Stuttgart 1979

# Personenregister

Wilhelm H. Peterßen

# Handbuch Unterrichtsplanung

Grundfragen – Modelle – Stufen – Dimensionen
7. Auflage. 418 Seiten. Pbck. Best.-Nr. 02363-0
Die wichtigsten didaktischen Konzeptionen zur Unterrichtsplanung,
u. a. das Perspektivenschema von Klafki, das Hamburger Modell von
Schulz und die schülerorientierte Unterrichtsplanung werden umfassend und anschaulich dargestellt.

Wilhelm H. Peterßen

# Wissenschaftliche(s) Arbeiten

Eine Einführung für Schüler und Studenten
5., verbesserte Auflage. 152 Seiten. Pbck. Best.-Nr. 02852-7

Der Autor führt praxisnah, anschaulich und kompetent in die Haupt-
techniken des wissenschaftlichen Arbeitens ein – von den ersten
Überlegungen zur Auswahl und Formulierung des Themas einer wissenschaftlichen Arbeit über die Beschaffung, Sammlung und Doku-
mentation des Materials bis hin zur Gestaltung des Manuskriptes in
allen Einzelheiten.

Eine zuverlässige Hilfe für »Anfänger« und »Fortgeschrittene«.

Leo Roth

# Pädagogik

Handbuch für Studium und Praxis
Studienausgabe. Pbck. Best.-Nr. 03321-0

Das Werk gibt einen umfassenden Überblick über alle wesentlichen
aktuellen Problemfelder der Pädagogik. Dargestellt und erörtert werden in mehr als 80 Beiträgen von mehr als 90 Wissenschaftlern aus
dem In- und Ausland: Grundlagen, Voraussetzungen und Absichten
pädagogischen Handelns; die Institutionen der Erziehung und Bildung; Erziehung und Unterricht; Pädagogen und ihre Tätigkeitsfel-
der.

Die fundierte Information, die übersichtliche Gliederung und die klare Sprache machen dieses Handbuch zu einer unentbehrlichen Hilfe
für die Wissenschaft, das Studium und die Berufspraxis.

# Ehrenwirth Verlag München